Study on the Strategic
Orientation of Agricultural
Comprehensive Development

农业综合开发
战略定位研究

王金安　著

ZHEJIANG UNIVERSITY PRESS
浙江大学出版社

图书在版编目(CIP)数据

农业综合开发战略定位研究 / 王金安著. —杭州：浙江大学出版社，2020.2
ISBN 978-7-308-20093-6

Ⅰ.①农… Ⅱ.①王… Ⅲ.①农业综合发展—研究—中国 Ⅳ.①F323.4

中国版本图书馆 CIP 数据核字(2020)第 043568 号

农业综合开发战略定位研究

王金安　著

责任编辑	丁沛岚
责任校对	陈　翾
封面设计	春天书装
出版发行	浙江大学出版社
	（杭州市天目山路 148 号　邮政编码 310007）
	（网址：http://www.zjupress.com）
排　　版	浙江时代出版服务有限公司
印　　刷	广东虎彩云印刷有限公司绍兴分公司
开　　本	710mm×1000mm　1/16
印　　张	17
字　　数	270 千
版 印 次	2020 年 2 月第 1 版　2020 年 2 月第 1 次印刷
书　　号	ISBN 978-7-308-20093-6
定　　价	68.00 元

前　言

　　农业综合开发政策,是我国目前正在实施的一项解决"三农"问题的有效政策,实施 30 余年来,已经产生了巨大的经济效益、社会效益和生态效益,尤其是为国家的粮食安全做出了重要贡献。据《中国财政年鉴(2018)》统计,1988—2017 年,农业综合开发累计改造中低产田 65321.46 万亩①,建设高标准农田 14375.10 万亩,生态综合治理 9984.48 万亩,新增粮食生产能力 12087058.81 万公斤,新增总产值 799272.36 万元等,有力地推动了农业的可持续发展和农民增收。

　　但由于我国现行的农业综合开发政策是应特定时期国家粮食安全需要而开始实施的,其战略定位与运行机制先天带有计划经济体制的烙印,而在我国社会主义市场经济体制日趋完善的背景下,就显出诸多的不适应,尤其是计划强制推动型的战略定位模式已严重不适应我国社会主义市场经济发展的现实和趋势,加之其运行机制的不完善,很大程度上制约了这一战略潜在优势的充分发挥。因此,如何准确定位农业综合开发战略,使其真正成为解决"三农"问题的核心政策;如何完善优化农业综合开发战略的运行机制,使其潜在制度优势得以充分发挥,使之成为助力我国新时代乡村振兴战略的重要支柱,是摆在我们面前的一个亟待深入研究和破解的重大课题。

　　本书以经济增长源泉理论、公共产品与准公共产品理论、战略定位理论

---

　　① 1 亩约为 666.7 平方米。

和系统运行机制理论等为依据,借鉴农业综合开发战略定位的国际经验,顺应 WTO 农业支持政策国际规则空间,采用理论研究和实地调研紧密结合、规范分析和实证分析相结合的分析方法,分析了我国现行农业综合开发政策的制度优势和存在的主要现实问题,重点剖析了农业综合开发政策战略定位模式及其运行机制存在的问题及其根源,进而提出了将农业综合开发战略定位模式由现行的计划强制推动型模式向市场诱致服务型模式转变,并建立起与之相适应的运行机制的政策构想。

本书的主要研究结论大体可概括为以下几个方面:①农业综合开发政策是一项业已取得巨大实施成就,并与 WTO 规则空间相适应的解决我国"三农"问题的好政策;②现行计划强制推动型战略定位模式及其运行机制已严重不适应我国社会主义市场经济发展的现实和趋势;③应将农业综合开发战略定位模式由现行的计划强制推动型模式向市场诱致服务型模式转变;④应建立健全与创新型农业综合开发战略定位模式相适应的运行机制。

本书从战略定位视角,对我国农业综合开发这项财政支农政策进行了较为系统深入的审视和研究,跳出了传统的就财政论财政的窠臼,使所提出的观点具有一定的创新性,其创新之处主要体现在以下两个方面:

第一,提出了构建农业综合开发市场诱致服务型战略定位模式的创新设想。针对我国农业综合开发战略现实定位存在的问题及根源,笔者提出了将农业综合开发战略定位模式由现行的计划强制推动型模式向市场诱致服务型模式转变的创新构想。这一创新构想的核心内涵包括:①农业综合开发的战略目标应由解决"三农"问题的辅助性政策目标转变为核心政策目标;②农业综合开发的客体定位应由较多地关注竞争性农业私人产品转向农业准公共产品;③农业综合开发的主体定位应由目前的中央政府主导、地方政府消极配套、农民被动参与的尴尬局面,转向中央政府引导、地方政府主导、农民真正成为开发主体的新局面。

第二,提出了建立健全与创新型战略定位模式相适应的运行机制的设想。农业综合开发创新型战略定位模式要成功地付诸实施,就必须具备完善的与之相适应的运行机制,笔者依据组织理论、系统运行机制理论等相关理论和我国社会主义市场经济发展的现实和趋势,提出了建立健全与创新型战略定位模式相适应的运行机制的设想。这些设想主要涵盖组织规划机制、投入形成机制、科技服务机制和产业化经营机制等,如创新设置和完善农业综合开发部组织架构体系、发行农业综合开发彩票、发行农业综合开发地方政府债券、让农业科技人员技术入股农业综合开发项目等创新设想。

王金安

2019 年 12 月于杭州

目　录

1　绪论　……………………………………………………………………　1

　　1.1　选题背景　………………………………………………………　1

　　1.2　研究目的和意义　………………………………………………　5

　　1.3　国内外研究动态　………………………………………………　7

　　1.4　研究思路与方法　………………………………………………　20

　　1.5　研究创新之处　…………………………………………………　22

2　农业综合开发的内涵界定及相关理论　………………………………　26

　　2.1　农业综合开发相关概念内涵界定　……………………………　26

　　2.2　经济增长源泉理论　……………………………………………　31

　　2.3　公共产品理论　…………………………………………………　50

　　2.4　战略定位理论　…………………………………………………　55

　　2.5　系统运行机制理论　……………………………………………　60

3　农业综合开发的国际定位趋势与规则空间　…………………………　65

　　3.1　国际农业综合开发目标定位演进的政策背景　………………　65

　　3.2　发展中国家农业综合开发目标定位的演进趋势　……………　76

　　3.3　发达国家农业综合开发目标定位的演进趋势　………………　78

　　3.4　WTO规则与我国农业支持政策的选择空间　…………………　81

4 我国农业综合开发战略的制度优势 …………………… 88

　4.1 我国农业综合开发战略实施概况 …………………… 88

　4.2 农业综合开发战略制度优势的理论审视 ……………… 104

5 计划强制推动型战略定位模式及其运行机制面临的问题 ………… 112

　5.1 计划强制推动型战略定位模式面临的问题 …………… 112

　5.2 农业综合开发的组织规划机制问题 …………………… 118

　5.3 农业综合开发的投入形成机制问题 …………………… 121

　5.4 农业综合开发的科技服务机制问题 …………………… 130

　5.5 农业综合开发的产业化经营机制问题 ………………… 136

6 构建市场诱致服务型战略定位模式的创新设想 …………… 141

　6.1 农业综合开发应成为解决"三农"问题的核心政策 …… 141

　6.2 农业综合开发应定位于农业准公共产品供应 ………… 144

　6.3 农业综合开发应确立地方政府的开发主导地位 ……… 148

　6.4 农业综合开发应确立农民的开发主体地位 …………… 148

7 构建与创新型战略定位模式相适应的运行机制设想 ………… 153

　7.1 完善优化农业综合开发组织规划机制 ………………… 153

　7.2 完善优化农业综合开发投入形成机制 ………………… 157

　7.3 完善优化农业综合开发科技服务机制 ………………… 163

　7.4 完善优化农业综合开发产业化经营机制 ……………… 168

8 研究结论与存在的不足 ……………………………… 173

　8.1 研究结论 ……………………………………………… 173

　8.2 研究中存在的不足 …………………………………… 179

参考文献 ………………………………………………… 180

附　录 ·· 190

国家乡村振兴战略规划(2018—2022) ··················· 190

关于农业综合开发的若干意见 ································ 233

国家农业综合开发资金和项目管理办法 ··················· 237

关于加强农业综合开发土地治理项目科技推广费管理工作的指导

意见 ··· 252

农业综合开发财务管理办法 ································· 257

后　记 ·· 263

1 绪 论

1.1 选题背景

1.1.1 农业和农村是我国实现全面小康和全面现代化的最薄弱环节

"三农"问题一直是党和国家高度重视的问题,自中共中央、国务院 2004 年印发中央一号文件《关于促进农民增加收入若干政策的意见》以来,至今已连续 16 年发布以"三农"为主题的一号文件,足见中央对"三农"问题的高度重视,也足见解决"三农"问题非一日之功,需要持久的政策支持。

21 世纪关于"三农"问题的 16 个中央一号文件,其核心思想是城市支持农村、工业反哺农业,通过一系列多予、少取、放活的政策措施,使农民休养生息,重点强调了使农民增收,给农民平等权利,给农村优先地位,给农业更多反哺。

近年来,中央把落实统筹城乡发展的方略落实在投入上,城市与农村经济间的"汲取型"关系被打破,国家对农民实现了由"取"向"予"的重大转折。在这 16 个中央一号文件有力的政策支持下,一度沉寂的农村重新焕发出生机:粮食生产实现持续增产,2018 年全国粮食总产量达到 6.58 亿吨,农村居民人均可支配收入达到 14617 元,扣除价格因素实际增长 6.6％①,增速继续高于城镇居民收入,农村发展呈现新气象,农民生活水平明显提高。

党的十八大以来,面对我国经济发展进入新常态带来的深刻变化,以习近平同志为核心的党中央大力推动"三农"工作理论创新、实践创新、制度创新,坚持把解决好"三农"问题作为全党工作重中之重,切实把农业农村优先发展落到实处;坚持立足国内保障自给的方针,牢牢把握国家粮食安全主动权;坚持不断深化农村改革,激发农村发展新活力;坚持把推进农业供给侧结构性改革作为主线,加快提高农业供给质量;坚持绿色生态导向,推动农业农村可持续发展;坚持在发展中保障和改善民生,让广大农民有更多获得感;坚持遵循乡村发展规律,扎实推进生态宜居的美丽乡村建设;坚持加强和改善党对农村工作的领导,为"三农"发展提供坚强的政治保障。这些重大举措和开创性工作,推动农业农村发展取得了历史性成就、发生了历史性变革,为党和国家事业全面开创新局面提供了有力支撑。

党的十九大做出了中国特色社会主义进入新时代的科学论断,并顺应亿万农民对美好生活的向往,提出实施乡村振兴战略的重大历史任务,这对进一步推进我国"三农"发展进程具有划时代的里程碑意义。

然而,我们必须清醒地认识到,"三农"的历史沉疴非短期所能治愈,制约农村经济社会发展的核心因素并未得到根本性消除。

1.1.1.1 农村人才大量流失状况不仅没有得到遏止,反而有愈演愈烈之势

自古至今,农村产生的人才几乎都无一例外地流向了城市,这种局面使农村的发展丧失了强有力的智力支持。一个地方的经济要得到长足的发展,社会事业要不断地取得进步,归根结底取决于人才。而农村从来都是低素质人口甚至文盲聚集的地方,恶劣的环境不但不能把外面的人才大量地吸纳进来,连自身产生的优秀人才,也都通过高考(在古代通过科举)等途径,被一批批地选拔进城市。这些走出农村的知识精英,总是"黄鹤一去不

---

① 2018 年农村居民人均可支配收入 14617 元 增速高于城镇居民[EB/OL]. (2019-02-20)[2019-12-03]. https://baijiahao.baidu.com/s? id＝1625977960193707820&wfr＝spider&for＝pc.

复返",使得自然禀赋本来就很差的农村,陷入贫困和落后的泥淖而不能自拔。

退一步讲,即使有大批的人才愿意从城市进入农村,农村生存条件的艰苦和创业空间的狭窄,也会导致英雄无用武之地。缺乏人才使农村难以迅速发展起来,农村的贫困落后又难以留住宝贵的人才,这样便使农村永远失去知识和智力的投入,与日新月异的城市的差距越来越大。

1.1.1.2 农村资金外流状况依然严重,致使农村发展资金严重匮乏

农村产生的财富,大多通过各种途径转移到了城市,和聚集了大量财富的城市相比,农村的发展一直存在资金严重不足的问题。

长期以来,国家对农业的资金投入一直存在着严重的不足,对农村的投资偏低的状况没有得到根本性改变,地方财政对农业的投入比重同样也在逐年下降,造成农业的发展一直缺乏强劲的动力。不仅外界没有足够的资金进入农村,而且农民本来就少的储蓄,也通过银行流入城市滋润了工商业,农民却很难从银行贷出款。近年来随着城市准入门槛的降低,一些比较富裕的农民也告别世代居住的农村,逐渐转移到城市搞起了二、三产业,这样便使本来就十分凋敝的农村进一步衰落。

1.1.1.3 土地资源锐减,致使农村日渐丧失生产资料

由于生态环境恶化与非农项目大量占用土地,我国耕地每年以几百万亩的速度锐减,"人地关系高度紧张"成了农村最严峻的问题之一。而且,我国的耕地大多数属于中低产田,耕作条件不是很好,无论采取什么样的措施,增产都是十分有限的,因而在过多的农业人口的挤压下,土地的生产资料功能已经严重退化。土地面积的大幅度减少,使农业的生产空间受到进一步压缩,从而更加限制了农村经济的起飞。[①]

因此,我们必须清醒地认识到,我国人民日益增长的美好生活需要和不平衡不充分的发展之间的矛盾在乡村最为突出,我国仍处于并将长期处于

---

① 鲁宓,黄志伟.停滞和衰落:农村不可逆转的宿命? [N].亚太经济时报,2006-7-20 (A08)。

社会主义初级阶段的特征很大程度上表现在乡村。全面建成小康社会和全面建设社会主义现代化国家,最艰巨最繁重的任务在农村,因此,农业和农村在较长的历史时期内仍将是我国实现全面小康和现代化的最薄弱环节。

1.1.2 农业综合开发是一项解决"三农"问题的好政策

农业综合开发,是我国目前正在实施的一项业已取得巨大成绩,并与WTO规则相适应的解决"三农"问题的好政策。

1.1.2.1 农业综合开发政策完全符合习近平关于"三农"工作重要论述的精神

习近平同志关于"三农"工作的重要论述,对工农城乡关系进行了新定位,提出农业农村现代化是实施乡村振兴战略的总目标,坚持农业农村优先发展是总方针,产业兴旺、生态宜居、乡风文明、治理有效、生活富裕是总要求,建立健全城乡融合发展体制机制和政策体系是制度保障。农业综合开发自1988年实施以来,始终把发展生产、农民增收作为基本任务:着力加强农业基础设施建设,改善农业生产条件,提高农业综合生产能力和保护农业生态环境;着力推进农业和农村经济结构战略性调整,提高农业综合效益,增加农民收入,完全符合习近平关于"三农"工作重要论述的精神。

1.1.2.2 农业综合开发政策的实施业已取得巨大的成就

30余年来,农业综合开发在推动我国农业发展、促进粮食增产和农民增收、保持农村稳定以及支持国民经济持续、健康、快速发展中,发挥了重要作用,取得了显著成就。据《中国财政年鉴(2018)》统计,1988—2017年,全国农业综合开发累计改造中低产田65321.46万亩,累计建设高标准农田14375.10万亩,生态综合治理和草原(场)建设7519.30万亩,小流域治理2050.76万亩,土地沙化治理414.42万亩,累计新增和改善灌溉面积78402.97万亩,新增和改善除涝面积30393.04万亩,新增林网防护面积40735.50万亩,新增农机总动力2348.20万千瓦,累计新增粮食生产能力12087058.81万公斤,棉花生产能力217986.19万公斤,油料生产能力594226.26万公斤,糖料生产能力3063440.81万公斤,新增肉生产能力

738190.43 万公斤,共种植经济林、蔬菜、药材等 3237.30 万亩,发展水产养殖 832.21 万亩,扶持农产品加工和农业生产服务项目 17585 个,扩大良种种植面积 698.58 万亩,技术培训 123.64 万人次,新增总产值 799272.36 万元,增加值 372465.31 万元等。

1.1.2.3 农业综合开发政策与 WTO 规则相适应,具有较大的国际规则空间

现行农业综合开发政策的重心主要放在改善我国粮食主产区农业基础设施和提高农业科技服务水平上,这些都属于 WTO 规则中的"绿箱"政策范畴,因此其具有较大的国际规则空间。

1.1.3 农业综合开发政策的潜在优势还难以充分发挥

由于我国现行的农业综合开发战略是应特定时期国家粮食安全需要而实施的,其战略定位与运行机制先天带有计划经济体制的烙印,而在我国社会主义市场经济体制日趋完善的背景下,就显出诸多的不适应,尤其是现行的计划强制推动型战略定位模式已严重不适应我国经济社会发展的现实和趋势,加之其运行机制不完善,如组织规划机制、投入形成机制、科技服务机制、产业化经营机制等的不完善,很大程度上制约了这一战略潜在制度优势的充分发挥。

因此,如何给农业综合开发战略准确定位,使其真正成为解决"三农"问题的核心政策,如何完善优化农业综合开发战略的运行机制,使其潜在优势得以充分发挥,是摆在我们面前的一个亟待深入研究和破解的重大课题。

1.2 研究目的和意义

1.2.1 研究目的

1.2.1.1 为农业综合开发战略定位探寻相应的理论依据

希望通过分析梳理经济增长源泉理论、公共产品理论和战略定位理论

等,为农业综合开发战略定位探寻相应的理论依据。目前针对农业综合开发的研究,尚处于零散的、非系统的探索阶段。由于对农业综合开发政策的理论依据缺乏深入系统的研究,因而就难以圆满地回答农业综合开发战略应依据什么理论来定位、该如何定位等重大问题。

1.2.1.2 为农业综合开发战略定位探寻可资借鉴的国际经验

希望通过研究分析农业综合开发战略定位的国际经验和规则空间,从而为农业综合开发战略定位探寻可资借鉴的国际经验。

1.2.1.3 提出解决现行农业综合开发战略定位模式问题的创新构想

希望通过分析解剖我国农业综合开发战略定位模式面临的现实问题及其根源,提出解决现行农业综合开发战略定位模式问题的创新构想。

1.2.1.4 提出建立健全与创新型战略定位模式相适应的运行机制设想

希望通过分析我国农业综合开发战略运行机制存在的主要问题及其根源,提出一些既有一定前瞻性,又符合我国社会主义市场经济发展现实和趋势的,完善和优化我国农业综合开发战略运行机制的创新设想。

1.2.2 研究意义

1.2.2.1 有助于把握农业综合开发战略定位演进的基本方向

厘清农业综合开发战略定位的理论依据,可以使有关部门在调整政策时不至于迷失基本方向,少走弯路,少付政策改革之代价。

1.2.2.2 有助于农业综合开发战略定位与国际主流定位趋势相吻合

梳理可资借鉴的农业综合开发战略定位的国际经验和规则空间,可以使我国农业综合开发战略定位与国际主流定位趋势相吻合,并符合国际规则,与多边纪律相协调。

1.2.2.3 有助于促进农业综合开发战略的潜在制度优势转化为破解"三农"问题的现实制度优势

系统审视和分析我国农业综合开发战略定位及其运行机制,在我国社会主义市场经济体制不断完善的背景下,总结所面临的问题及其根源,并积极探索破解问题的方法和思路,无疑有助于促进农业综合开发政策的建设和完善,进而促进农业综合开发战略的潜在制度优势转化为破解"三农"问题的现实制度优势。

1.3 国内外研究动态

1.3.1 国外研究动态

1.3.1.1 农业综合开发的研究动态

国内外对农业综合开发的理论研究远落后于农业综合开发实践活动。农业发展的历史,从某种意义上说,实际上就是一部农业开发史。随着社会发展、科技进步,人们对影响农业生产发展的各种要素的认识日益深化,农业开发无论在广度还是深度上都有了较大的拓展。第二次世界大战结束之后,很多地区摆脱了殖民统治,建立了独立国家。它们为了发展自己的民族经济,改变殖民统治留下的单一经济结构和农业产业结构,适应国家经济发展和人民生活水平提高的需要,开始了大规模的农村建设和农业开发活动。与此同时,经济发达的国家,也同样掀起了旷日持久的农业开发活动。因为这些发达国家也存在着地区发展不平衡的问题,迫切需要开发落后地区的农业,以便促进全国农业比较均衡地发展。第二次世界大战以前,农业开发活动还是比较零星的、单项的和小规模的,第二次世界大战以后,农业开发开始进入综合开发时期。

然而,专门针对农业综合开发的理论研究至今仍很匮乏,相关的专业文献不是很多。

不过国外的项目管理理论还是比较成熟的，对以项目管理为基础的农业综合开发具有较大的指导作用。项目管理理论经历了产生、形成和发展三个阶段：20世纪50年代产生，80年代的30年间发展出成体系的理论，此后至今的30多年间其理论体系得到发展和完善。[①]

目前项目管理理论主要有三大流派：

(1)技术学派

该学派认为，项目是管理控制的对象。这个领域的研究人员大多有着工程科学和应用数学的背景，主要对各类计划技术、控制技术和项目管理方法感兴趣。技术学派的研究内容主要包括：项目进度管理、成本管理、项目质量管理、范围管理、风险管理、项目管理软件，等等。这方面国内外都取得了大量的研究成果，发展得相对比较成熟。

(2)组织学派

该学派将项目管理与行为科学相结合，如社会学、组织理论和心理学等，对于项目组织方面和其中成员的行为方面感兴趣。该学派主要从组织结构的角度研究项目型企业、项目组织，从战略管理的角度研究项目管理与战略管理的结合，从知识管理的角度研究项目间的和项目内的学习，从人力资源的角度研究项目团队中人员的行为模式和激励考评问题，从管理哲学角度研究项目思维和项目管理价值观。1959年，加迪斯(Gaddis)在《哈佛商业评论》发表了一篇极具代表性的文章，文中对项目进行了定义，认为项目是一个为完成特定目标而形成的组织单位，以在时间、预算约束规范内成功交付产品。1964年，梅尔斯(Miles)在他关于临时性系统的论文中将项目作为一个重要的实证对象，启发了沃伦·本尼斯(Warren Bennis)和菲利普·斯莱特(Philip Slater)、古德曼(Goodman)进一步把项目作为一种组织形态来研究，本尼斯在1968年出版的《临时社会》中将组织设想为以临时委员会为主的一种机构，与官僚主义直接对立。汤姆·彼得斯(Tom Peters)认为，现今的公司已经进入无结构(或弱结构)时代，他把无结构时代的管理称为"解放型管理"，其实质是以项目为中心的管理而非依靠固定的组织结构来

---

① 林茂松，王东亚.项目管理理论回顾和思考[J].农村经济与科技，2008，19(7)：34-35.

展开的职能管理。

(3)综合学派

该学派综合了技术学派和组织学派的研究,把项目管理对象和项目管理过程结合起来,实现管理技术和管理人的统一,强调通过项目进行管理,为企业提供一整套系统管理方法,外层是项目管理的各种技术方法,中间层是组织结构和管理流程,内层是项目管理和战略管理的关系,而这一整套系统管理方法的核心是项目管理的价值观和思维方式。项目维度开始为研究者使用和重视,项目提供了一个分析公司行为的新视角。项目组织是产业活动的关键,也是公司流程的关键。De-Fillippi 在《加利福尼亚管理评论》中撰文论述了项目型组织、无边界的职业生涯和速度经济的战略,提出要思考新的组织和管理方式,对项目的研究有助于我们增进对现代公司的理解。①

1.3.1.2 战略管理的研究动态

战略管理理论起源于 20 世纪的美国,它萌芽于 20 年代,形成于 60 年代,在 70 年代得到大发展,80 年代受到冷落,90 年代又重新受到重视。

20 世纪 60 年代初,美国著名管理学家钱德勒(Chandler)(其著作《战略与结构:工业企业史的考证》一书首开企业战略问题研究之先河)分析了环境、战略和组织之间的相互关系,提出了"结构追随战略"的论点。他认为,企业经营战略应当适应环境,满足市场需求,而组织结构又必须适应企业战略,随着战略的变化而变化。因此,他被公认为是"环境—战略—组织"理论的第一位企业战略专家。

在此基础上,关于战略构造问题的研究,形成了两个相近的学派:设计学派和计划学派。设计学派认为,首先,在制定战略的过程中要分析企业的优势与劣势、环境所带来的机会与造成的威胁;其次,高层经理人应是战略的设计师,并且负责督导战略的实施;再次,战略构造模式应是简单而又非正式的,关键在于指导原则,优良的战略应该具有创造性和灵活性。设计学派以哈佛商学院的安德鲁斯(Andrews)教授为代表。

---

① 郭蕊. 国内外项目管理研究的理论、框架及其进展[J]. 现代管理科学,2006(5):27-29.

几乎与设计学派同时产生的另一个学派是计划学派。计划学派主张，战略构造应是一个有控制、有意识的正式计划过程；企业的高层管理者负责计划的全过程，而具体制订和实施计划的人员必须对高层负责；通过对目标、项目和预算的分解来实施所制订的战略计划；等等。计划学派以伊戈尔·安索夫（Igor Ansoff）为杰出代表。安索夫在1965出版的《公司战略》一书中首次提出了"企业战略"的概念，并将战略定义为"一个组织打算如何去实现其目标和使命，包括各种方案的拟定和评价，以及最终将要实施的方案"。"战略"一词随后成为管理学中的重要术语，在理论和实践中得到了广泛的运用。

20世纪80年代初，以哈佛大学商学院的迈克尔·波特（Michael Porter）为代表的竞争战略理论成为当时战略管理理论的主流派。波特认为，企业战略的核心是获取竞争优势，而影响竞争优势的因素有两个：一是企业所处产业的盈利能力，即产业的吸引力；二是企业在产业中的相对竞争地位。因此，竞争战略的选择应基于以下两点考虑：①选择有吸引力的、高潜在利润的产业。不同产业所具有的吸引力以及带来的持续盈利机会是不同的，企业选择一个朝阳产业，要比选择夕阳产业更有利于提高自己的获利能力。②在已选择的产业中确定自己的优势竞争地位。在一个产业中，不管它的吸引力以及提供的盈利机会如何，处于竞争优势地位的企业要比劣势企业具有更大的盈利可能性。而要正确选择有吸引力的产业以及给自己的竞争优势定位，必须对将要进入的一个或几个产业的结构状况和竞争环境进行分析。

1990年，普拉哈拉德（Prahalad）和哈默（Hemel）在《哈佛商业评论》上发表了《企业核心能力》。从此，关于核心能力的研究热潮开始兴起，并且形成了战略理论中的"核心能力学派"。该学派的理论假设是：假定企业具有不同的资源（包括知识、技术等），形成了独特的能力，资源不能在企业间自由流动，对于某企业独有的资源，其他企业无法得到或复制，企业利用这些资源的独特方式是企业形成竞争优势的基础。

20世纪90年代以前的企业战略管理理论，大多建立在对抗竞争的基础上，都比较侧重于讨论竞争和竞争优势。时至90年代，战略联盟理论的出现，使人们将关注的焦点转向了企业间各种形式的联合。这一理论强调竞争合作,认为竞争优势是构建在自身优势与他人竞争优势结合的基础上的。但是,联盟本身固有的缺陷,以及基于竞争基础上的合作,使得这种理论还存在许多有待完善之处,企业还在寻求一种更能体现众多优越之处的合理安排形式。进入 90 年代中期,随着产业环境的日益动态化、技术创新的加快、竞争的全球化和顾客需求的日益多样化,企业逐渐认识到,如果想要发展,无论是增强自己的能力,还是拓展新的市场,都得与其他公司共同创造消费者感兴趣的新价值。企业必须培养以发展为导向的协作性经济群体。在此背景下,通过创新和创造来超越竞争开始成为企业战略管理研究的一个新焦点。

美国学者詹姆斯·穆尔(James Moore)1996 年出版的《竞争的衰亡》标志着战略理论的指导思想发生了重大突破。穆尔借用生物学中的生态系统这一概念来描述当今市场中的企业活动,但又不同于狭隘地将生物学的原理运用于商业研究。后者认为,在市场经济中,达尔文的自然选择表现为只有最合适的公司或产品才能生存,经济运行的过程就是驱逐弱者。而穆尔提出了"商业生态系统"这一全新的概念,打破了传统的以行业划分为前提的战略理论的限制,力求"共同进化"。穆尔站在企业生态系统均衡演化的层面上,把商业活动分为开拓、扩展、领导和更新四个阶段。商业生态系统在该理论中的组成部分是非常丰富的,穆尔建议高层经理人员经常从顾客、市场、产品、过程、组织、风险承担者、政府与社会等七个方面来考虑商业生态系统和自身所处的位置;系统内的公司通过竞争可以将毫不相关的贡献者联系起来,创造一种崭新的商业模式。在这种全新的模式下,穆尔认为,制定战略应着眼于创造新的微观经济和财富,即以发展新的循环来代替狭隘的以行业为基础的战略设计。①

1.3.2 国内研究动态

随着我国"三农"问题的进一步凸显,社会各界对农业综合开发这一支农政策的关注度也越来越高,各类报纸杂志上以"农业综合开发"为题发表

---

① 汪涛,万健坚. 西方战略管理理论的发展历程、演进规律及未来趋势[J]. 外国经济与管理,2002,24(3):7-12.

的各类文章也已经数以千计,但大多以宣传政策、介绍经验、探讨局域问题为主,缺乏真正有理论深度的研究之作。可以说,对农业综合开发的理论研究,在我国尚处于零散的、非系统的探索阶段。分析梳理20世纪90年代以来有关农业综合开发的各类研究文章,大致可分为以下几个方向。

1.3.2.1 阐述农业综合开发的政策背景和政策导向

这类文章大都出自国家农业综合开发管理部门有关人员,其中具有代表性的有:财政部原副部长张佑才在《实现农业综合开发的历史性转变》一文中,阐述了农业综合开发在我国国民经济发展中发挥的重要作用,论述了深刻认识新形势下农业综合开发指导思想实现"两个转变"[①]的重要意义,并做出了推动农业综合开发再上新台阶的几点部署:提高认识,真正实现农业综合开发指导思想的转变;在农业综合开发中,要加快农业科技进步步伐,加强科学管理工作;各部门要密切配合等。[②] 高英在《新时期农业综合开发的基本思路》一文中,简要分析了21世纪初我国农业综合开发面临的新形势,提出了新阶段农业综合开发支持和促进农业结构调整的几点思路:转变指导思想,发挥综合优势,明确主攻方向,集中使用资金,基地示范带动。[③] 陶传友在《以农业综合开发促进全面建设小康社会》一文中,重点分析了农业综合开发在全面建设小康社会中应该承担的积极作用:在改善农业生产条件和生态环境建设方面发挥主力军作用;在促进农民增收方面发挥政策导向作用;在农业结构战略性调整和发展优势农产品方面起到积极的促进作用;在培养农民企业家和扶持龙头企业方面要发挥重要作用;在提高农民素质和科技进步方面起到示范带动作用等。[④] 陶传友在《以农业综合开发促进县域经济发展》一文中指出,农业综合开发作为政府扶持农业的重要措

---

① "两个转变":一是要由过去的改造中低产田和开垦宜农荒地相结合,转到以改造中低产田为主,尽量少开荒甚至不开荒,把农业综合开发与保护生态环境有机结合起来;二是要由以往以追求增加主要农产品产量为主,转到积极调整结构,依靠科技进步,努力发展"高产、优质、高效"农业上来。

② 张佑才.实现农业综合开发的历史性转变[J].中国农村经济,2000(2):13-20.

③ 高英.新时期农业综合开发的基本思路[J].中国农村经济,2000(10):19-22.

④ 陶传友.以农业综合开发促进全面建设小康社会[J].经济研究参考,2003(84):30-33.

施,在县域经济应该发挥积极的促进作用:一是农业综合开发要继续加强农业基础设施建设和生态环境建设,增强县域经济可持续发展能力;二是农业综合开发要积极支持特色农业产业发展,大力扶持龙头企业,逐渐增加就业岗位,努力增加农民收入,不断增强财政实力;三是农业综合开发要正确引导土地规模化经营,把土地资源转变为土地资本,引导富余劳动力向城镇转移;四是农业综合开发要发挥政策优势,引导私人资金转变为私人资本,壮大县域经济资本总量,增强县域经济发展能力;五是农业综合开发要大力支持农村合作经济组织建设,拓宽服务领域,增强服务功能。① 陶传友在《以农业综合开发促进土地资源转变为土地资本》一文中认为,引导农民在有限的土地资源中取得最大收益的途径,就是走农业综合开发的道路,使土地资源最大限度地转变为土地资本,保证土地资本增值,这就为开辟农民增收的渠道奠定了良好基础。文章提出了农业综合开发促进土地资源向土地资本转变的几点思路:按照土地功能和价值进行农业综合开发;按照市场经济和土地资本运作理念进行农业综合开发;按照农村全面建设小康社会的要求加速土地资本转化。② 王征在《农业综合开发扶持农业产业化的政策和措施》一文中,重点阐述了农业综合开发扶持农业产业化的政策和措施。③ 王建国在《沿着中国特色农业现代化道路大力推进农业综合开发工作:在财政部司处级干部学习贯彻党的十七大精神轮训班上的交流发言》一文中,重点阐述了按照党的十七大对"三农"工作的总体部署和要求,当前和今后一个时期,农业综合开发的重点是,加强高标准农田建设,稳步提高农业综合生产能力,把确保农民的利益与国家粮食安全作为立足点和出发点。文章还指出,要始终把提高农业综合生产能力作为农业综合开发工作的首要任务;要不断创新投入机制,促进农业适度规模经营;要更加注重扶持县域经济和农村集体经济发展;要努力促进农业发展方式的转变;要不断增加农业综合开发

---

① 陶传友.以农业综合开发促进县域经济发展[J].经济研究参考,2004(24):44-48.

② 陶传友.以农业综合开发促进土地资源转变为土地资本[J].经济研究参考,2004(25):7-10.

③ 王征.农业综合开发扶持农业产业化的政策和措施[J].农村实用工程技术(农业产业化),2004(4):43-46.

的投入。[①]

1.3.2.2　总结农业综合开发的经验及其成绩

在这方面较有代表性的有：李国祥在《农业综合开发的模式与效果》一文中，分析总结了世界各国农业综合开发模式的共有特点和农业综合开发所取得的多重效益。文章认为，农业综合开发模式的共有特点主要有：因地制宜制定农业综合开发目标；以政府投资为引子，多渠道筹集资金；以工程建设为主要内容，以科技进步为支撑；在农业综合开发中设立相应的管理机构。文章分析了农业综合开发所取得的多重效益：加强了农业基础设施建设，改善了农业生产的基本条件，提高了农业生产率；提高了农产品的自给能力；创造了新的就业机会，提高了农民的收入；增强了农产品的国际竞争能力；改善了生态环境；改善了农民的生活环境。[②] 韩连贵在《农业综合开发的巨大潜力》一文中重点探讨了通过农业综合开发科学利用国土资源潜力的思路和措施，具体有几点思路：开阔农业综合开发视野，综合治理国土资源；提高农业综合开发认识，保护改造耕地资源；开拓农业综合开发思路，科学利用非耕地资源。文章还提出了通过农业综合开发科学利用国土资源的若干措施：要认真落实国家关于农业综合开发基本方针政策；要保证实现农业综合开发"综合效益"目标；要坚持农业综合开发的基本原则；要严格执行农业综合开发土地治理标准；要始终坚持农业综合开发土地治理集中连片；要及时足额地落实农业综合开发各种配套资金；要发挥农业综合开发主力军作用；要加强农业综合开发队伍建设；要调动农业综合开发合作力量；要加强农业综合开发组织领导。[③] 姜长云在《农业综合开发的实践经验》一文中，对农业综合开发的成功经验进行了较为深入的分析，文章从五个方面总结了农业综合开发的成功经验：一是农业综合开发通过多渠道、多层次、多方式筹集农业发展资金，建立了"国家引导、配套投入、民办公助、滚动开发"的资金形成机制和"国家投入为主导、农民投入为主体"的综合投入机制，不

---

① 王建国.沿着中国特色农业现代化道路大力推进农业综合开发工作：在财政部司处级干部学习贯彻党的十七大精神轮训班上的交流发言[J].经济研究参考,2008(1):27-30.

② 李国祥.农业综合开发的模式与效果[J].世界农业,2000(5):5-7.

③ 韩连贵.农业综合开发的巨大潜力[J].经济研究参考,2000(42):20-25.

断加大投入力度,实现了投入的良性循环,为农业综合开发取得显著成效提供了坚强后盾;二是农业综合开发始终以综合开发利用农业资源,加强农业基础设施建设,改善农业的基本生产条件,增强农业综合生产能力为主要内容,为农业综合开发取得显著成效提供了重要依托;三是农业综合开发注意择优立项,抓住了农业发展的薄弱环节,科学地选择投入重点,实现了资金投入、物质投入、科技投入和管理投入的有机整合,从而提高了农业投入系统的总体功能,在措施上保证了农业综合开发能够取得显著成效;四是农业综合开发在开发目标上,强调农业增产和农民增收的统一,注意经济效益、社会效益和生态效益的协调,使农业综合开发保持了正确的方向;五是农业综合开发在开发模式上,重视"集中投入,连片重点开发",强调"公司+农户+基地"的产业化运作,提高了农业综合开发的规模效益,降低了运行成本。① 吕彤轩等在《富国强农大战略:中国农业综合开发 20 年回顾》一文中认为,农业综合开发是适合中国国情的重大战略决策,为农业发展新阶段的到来做出了重要贡献,开辟了一条以内涵为主的农业集约化、现代化发展道路,创造和积累了一套宝贵的农业开发经验,探索建立了促进粮食增产和农民增收的长效机制,为正在推进的新农村建设提供了有益借鉴。②

1.3.2.3 思考分析农业综合开发实施过程中出现的问题和对策

这类文章也占较大比重,其中具有代表性的主要有:黄季焜等在《入世后中国农业综合开发的对策研究》一文中研究分析了加入世界贸易组织后农业综合开发面临的主要问题和挑战,并分析了未来农业综合开发的目标选择和投资取向。文章认为,农业综合开发面临的问题和挑战主要有:农业综合开发的投资效果呈下降趋势;生产"过剩"和中低产田改造投资比例过大的矛盾加剧。因此,文章认为,农业综合开发投资的重点领域应转向优势产品或行业,农业综合开发投资的企业重点应转向"龙头"企业。政府应为

---

① 姜长云.农业综合开发的实践经验[J].经济研究参考,2001(40):30-35.
② 吕彤轩,杜爱玲,张砚秋.富国强农大战略:中国农业综合开发 20 年回顾[J].农村工作通讯,2008(5):54-56.

农业生产发展创造良好的环境,企业应根据市场需求发展自己的生产。① 李致学在《完善农业综合开发投入机制的思考》一文中,主要分析了农业综合开发面临的资金投入机制问题,并提出了解决问题的若干建议。文章认为,农业综合开发投入机制运行主要遇到了如下问题:原来的农业发展基金已不再具有建立的可能,影响了财政资金的稳定性;银行信贷资金不能全部到位;有偿资金回收难;农民自筹资金难以完成等。针对这些问题,文章提出了如下建议:重新建立完善的农业发展基金筹集办法;调整地方财政配套投入比例;调整有偿资金投入政策;充分利用国家积极财政政策,采取长期国债形式,筹集长期建设资金;调整银行信贷资金投入政策;制定合理的农民自筹办法。② 朱铁辉在《农业综合开发中农民的主体地位探讨》一文中,阐述了农业综合开发中为什么要确立农民的主体地位的原因,并通过对以往经验的总结,说明了如何确立农民的主体地位,如何正确处理中央投入、地方财政配套和农民自筹的关系等。③ 陆龙泉在《浙江省农业综合开发的发展方向与对策》一文中,重点分析了浙江省农业综合开发面临的机遇与挑战,并提出了针对这些机遇与挑战的思路与对策。④

1.3.2.4　探讨如何结合区域优势和劣势有效实施农业综合开发政策

这类文章所占比重不大,其中具有代表性的主要有:曲阜师范大学的刘兆德在《黄河三角洲农业综合开发研究》一文中,主要分析了黄河三角洲地区农业综合开发的优势及其限制因素,并提出了促进黄河三角洲农业综合开发的对策与建议。文章从土地资源、气候条件、水沙资源、海洋资源、草地资源和区位条件等方面分析了黄河三角洲地区农业综合开发的独特优势,从农业生态、农业内部结构、黄河尾闾、劳动力等方面分析了制约黄河三角洲地区农业综合开发的障碍因素。文章最后提出了几条对策建议:稳定黄

---

① 黄季焜,夏耕,张超超,等.入世后中国农业综合开发的对策研究[J].农业经济问题,2001(3):10-14.

② 李致学.完善农业综合开发投入机制的思考[J].经济研究参考,2002(50):37-40.

③ 朱铁辉.农业综合开发中农民的主体地位探讨[J].农业经济问题,2004(9):48-51.

④ 陆龙泉.浙江省农业综合开发的发展方向与对策[J].浙江农业学报,2004(4):232-236.

河尾闾流路;以"两高一优"为目标,优化农业内部结构;适应社会主义市场运行规律,构建农业综合开发的运行机制——农场式管理;因地制宜建立不同的生态农业发展模式;节约用水,建立节水型经济社会体系;大力发展科技教育,提高劳动者素质;保护自然环境,建立良性循环的生态系统。① 郑平建等在《中国西部农业综合开发的理性思考》一文中,以新疆为例,分析了西部农业综合开发的自然环境背景与现状,并提出了西部农业综合开发的若干思路。文章认为,西部农业综合开发既受到地形、气候条件、生态系统、水资源等因素的制约,也具有土地资源、光热资源方面的有利条件。文章最后提出了西部农业综合开发的若干思路:以统一规划为基础,因地制宜开发农业资源;以农牧结合为核心,优化农业产业结构;以市场为导向,推进农业产业化;以科技为支撑,促进资源优势向经济优势转化。② 曹宝明等在《沿海发达地区农业综合开发投资的战略调整》一文中,研究分析了沿海发达地区农业综合开发投资的主要矛盾与问题,并提出了沿海发达地区农业综合开发投资战略调整的指导思想和基本思路。文章认为,沿海发达地区农业综合开发目前还存在着几个不适应:农业综合开发与发展现代农业的要求不适应;农业综合开发与农村所有制形式多样化发展变化的形势不适应;农业综合开发与市场经济发展规律不适应;农业综合开发与转变政府职能的要求不适应。文章最后提出:以强农富民为基本出发点,以经济效益、社会效益和生态效益相统一为基本目标,将提高农业综合生产能力、提高农业综合开发的整体效益,与提高农民的收入水平、提高农业的现代化水平有机结合起来;按照市场经济条件下公共财政应有功能,正确定位农业综合开发资金的投入重点和扶持范围;按照农业结构调整和农业产业化发展的要求,通过扶持农业产业化龙头企业和农村社会化服务体系,全方位、全过程地介入农业产业链的各个环节,推动农业产业化的进一步发展和农业结构的进一步优化;按照"两个转变"和现代化农业发展的基本要求,着力发展高新技术、高附加值、外向型现代化农业项目,强化对重点项目的扶持力度,走资金密集、技术密集、内涵式开发的路子,努力提高农业综合开发项目的资金集中度;

---

① 刘兆德.黄河三角洲农业综合开发研究[J].经济地理,2000(2):74-78.

② 郑平建,蔡运龙.中国西部农业综合开发的理性思考[J].农业经济问题,2001(3):15-18.

借鉴工业园区的成功经验,通过扶持农业开发园区的建设,发挥财政资金的诱导功能、杠杆功能和孵化功能,吸引更多的工商资本、民间资本和外商资本投向农业,实现农业综合开发项目资金的乘数效应;坚持效率优先、兼顾公平的原则,点面结合,突出重点,优化财政资金的配置;适应社会主义市场经济建设的基本要求,按照农业综合开发投资必须实现高安全、高效益、高效率的原则,垂直管理、分级授权,进一步加强基层开发机构的权力和责任,优化农业开发投资的运行机制和管理体制;按照新时期农业综合开发工作的要求,建立农业综合开发管理工作的评价标准,完善各类农业综合开发项目的评估体系,以提高农业综合开发系统的管理效率和农业综合开发项目的投资效益。[1] 凡小忠等在《区域农业综合开发再认识》一文中,在评述当前区域农业开发需要注意的几个方面问题的基础上,分析了区域农业开发的战略定位、基本思路、基本原则及区域发展的优先顺序,最后提出了一般性实施对策。[2]

1.3.2.5　从理论视角解读审视农业综合开发政策

这类文章所占比重很少,其中具有代表性的主要有:王金安在《农业综合开发制度创新的理论透视》一文中,从理论视角解读了农业综合开发在资金筹措机制、风险分担机制、效益引导机制、科技激励机制等方面的制度创新意义。[3] 杨丹芳在《农业综合开发的财政思考》一文中,分析探讨了财政支持农业综合开发的理论依据,并提出了若干促进我国农业综合开发的财政对策思路。文章认为,农业生产具有自然和市场双重风险,这使得农业经济领域经常存在着某些市场失灵,这些市场失灵要求政府介入农业领域,支持农业综合开发。因此,提出了如下促进我国农业综合开发的财政对策思路:以提高农业综合生产能力为主要手段,加强农业基础设施建设,改善农业生态环境,发展农业科技,完善农产品市场机制,改革现行农业税费政策,从而

---

① 曹宝明,李俊超,黄非.沿海发达地区农业综合开发投资的战略调整[J].现代经济探讨,2002(12):37-39.

② 凡小忠,陆银,黄耀如,等.区域农业综合开发再认识[J].中国农业资源与区划,2007(1):22-25.

③ 王金安.农业综合开发制度创新的理论透视[J].中国农村经济,2000(2):21-25.

促进农业可持续发展。① 鲁德银在《农业综合开发投资不足的理性预期分析》一文中，运用理性预期理论分析了农业综合开发投资不足的主要原因，并提出了解决问题的一些设想。② 刘丙申在《农业综合开发投资的公共品属性分析与对策》一文中，从探讨农业综合开发的农业公共品分类与特征入手，分析了农业综合开发投资的结构性问题，并提出了构建适应新形势要求的农业综合开发投入机制的一些设想。③ 王金安在《关于农业综合开发战略定位问题的思考》一文中，从公共产品理论和多级政府分级管理理论等视角，分析探讨了农业综合开发的战略定位问题，文章认为农业综合开发应定位于农业准公共产品的提供，并应确立地方政府开发主体的地位。④ 吴洪伟在《农业综合开发（理论·实践·政策）》一书中，在回顾农业综合开发历史、评价农业综合开发实施现状和效果的基础上，结合农业综合开发的项目类型特点，提出了对农业综合开发政策的研究性框架。⑤

1.3.3　国内外研究评述

从以上论述中，我们不难发现，学界对农业综合开发这项支农政策的关注度越来越高，对其研究的深度和广度也日益提高，研究已经取得了一些可喜的成绩，当然也还存在着诸多的不足和空白。

对农业综合开发政策研究业已取得的成绩主要表现在：一是对实施农业综合开发政策所取得的经验和成就做了较为全面和准确的凝练和概括，这既为继续贯彻实施这一政策提供了有力的事实依据，也为我们研究审视这一政策提供了良好的基础。二是对农业综合开发政策在实施过程中遇到的各种现实问题进行了较多的关注、思考和分析，并提出了不少切合各地实

---

① 杨丹芳.农业综合开发的财政思考[J].中央财经大学学报,2000(10):19-23.

② 鲁德银.农业综合开发投资不足的理性预期分析[J].农业开发与装备,2007(1):39-43.

③ 刘丙申.农业综合开发投资的公共品属性分析与对策[J].中国农村经济,2002(7):45-50.

④ 王金安.关于农业综合开发战略定位问题的思考[J].农业经济问题,2005(4):58-61.

⑤ 李建平,吴洪伟.农业综合开发(理论·实践·政策)[M].北京:中国农业科学技术出版社,2016.

际的解决问题的思路和方法。这为完善农业综合开发政策提供了事实依据，也为我们深入研究分析农业综合开发政策提供了鲜活的案例素材和丰富的研究思路。

目前，对农业综合开发政策研究的不足主要表现在两个方面：一是对农业综合开发政策的理论依据缺乏深入系统的研究，因而就难以从战略的高度圆满地回答诸如"农业综合开发战略应依据什么理论来定位，该如何定位"等问题；二是对制约农业综合开发战略实施效果的运行机制缺乏深入系统的分析和研究，因而就很难解读为何这一政策的优势难以得到充分发挥，有关部门对农业综合开发政策在实施过程中出现的问题，为何也只能采取"头疼医头，脚痛医脚"的简单修正办法，没能系统施治。这也是实践中出现各种问题工程的渊源。

1.4　研究思路与方法

1.4.1　研究思路

本书从分析梳理农业综合开发相关理论，如经济增长源泉理论、公共产品和准公共产品理论、战略定位理论和系统运行机制理论等入手，试图为我国农业综合开发战略定位和运行机制设计寻找理论依据和着力点，进而研究分析农业综合开发的国际定位趋势和规则空间，希望能从中获得启示，以有效借鉴国际经验，充分利用规则空间。在此基础上，本书首先从事实和理论两个视角分析论证了我国农业综合开发战略所具有的独特制度优势，以阐明农业综合开发确实是解决"三农"问题的有效途径；接着论证分析农业综合开发现行的计划强制推动型战略定位模式及其运行机制面临的现实问题和根源，为调整和完善战略定位模式架构明确了主攻方向；随后针对存在的现实问题，依据相关理论，提出了构建农业综合开发市场诱致服务型战略定位模式的创新设想；然后进一步提出了建立健全与创新型农业综合开发战略定位模式相适应的运行机制设想，最后分析研究的主要结论与存在的不足，抛砖引玉，引发学界更多思考(参见图 1-1)。

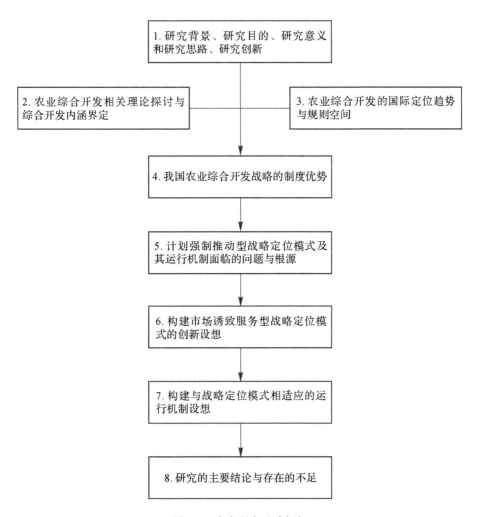

图 1-1 本书研究思路框架

1.4.2 研究方法

1.4.2.1 理论研究和实地调研紧密结合

一方面,深入研究与农业综合开发战略定位及其运行机制相关的经济和管理理论,如经济增长源泉理论、公共产品和准公共产品理论、战略定位理论和系统运行机制理论,希望能为之找到较为充分和全面的理论依据;另一方面,深入农业综合开发相关管理部门和开发区,就农业综合开发政策实施状况进行广泛、深入、细致的调查研究,希望能使研究较好地立足于我国农业综合开发的客观实际。笔者先后走访了国家农业综合开发办公室、浙江省农业综合开发办公室和绍兴市农业综合开发办公室等有关管理部门,收集了较为详尽的有关农业综合开发的方针政策、开发成果以及各地的开发经验等资料,另外,还先后调研考察了陕西杨凌农业综合开发科技示范园区、广西北海农业综合开发项目区、浙江省富阳市农业综合开发项目区、浙江省绍兴市农业综合开发项目区等,获得了大量鲜活的第一手资料。

1.4.2.2 规范分析和实证分析相结合

一方面,充分运用与农业综合开发战略定位相关的理论,审视和剖析我国农业综合开发战略的优势和存在的不足,并设法构建农业综合开发战略定位的理想模式及其合理的运行机制;另一方面,运用调研所取得的大量有关农业综合开发战略的具体资料,深入分析我国农业综合开发战略的实际运行情况,找到问题及其根源所在,以验证规范分析所得出的结论和观点。

1.5 研究创新之处

本书从战略定位视角,对我国农业综合开发这项财政支农政策进行了较为系统深入的审视和研究,跳出了传统的就财政论财政的窠臼,使得提出的观点具有一定的创新性。

1.5.1 提出了构建市场诱致服务型农业综合开发战略定位模式的创新设想

针对我国农业综合开发战略现实定位存在的问题,本书依据经济增长源泉理论、公共产品和准公共产品理论、战略定位理论和系统运行机制理论等,并结合我国市场经济发展情况和农业综合开发的现实状况,提出了将农业综合开发战略定位模式由现行的计划强制推动型模式向市场诱致服务型模式转变的创新构想。这一构想的主要内涵包括以下三点:

1.5.1.1　农业综合开发战略的目标定位应由现实的解决"三农"问题的辅助性政策目标转变为核心政策目标

之所以提出这一主张主要是基于农业综合开发政策是一项符合习近平新时代中国特色社会主义思想发展观,业已取得巨大实施成就,并与WTO规则空间相适应的好政策。

1.5.1.2　农业综合开发的客体定位应由较多地关注竞争性农业私人产品转向农业准公共产品

之所以提出这一主张,是因为农业综合开发政策是一项公共财政政策,其政策的着力点理应落在具有社会公益性的公共产品和准公共产品上,同时农业综合开发又具有显著的区域性特征,符合准公共产品的构成要件。

1.5.1.3　农业综合开发的主体定位应由目前的中央政府主导、地方政府消极配套、农民被动参与的尴尬局面,转向中央政府引导、地方政府主导、农民真正成为开发主体的新格局

之所以提出这一主张,首先,因为农业综合开发的对象农业准公共产品与受益人密切相关,这就决定了它具有地方性特征。其次,按照多级政府的分工理论,中央政府应主要提供纯公共产品,地方政府提供准公共产品。因此,从上述两方面来看,以地方政府(在这里是指省、区、市政府)为主导的农业综合开发思路,是符合农业准公共产品供给规律的。具体地说,农业综合开发应当在立项、审批、施工、验收等方面扩大地方政府的自主权,中央则负责宏观调控和协调。再次,农业综合开发如果无法真正确立起农民的开发主体地位,那么农业综合开发就难以取得成功的道理是显而易见的,问题的关键是如何促使农民真正成为农业综合开发的主体。本书提出如下几点解决问题的思路:突破传统框架,树立起农民是农业综合开发真正主体的观念;按照制度变迁理论要求,积极发挥财政投资在我国农业发展中的引领促进作用;以建立和完善新型的产业组织形式和生产经营方式为基础,培育强化农民的市场主体地位;增强农民自我发展能力,促使农民充分发挥主体作用。这一构想的基本框架参见图1-2。

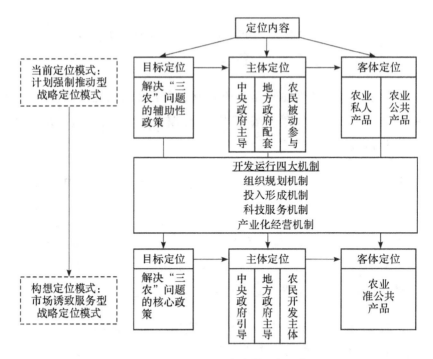

图 1-2　农业战略开发定位模式创新构想

1.5.2　提出了构建与创新型战略定位模式相适应的运行机制设想

农业综合开发创新型战略定位模式要成功地付诸实践,就必须具备完善的与之相适应的运行机制,笔者依据相关理论和我国社会主义市场经济发展的现实和趋势,提出了构建市场诱致服务型农业综合开发战略运行机制的创新设想。如创新设置和完善农业综合开发部组织架构体系,发行农业综合开发彩票和地方政府债券募集开发资金,让农业科技人员技术入股农业综合开发项目的设想等创新设想。

这些创新设想主要包括以下四点。

1.5.2.1　完善和优化农业综合开发组织规划机制

本书提出通过创新性地设置和完善农业综合开发部组织架构体系,完善农业综合开发的规划和立项制度、农业综合开发的政府采购制度、农业综合开发工程设施的管理制度和产权制度等途径和措施,以形成组织架构体系与战略定位目标相适应,中央与地方规划体系紧密配套,产权和管理制度与社会主义市场经济体制相协调的,较为理想的农业综合开发组织规划机制。

1.5.2.2 完善和优化农业综合开发投入形成机制

本书提出通过健全农业公共财政制度,创新优化农业基础制度、农村金融制度、投资形成理念和思路等途径和措施,以形成中央、地方、企业和个人对投资农业综合开发的良好预期和意愿,并积极付诸投资行为的理想的农业综合开发投入形成机制。

1.5.2.3 完善和优化农业综合开发科技服务机制

本书依据"强化公益性、放活经营性"原则,提出通过进一步强化科技服务意识,健全科技服务组织,建立多元化的服务主体,完善利益分配和价格等诱导机制,搞好科技示范,强化农民应用先进科技的培训,完善科技服务投入机制等途径和措施,以形成体系完备、主体多元、结构开放、功能齐全、机制灵活的适应社会主义新农村建设需要的农业综合开发科技服务机制。

1.5.2.4 完善和优化农业综合开发产业化经营机制

本书提出通过完善农业产业化服务组织体系、利益联结机制、农业产业化支持政策体系、产业化法律支撑体系等途径和措施,以形成组织体系健全、利益联结合理、支持政策到位、法律支撑有效的较为理想的农业综合开发产业化经营机制。

2 农业综合开发的内涵界定及相关理论

2.1 农业综合开发相关概念内涵界定

2.1.1 农业综合开发

农业开发,是指使自然资源能够适合于农业生产需要,使动植物能够为人类所利用,使农村经济能够得到发展的一切生产建设活动。农业开发的内容广泛,包括开荒、兴修水利、应用科技、农产品储藏和加工转化等。从人类发展的历史看,农业开发每时每刻都在进行。每一次农业工具的改进,每一种动植物的驯化,每一片土地的开发利用,每一次产业技术的革新,每一次生产技术条件的改善,每一次农业生产结构的调整,都从农业生产的广度和深度上前进了一步,都可以称得上是一次成功的农业开发。

农业综合开发,是指在一定时间里和确定的区域内,为全面开发利用农业资源,发展地区农村经济而进行的综合性生产建设活动。它的最终目标是合理配置、科学利用农业生产要素,提高农业综合生产能力和市场竞争能力,推动传统农业向现代农业转变。它通常的做法是根据长期发展规划,从多种途径对某一地区的农业资源进行合理的开发利用,以达到经济效益、社会效益和生态效益共同提高的目的。开发内容主要包括开垦荒地、平整土地、兴修水利、改良土壤、植树造林、装备机械、改进生产技术、发展多种经营等。从狭义的观点看,农业综合开发是以农业自然资源为开发对象的一种投入产出活动,如改造中低产田、改良草场、植树造林等。而从广义的观点看,它不仅包括农业资源的开发,还包括农副产品的综合利用和加工;不仅包括农业领域的开发,还包括农产品流通领域的市场建设。

农业综合开发的"综合"具有多重含义。首先,是指开发方式的综合,即对山水田林路实行开发与治理,农林牧副渔协调发展。其次,是指资金来源的综合,即实行财政资金、银行贷款、自筹资金综合投入,同时也吸收社会各方面的投资。再次,是指治理措施的综合,即有针对性地采取工程、生物和技术措施相结合的综合治理措施。最后,是指治理效益的综合,即取得经济、社会和生态方面的综合效益。

农业综合开发除了具有"综合"特点之外,一般还具有以下三个特点:第一,市场取向特点。农业综合开发以提高农业综合生产能力和农业国际竞争力为目标,使开发计划与市场需求相适应,生产要素的优化组合与大市场的发育相适应,生产什么,生产多少,都以市场为导向,根据国际和国内市场的供需变化,组织安排生产,积极发展出口创汇的农产品,增强农业市场的竞争力。第二,产业化取向的特点。农业综合开发积极推进农业产业化经营,以市场为导向,科技为依托,按照资源比较优势和区位优势,确定各地区支柱产业和主导产品,捆绑各类项目,重点开展产业化基地和产业化"龙头"建设,同时,重视贮藏、保鲜、加工、运输、销售等产前和产后配套设施的建设,走产业化经营之路。第三,严格实行项目管理的特点。农业综合严格按照项目进行管理,从评估论证、申报审批,到资金拨付、检查验收、建后管护,均有一套严格的制度。农业综合开发按照项目投放资金,资金跟着项目走,不分条切块,不按部门、行业或田亩分钱。可以说,项目管理办法的推行,从制度上保证了农业建设决策科学化、立项程序化和管理规范化,有效地防止了农业投入的盲目性和随意性。①

2.1.2 战略定位

"战略"一词,来自希腊语"strategia",原义为将军的艺术和谋略。就现

---

① 国家农业综合开发办公室.中国农业综合开发[M].北京:中国财政经济出版社,2003.

代军事科学意义来看,战略是相对于战术而言的。"战术"是研究具体战斗的具体原则和方法,如怎样调用军队等。战略是对战争全局的筹划和指导。它是以分析敌对双方的军事、政治、经济、地理等因素,并以战争全局各个方面和各个阶段之间的关系为依据,规定军事力量的准备和运用。例如,武装力量的组织和筹备,国防工程设施的规划和建设,军事装备与军事物资的生产、储备,战争动员,基本作战方向的研究,战区的划分,作战方针和作战指导原则的制定等,都属于战略的范畴。

第二次世界大战后,战略一词开始超出军事范畴,被广泛应用到社会、经济、政治、文化、教育、科技等领域,出现了诸如社会发展战略、经济发展战略、政治发展战略、文化发展战略、教育发展战略、科技发展战略等。战略概念几经延伸,现在已用来泛指重大的、带全局性或决定全局的谋划,凡带有全局性的计划都属于战略的范畴。[①]

战略的特征主要可以概括为以下几个方面:一是全局性。战略是从全局出发,总体地研究组织所要解决的基础方针问题。也就是说,它是从组织所涉及的各个方面出发,考虑组织发展所要达到的目标、所要解决的重点、所要经过的阶段以及实现这些要求所采取的力量布置和重大对策。二是长远性。战略所规定的目标,是组织在较长时期内经过努力才能达到的目标,它体现了组织对未来的设想。它的着眼点不在当前,而在未来,着眼于长远利益。因此,实现组织战略是一项长远而艰巨的任务。三是相对稳定性。战略的全局性和长远性,就决定了战略的相对稳定性。如果组织的战略反复无常,那么就失去了战略的意义。当然,相对稳定并不等于固定不变,因为组织的外部环境和内部条件是在不断变化的,因此战略也应适应情况的变化,主动进行调整,以保持战略与内外环境之间的动态平衡。四是政策性。战略的政策性有双重含义,一方面是指组织在制定和实施战略的过程中,必须始终遵守国家的法律和政策;另一方面组织的战略一经制定,就成了指导组织各项工作的纲领性文件,组织的各项工作就必须为实现其战略而服务。五是风险性。因为组织的外部环境和内部条件是不断变化的,特别是组织外部环境的变化具有随机性,而且具有组织不可控性。组织战略

---

① 尤利群,王金安,蒋建华. 现代管理学[M]. 杭州:浙江大学出版社,2003.

的制定是在存在许多不确定因素的条件下,主要依靠领导者的知识、经验和判断能力决定的,因此,组织战略能否把握客观规律,就带有一定的风险性。六是竞争性。战略是竞争的产物,正如没有战争就没有战略一样,没有竞争就没有组织的战略。一个组织的战略往往是针对竞争对手的优势和劣势及其正在和可能采取的行动而制定的。对于一个组织来说,内部的薄弱环节或某些方面管理不善的问题通常可以容忍,至少暂时可以容忍。相反,如果组织相对于竞争对手的地位恶化,则将危及组织的生存。因此,战略具有明显的竞争性。

战略定位是指人们为了实现特定的系统目标,根据主客观条件,通过调查研究,在掌握大量有关信息和经验的基础上,借助一定的方法和手段,对关乎系统长远和整体利益的战略目标、战略方向、战略主体和战略措施等战略要素进行合理设置和调整的动态过程。

2.1.3　运行机制

"机制"一词,最早源于古希腊文的"mechane",意指工具、机械,一般解释为机器的构造和动作原理,后来被逐渐引用到生物学、医学、社会学等各个领域。《辞海》将其解释为:所谓机制,原指机器的构造和动作原理,生物学和医学通过类比借用了此词。生物学和医学在研究一种生物的功能时,常说要分析它的机制,即是说要了解它的内在工作方式,包括有关生物结构组成部分的相互关系,以及其间发生的各种变化过程的物理、化学性质和相互关系。阐明一种生物功能的机制,意味着对它的认识从现象的描述到本质的说明。[①]《现代汉语词典》根据其应用对象的不同解释为:①机器的构造和工作原理,如计算机的机制。②机体的构造、功能和相互关系,如动脉硬化的机制。③指某些自然现象的物理、化学规律,如优选法中优化对象的机制。④泛指一个工作系统的组织或部分之间相互作用的过程和方式,如市场机制、竞争机制。[②]

概言之,运行机制是指一定的组织结构内各构成要素间相互联系、相互

---

① 《辞海》编辑委员会.辞海[M].上海:上海辞书出版社,1979.

② 中国社会科学院语言研究所词典编辑室.现代汉语词典(第6版)[M].北京:商务印书馆,2012.

作用、相互制约并以实现一定功能为目的的运行过程和运行方式的总和。尽管这一概念的内涵十分丰富,外延比较广泛,但其基本含义可以概括为以下几点:①运行机制是由特定要素所形成的一种机体结构,机体各要素以特定方式结合在一起。②运行机制内部各要素间存在着一种规律性的本质联系,也称运作方式。机制内部各要素的结构方式决定着机制的运作规律或运作方式,结构方式发生变化则其运作规律或运作方式也随之发生改变。③运行机制反映其结构要素的动态性。运行机制不仅随结构的变化而变化,而且与外部环境也不断发生作用。因此,对运行机制的研究要将其放在其自身的"结构空间"以及和环境相互作用的"关系空间"中进行。

学术界对运行机制内涵的认识还有不少的观点。有学者认为:"运行机制是指构成组织体制诸要素之间的相互联系、相互推动、相互制约的关系及其运转方式。"[①]这一观点看到运行机制自身的独立性以及运行机制各要素之间的关系及运转方式,但这里的组织是指封闭性组织,而不是开放性组织,它把运行机制局限在某一较小的组织内,没有注意到组织内外的各种关系,从而把组织与环境之间的关系放在一边,不利于组织面向外部环境的变化进行自我调适,容易导致组织在原体制下故步自封,或者找不到合适的运行机制。

有学者则认为,运行机制是"在现行组织管理体制下,组织与外部环境之间、组织内部各职能机构之间相互联系、相互作用、相互制约,从而推动整个管理系统良性运转的基本形式和联动效应。它既包括了组织方法,又隐含了工作方法"[②]。与上述认识比较,这一观点不仅看到了体制与机制的本质区别,把握住了机制是组织之间要素的基本关系,而且把组织放在一个大环境下考虑,注意到了组织与外部环境之间、组织内部各职能部门之间相互联系、相互制约的关系,从更为系统的层面探索组织运行。但这里把运行机制看成是推动系统良性运转的组织方法与工作方法,其不足之处有两点:①运行机制指组织运行的整套制度,包括规则、程序与方法,但这种运行制

---

① 陈锦辉.论市场经济条件下高等教育的运行机制[J].云南师范大学学报,2000(5):72-74.

② 韩延明,曹丞.我国高校内部管理运行机制摭探[J].青岛科技大学学报,1999(4):15-18.

度并不一定使系统良性循环,当运行机制不畅时,也会阻碍组织运行,这就需要对运行机制进行改革,形成适应现代组织运行的机制;②运行机制被看成是组织方法与工作方法,从而把运行机制看成单一的具体操作手段,而不是从制度层面理解机制。

综上所述,笔者认为,运行机制是为了达到组织管理目标,在一定的管理体制基础上,促使组织运行的各构成要素之间相互联系和作用的一系列制度与方式方法的总和。这就揭示了运行机制与管理体制之间的关系,体现了运行机制是在一定的管理体制基础上,为了使组织运行而采取的一系列制度与方法。通常情况下,管理体制在前,运行机制在后,运行机制是为了支持管理体制采取的制度与措施,是使管理体制得以延续的基础,也是管理体制进行改革的动力所在。同时,它也表明了运行机制不是仅在某一组织内部得到体现,在组织之间也存在如何面对外部环境有效运行的问题。

2.2 经济增长源泉理论

任何经济政策的落脚点都是为了促进经济的增长,因此,研究经济政策自然得研究经济增长的源泉问题。围绕经济增长的源泉问题,西方经济学家对此进行了长期的、大量的研究,随着人们对经济增长现象认识的逐步深入,当今的经济增长理论已不局限于早期发达国家的经济问题,研究的中心议题包括:促进各个国家经济增长的要素是什么? 如何实现经济的长期稳定增长? 由此,人们建立了各种经济增长模型。系统地研究分析这些经济增长理论的形成和发展脉络,对我们研究我国农业综合开发的政策问题具有十分重要的理论指导意义。

2.2.1 古典经济增长理论

从思想渊源上考察,经济增长的思想已经体现在西方古典经济学家的著作中,人们称之为"古典经济增长理论"。在亚当·斯密(Adam Smith)、大卫·李嘉图(David Ricardo)看来,劳动、资本、土地等因素是促进经济增长的主要源泉。亚当·斯密的《国富论》一书被视为现代经济学的开端,其所研究的中心问题是国民财富的性质和增加国民财富（即经济增长）的条件，以及促进和阻碍财富增长的原因。斯密在《国富论》的开篇写道："一国国民每年的劳动，本来就是供给他们一年消费的一切生活必需品的源泉。"[①]他还强调劳动分工是提高劳动生产率以扩大商品生产的关键。他说："劳动生产力最大的增进，以及运用劳动时所表现的更大的熟练、技巧和判断，似乎都是分工的结果。"[②]但是，他认为进行大规模分工的先决条件之一是，必须有资本积累来提供所必须配备的专门的机器和设备。因此，他强调储蓄，认为没有储蓄和积累，资本就不会增加。在斯密看来，资本的数量及其积累决定了劳动数量的多少、劳动分工的程度及其劳动生产率的高低，而劳动数量与劳动生产率是经济增长的两个决定性因素，因此，资本积累是经济增长的前提条件。斯密认为，促进劳动分工的另一个条件是市场规模，他预言，只要有合适的市场规模和一定量的资本积累，通过劳动分工提高劳动生产率和利润率，增加资本积累，经济增长就能持续下去。

李嘉图和斯密一样，假定生产有三个要素：土地、劳动和资本。他在《政治经济学及赋税原理》中也强调资本积累是经济发展的关键，因此他也注重储蓄。在李嘉图的理论模型中，生产过程的投入分为数量不变和可变两类，即土地是固定的，而劳动力和资本投入则是可变的。在经济增长的早期阶段，人口相对于土地来说比较少，因而利润增长和资本积累的机会都比较大，较高的利润刺激投资（即资本积累），投资的增加导致劳动需求的增加，从而使市场工资高于维持生存的水平，进而导致人口增长。在人口不断增加，耕地有限的条件下，在固有数量的土地上使用越来越多的劳动力终将导致报酬递减，市场工资也将降至维持生计的水平，资本积累将停止，整个经济处于长期停滞状态，从而整个经济情况将变成一种静止状态。

在古典经济增长理论中，决定经济增长的因素可归纳为三要素：土地、劳动和资本。由于土地是固定的，而劳动和资本是相对可变的，因而对经济增长的解释主要集中在劳动力和资本两个要素上，也就是说，在古典经济增

---

① ［英］亚当·斯密.国民财富的性质和原因的研究[M].郭大力，王亚南，译.北京：商务印书馆，1983.

② ［英］亚当·斯密.国民财富的性质和原因的研究[M].郭大力，王亚南，译.北京：商务印书馆，1983.

长理论中,经济增长取决于劳动力投入和资本投入,其中资本积累是决定经济增长诸要素中最重要的要素。

英国经济学家托马斯·罗伯特·马尔萨斯(Thomas Robert Malthus)的《人口理论》一书也反映了他对资本主义经济增长的观点。他认为,土地报酬递减规律,使得不加节制的人口增长必然会超过生产资料的增长,从而引起食物短缺,是阻止经济迅速增长的直接因素。

然而,整个 19 世纪的资本主义经济发展情况表明,所谓的静止状态以及马尔萨斯所担心的人口陷阱并未出现。这是由于原来假定为不变的那些因素发生了重大变化:生产技术迅速发展、新的自然资源被不断发现,等等,都成为促进经济增长的重要因素。

2.2.2 "哈罗德—多马"模型

第二次世界大战后,战后经济重建问题引起了经济学家对经济增长的再度重视。20 世纪 40 年代,英国经济学家哈罗德(R. F. Harrod)于 1948 年出版了《动态经济学导论》一书,美国经济学家多马(E. D. Domar)发表了《资本扩大、增长率和就业》及《扩大与就业》两篇文章,分别提出了内容基本相同的经济增长模型,人们通称为"哈罗德—多马模型",这成为当代西方经济增长理论产生的标志。此后,各种经济增长理论大都是在此模型基础上修正、扩充而发展起来的。

"哈罗德—多马"模型,是建立在凯恩斯(Keynes)有效需求理论上的关于经济长期稳定增长所需条件的模型。它根据凯恩斯关于储蓄等于投资才能使经济实现均衡发展的理论来分析经济长期均衡增长的条件,是凯恩斯这一理论的长期化和动态化发展。其假设条件是:社会上只生产一种既可消费又可用于投资的产品,即一部门经济,只有资本和劳动两种生产要素,而且资本-劳动比率是固定不变的;国民储蓄率不变,资本产出比不变,规模收益不变;劳动力增长由一个外部因素即人口增长率给定;并且隐含技术进步的假定。

假设 Y 为国民收入,I 为净投资,K 为资本存量,s 为储蓄率,S 为储蓄,c 为资本产出比,由上述假设可得:

$$K = cY \rightarrow \Delta K = c\Delta Y$$

由于储蓄等于投资,即:

$$I = S$$

$$S = sY$$

$$I = \Delta K$$

由此可以推出国民收入增长率 g 为:

$$g = \Delta Y / Y$$

$$= \Delta K / K$$

$$= I / K$$

$$= S / K$$

$$= sY / K$$

$$= s / c$$

这就是哈罗德—多马模型的基本关系式,说明国民收入的增长由 s 和 c 决定。当资本产出比不变时,国民收入的增长率与储蓄率成正比。[①]

哈罗德—多马模型的出现具有开创性意义,然而,它所给出的经济长期均衡增长的条件却过于苛刻,在现实中是一条难以达到的增长"刀锋"。经济增长率由劳动力增长率决定,进而由人口增长外生决定的假设也不符合现实状况。

这一模型的主要特点是,与古典经济增长理论相同,哈罗德和多马强调资本对经济增长的作用,认为资本的不断形成是经济持续增长的决定因素。因而,强调储蓄和投资对经济增长的推动作用,因为投资来源于储蓄,而投资又具有两重作用,既能增加有效需求和国民收入,又能增加资本存量和生产力。

2.2.3 新古典经济增长模型

新古典经济增长模型是 20 世纪 50 年代由美国经济学家索洛(Solow)、澳大利亚经济学家斯旺(Swan)和英国经济学家米德(Meade)等学者提出的。它发展了哈罗德—多马模型,认为经济增长是由劳动和资本两个内生

---

① Harrod R F. Towards a dynamic economics: some recent developments of economic theory and their applications to policy[M]. London : Macmillan, 1984.

变量与技术进步这个外生变量共同作用的结果,并且特别强调技术进步的作用,甚至将其上升为"技术决定论"。

哈罗德—多马经济增长模型假定不存在技术进步,这样单一的生产过程中资本和劳动之间的比例就是固定的,产量和资本之间的比率也是固定的。与此相反,新古典经济增长模型把劳动增长、资本增长和技术进步作用综合在一起阐述经济增长理论。这一理论认为,在现实经济增长中技术进步不仅存在,而且是影响经济增长的主要因素,在资源、人力、资本为既定的条件下,技术进步同样可以使经济实现增长。

新古典经济增长理论与哈罗德—多马增长模型的不同之处主要在于:首先,前者认为,假定生产技术固定不变,即资本—劳动比率和资本—产出比是固定不变的,这一模型不符合经济现实。其假定,生产中使用的资本与劳动两种要素,是能够相互替代的,即资本与劳动的配合比例以及资本—产出比是可以改变的。其次,前者还将技术进步作为经济增长的一个因素进行分析,并对其进行了估算。其认为,经济增长从长期看,不仅取决于资本增长率(或资本积累率)、劳动力增长率、资本和劳动对产量增长的相对作用程度,还取决于技术进步的程度。索洛为此做了两个假设。

(1)不含技术进步的索洛模型

索洛对哈罗德—多马模型的假设条件做了修正:资本—劳动比率可变;规模收益不变,但资本或劳动的边际生产力递减。索洛将资本和劳动投入相联系,给出了一个总量生产函数,连续的且规模报酬不变,即

$$Q = F(K, L)$$

式中:Q 为总产出;

K 为资本投入;

L 为劳动投入。

由于它是一次齐次的,且规模收益不变,所以有:

$$y = f(k)$$

式中:y 为劳动生产率,有 $y = Q/L$;

k 为人均资本装备率或资本劳动比,有 $k = K/L$。

由于国民收入有恒等式:$Y = C + I$,索洛导出了哈洛德—多马模型等价的基本增长方程:

$$dk/k = sf(k) - nk$$

式中:s 为储蓄率;

n 为劳动增长率。

(2)含技术进步的索洛模型

索洛的另一个贡献就是在生产函数中引入了技术进步,并用索洛余值法测定技术进步。假定技术进步是哈罗德中性的[①],那么带有时间变量的总量生产函数可以表示为:

$$Q = F(K, L, t) = A(t) f(K, L)$$

其中 $A(t)$ 为技术进步因子,即后来肯德里克(J. W. Kendrick)定义的全部要素生产率。由此得出增长方程:

$$\frac{dQ}{Q} = \frac{dA(t)}{A(t)} + \frac{\partial Q/Q}{\partial K/K} \cdot \frac{dK}{K} + \frac{\partial Q/Q}{\partial L/L} \cdot \frac{dL}{L}$$

令:

$$\frac{\partial Q/Q}{\partial K/K} = \alpha,$$

$$\frac{\partial Q/Q}{\partial L/L} = \beta$$

α、β 分别为资本和劳动的产出弹性,按照规模收益不变的假定,有 $\alpha + \beta = 1$,α/β 即为资本—劳动比率。索洛由此测算出了美国 1909—1949 年技术进步对经济增长的贡献率超过 80%,并在随后的研究中将技术进步率分解出劳动力受教育水平和培训的贡献等因素。索洛其后的学者在此基础上对经济增长的要素包括技术进步进行了各种各样的分解,并由此重建了生产函数。可以说,索洛模型是至今为止各种生产率分析和要素分析的基础。[②]

索洛认为,从长远的角度看,不是资本的投入(积累)和劳动力的增加,而是技术进步,才是经济增长的最根本因素。但是,索洛只是把技术进步看作是外生变量,没有解释技术进步是怎样发生的。因为资本和劳动力本身都包含着技术进步的因素,很难将技术进步因素从资本和劳动力因素中分

---

① 当资本产出比不变时,资本的边际产量不变,则每个工人的生产函数向上移动所表示的技术进步就是哈罗德中性的。

② Solow R M. A contribution to the theory of economic growth[J]. Quarterly Journal of Economics,1956(1):1.

解出来。

2.2.4　全要素生产率分析和经济增长因素分析

在索洛之后,一些经济学家以新古典经济增长理论为基础,开始着眼于经济增长中各种因素对经济增长所起作用的数量分析。其中,20世纪60年代以后肯德里克的"全要素生产率分析"和丹尼森(E. Denison)及西蒙·库兹涅茨(Simon Kuznets)的"经济增长因素分析"较具代表性。他们具体估算了导致经济增长的各项因素的数值,以说明各项增长因素对经济增长所起的作用,这又称为"经济增长源泉的数量分析"。其重要结论是,导致战后各国经济增长的主要因素(源泉)是科学技术发展带来的要素生产率的提高。

肯德里克通过对影响经济增长各种因素的比较来考察生产率的提高对经济增长所做的贡献,并提出了"全要素生产率"(total factors productivity,又译作综合要素生产率、总要素生产率,简称 TFP)的概念和分析方法。在他的著作中,生产率这一概念是对全部要素生产率而言的。他认为,产量和某一特定的投入量,例如劳动量和资本量之比,只能称为"部分生产率",而"部分生产率只能衡量一段时间内,某一特定投入量的节约,但不能表示生产效率的全部变化"。因此,要衡量全部投入量的节约或衡量生产效率的变化,就要把产量与包括劳动、资本和土地在内的全部要素的投入量联系起来。而产量和全部要素投入量之比就是"全部要素生产率"。[①]

根据肯德里克的理论,经济增长的来源有二:一是全部要素投入量的增长,另一是全部要素生产率的提高(即技术进步)。全部要素生产率无法直接计算,他的分析方法是,根据一定时期的国民收入统计资料,首先估算出该时期劳动投入量的增加和资本投入量的增加分别对该时期产量增长所做的贡献率,然后计算产量或实际净产值增长率与全部要素投入量增长率的差额,即得全部要素生产率的增长数字。因此,肯德里克认为,全部要素生产率是一种"剩余"或"余值"。运用这一方法,他计算出 1889—1957 年美国实际国民生产总值平均每年增长 3.5%,其中由劳动投入量和资本投入量的

---

① Kendrick J W. Productivity trends in the United States[J]. NBER Books, 1961, 126(1):148.

增加所带来的国民生产总值的年平均增长率为 1.7%，由全部要素生产率的提高所带来的国民生产总值的年平均增长率是 1.8%，说明这一时期全部要素投入量和全部要素生产率对经济增长的贡献各占 1/2。

肯德里克还探讨了影响全部要素生产率提高的一些因素，他认为这很复杂，主要有：无形投资（对研究、发展、教育、训练等的投资）的增减、资源配置的合理化程度及其适应经济变化的速度、技术革新的扩散程度、生产规模的变动、人力资源与自然资源的质量，等等。但肯德里克对这些要素分别对全部要素生产率的提高带来多大影响，没有做进一步分析。

在这一点上，丹尼森做了进一步测算。肯德里克说，丹尼森对经济增长来源进行量的分析的目的，就在于缩小肯德里克的余值的量，其方法是"扩大投入量的种类，把改善生产效率和加强使用人力和非人力生产要素的各种质的要素包括进去"，最后把"知识进展"这个提高要素生产率的重要增长动力作为他分析体系中的"余值"。

丹尼森把影响经济增长的因素分为七类：①就业人数及年龄性别构成；②包括非全日工作的工人在内的工时数；③劳动力的教育年限；④资本（包括土地）存量的大小；⑤资源配置的改善，主要指低效率使用的劳动力比重的减少；⑥规模经济实现的程度，以市场的扩大来衡量；⑦知识进展（包括技术和管理知识的进步及其在生产中的应用）。前三项为劳动投入量，第四项为资本投入量，后三项是单位投入量的产出率，即生产率。或者说，前四类属于要素投入量，后三类属于每一单位投入量的生产率（或全要素生产率）的变化。

丹尼森的目的是通过量的测定，把产量增长率按照各个增长所做的贡献，分配到各个增长因素中去，分配的结果用来比较长期经济增长中，各个因素的相对重要性。他认为，知识进展是最重要的增长因素，劳动力教育年限的延长是基本的增长因素。

关于教育因素，丹尼森强调，从劳动力的质量来看，教育水平决定了一个人所能承担的工种及其职业的熟练程度。教育水平的改进，不但能使劳动力的职业结构逐渐优化，在职业内部改进工作质量，而且可以增加劳动力的地区间流动性，从而增加生产率，进而有可能改进一个国家的技术和管理水平。

丹尼森通过对各项增长源对美国经济增长所做贡献的历史分析发现，如果把 1929—1973 年整个时期分为 1929—1948 和 1948—1973 两个阶段，那么在后一阶段的增长率中，知识进展的重要性更加突出，高达 1.41 百分点，它的贡献占每单位投入的产出量对该领域国民收入增长率所做贡献（1.98 百分点）的 71%。教育的贡献（0.52 百分点）占劳动投入量贡献（1.02 百分点）的 1/2 以上。根据丹尼森的估算，把教育和知识进展两个贡献因素相加，占总增长的 39%，这是任何其他因素都无法与之相比的。①

西蒙·库兹涅茨运用统计分析方法对现代经济增长因素进行了分析，通过对 100 多年来发达国家国民收入的增长和国民生产总值的主要组成部分进行历史性的分析比较，着重从制度和结构上论述了经济增长问题，提出了经济增长的因素主要是知识存量的增加、劳动生产率的提高和结构方面的变化。

关于知识存量的增加，库兹涅茨认为这是现代经济增长的重要因素之一。现代经济增长受到时代革新的推动，迅速增加了全球技术知识和社会知识的存量，当这种存量被利用的时候，它就成为现代经济高速的总量增长和结构变化的源泉。但知识本身不是直接生产力，由知识转化为现实的生产力要经过一系列的中间环节，它要经历：科学发现—知识增加；发明—对现有知识实际运用的检验；革新—把发明初步应用于生产；改良—在发明及其应用过程中进行有益的改进。在知识的转化过程中需要一系列的中介因素，这些中介因素是：对物质资本和劳动力的训练进行大量的投资；企业家有能力克服一系列从未遇到的障碍；知识的使用者要对技术运用是否适宜做出准确的判断。在这些中介因素的作用下，经过一系列知识的转化过程，知识才会变成现实的生产力。

关于生产率的提高，库兹涅茨认为这是促进现代经济增长的第二个重要因素。现代经济增长的特征是人均产值的高增长率，人均产值的高增长率则来自生产率的高增长。库兹涅茨通过对劳动投入和资本投入对经济增长影响的长期分析，得出结论，从 1909 年到 1957 年，美国平均劳动力实际国民收入每年增长 1.44%，其中约有 12% 归于土地和资本的增加。由于劳

① ［美］丹尼森.美国经济增长核算 1929—1969［R］.布鲁金斯研究所，1974.

动力受教育程度的提高,规模经济和技术知识的普及所带来的效率的提高占 85% 以上。

关于结构的变化,库兹涅茨认为这是促进现代经济增长第三个重要因素。即在经济增长过程中,产业结构变动的趋势呈现为,第一产业在总产值中的比重逐渐降低,第二、三产业在总产值中的比重逐渐增加。这个趋势在各部门劳动力占总劳动力比重的变化中明显反映出来,农业劳动力在总劳动力中的比重趋于下降。他对 57 个国家三大产业劳动力人数占总劳动力人数的比例进行了分析,在人均国内生产总值为 200 美元时,农业劳动力的比重一般不低于 50%,但人均国内生产总值达到 800 美元以上时,农业部门劳动力的比重下降到 20% 以下。因此,库兹涅茨指出,发达国家在现代经济增长时期的总体增长率和产业结构变化率都比他们现代化以前高得多。为什么人均产值的高增长率会与生产结构的高变换率相联系呢?他认为其中一个十分重要的原因在于,技术革新及其扩散加快了生产结构的变动。他认为,技术创新对产业结构具有这样的影响:①一项发明形成了一系列与之相配套的发明和改进的框架,从而引起产业结构相当大的变动;②新发明满足了潜在的需求,又创造出新的需求,引起了生产方式和生活习惯的新变化,从而使产业结构发生变化。而不发达国家经济结构变动缓慢,结构因素对经济增长的影响比较小,主要表现在其传统结构将 60% 以上的劳动力束缚在传统的农业部门,传统的生产技术和生产组织方式阻碍了经济的增长。

2.2.5 人力资本理论

美国著名经济学家西奥多·舒尔茨(Theodore W. Schultz)利用计算机对各个要素对经济增长率的贡献进行了计算。他在长期的美国农业经济问题的研究中发现,从 20 世纪初到 50 年代,促使美国农业生产量迅速增长和农业生产率迅速提高的重要因素已不再是土地、劳动力数量或资本存量的增加,而是人的知识、能力和技术水平的提高。在 1960 年的美国经济学年会上,舒尔茨发表了一篇很有创见的讲演,题为《人力资本的投资》。他指出,传统的经济理论认为,经济增长必须依赖于物质资本和劳动力数量的增加。然而,他认为,在当代研究经济增长问题,有必要在传统的资本概念中引进人力资本概念,而不应仅仅考虑有形的物质资本。人的知识、能力、健康等人力资本的提高对经济增长的贡献远比物质资本、劳动力数量的增加重要得多。

尽管早在200多年前,古典经济学的主要代表亚当·斯密就把人们后天获得的技能看作资本的组成部分,但是这一思想并没有成为经济学的主流,也没有形成系统的理论。在经济分析中,人们始终把物质资本当作唯一的经济增长源泉,许多学者对现代经济增长动因的解释依旧承袭着"李嘉图式"的经济思想,过分高估土地、自然资源、机器设备等资本的贡献。人们照例把资本限于实物形态,甚至把作为生产要素之一的劳动力看作是"无资本的"。舒尔茨指出,"现在问题搞清楚了,总的来说,我们在做出这些估价时,过于重视非人力资本。我们误入歧途的原因是我们脑子里没有全资本这一概念,因而未能考虑到人力资本及其在现代经济中所起的重要作用",而"一旦清楚了人力资本在现代经济中所起的广泛作用,我便开始意识到传统资本概念是不全面的"。①

舒尔茨认为,全面的资本概念应该包括人和物两个方面,即物质资本和人力资本。体现在物质产品上的资本称为物质资本,与此相对应,体现在人(主要是劳动者)身上的资本,则是人力资本。依照舒尔茨的解释,所谓"人力资本"(human capital)是相对于物质资本而存在的一种资本形态,表现为人所拥有的知识、技能、经验和健康等。

人力资本包括量与质两个方面。一个社会中从事有用工作的人数及百分比、劳动时间,是指量的方面,在一定程度上代表该社会的人力资本的多少;而人的技艺、知识、熟练程度与其他类似可以影响人从事生产性工作能力的东西,则是质的方面。舒尔茨更强调后者,认为它是人力资本的内涵。即人力资本强调凝聚在劳动者身上的知识、技能及其所表现出来的能力。它对生产起促进作用,是生产增长的主要因素,也是具有经济价值的一种资本。②

从理论背景看,20世纪50年代,基于资本同质、劳动力同质这一假设的

---

① [美]西奥多·M.舒尔茨.人力资本投资:教育和研究的作用[M].蒋斌,张蘅,译.北京:商务印书馆,1990.

② 靳希斌.从滞后到超前:20世纪人力资本学说教育经济学[M].济南:山东教育出版社,1995.

新古典经济学的增长理论和资本理论遇到了许多新的困惑和挑战,产生了许多传统经济理论无法解释的"经济之谜"。

(1)"现代经济增长之谜"

一些美国经济学家在对美国经济增长的研究中发现了一个令人困惑的现象,即美国的产出增长率远远超出了生产要素投入增长率。根据传统的经济增长理论,两者应该相等,因为产出的增长只取决于资本和劳动力数量的增加。那么是什么导致了产出增长超过投入增长的这部分"余值"呢?

(2)"库兹涅茨之谜"

库兹涅茨研究美国的资本形成时发现,在美国经济增长的同时,其资本形成的速度却下降了,这意味着相对于国民收入的增长,美国的净资本形成却在减少。这一发现与美国这个历来被认为是资本高度密集国家所信奉的储蓄与资本密切相关的信条相矛盾。

(3)"里昂惕夫之谜"

美国是一个资本充足的国家,根据流行的比较利益贸易理论,其出口应以资本密集型产品为主,然而华西里·W.里昂惕夫(Vassily W. Leontief)对美国1947年贸易要素构成的研究所得出的结论却恰恰相反,美国出口的大部分产品并不是资本密集型产品,而是劳动密集型产品。理论与实际再一次相矛盾。

(4)"工人收入增长之谜"

自50年代以来,美国和西方国家工人实际收入水平普遍得到较大幅度的提高,与此同时,劳动工时却大大缩短了。这种变化也是传统经济理论难以解释的。

(5)"个人收入分配平均化趋势之谜"

美国和其他西方国家的个人收入统计资料表明,进入20世纪以后,特别是第二次世界大战至六七十年代,这些国家的个人收入分配之间的差别呈现出逐步缩小的趋势。而无论是从累进税制,还是从公共转移支付,均难以对此做出合理的解释。

舒尔茨和贝克尔在分析人力资本理论产生的历史背景时,都强调了求解这些"经济之谜"在人力资本理论产生和形成过程中的重要作用。从理论发展线索看,人力资本理论的兴起主要源于人们对经济增长过程中要素增长的分析和解释,其发展主线一直是测算不同人力资本投入对于经济增长的贡献,这同经济增长理论的发展脉络是一致的。

2.2.6　新制度经济学

进入 20 世纪 70 年代以后,以 R. H. 科斯(R. H. Coase)为代表的"新制度经济学"在西方兴起,他们从另一新角度来研究经济增长问题,其主要特点是将制度作为经济增长的内生变量与决策性因素。一般而言,在以往各派有关经济增长的分析中,制度因素总是被排除在外。在新制度经济学看来,分工、资本积累等本身就是经济增长,产业革命不是现代经济增长的原因之所在,而恰恰是经济增长的结果。他们认为,丹尼森的经济增长分析模型存在两个问题:一是把各要素分离出来,并计算出它们各自对经济增长率的贡献,问题是把这些因素由潜在生产力转变为现实生产力的原因(或因素)是什么,无法说明。二是无法解决经济增长中的"余值"问题,即把应该计算的因素都计算后,经济增长率中仍有"余值"或"剩余"存在,这些"余值"应归入哪个因素里?从前述理论发展脉络中,有人把它归于技术,也有人把它归入人力资本。新制度经济学派认为,即使这样,"余值"仍未穷尽。他们进而提出,能否说,当物质生产要素不变时,尤其是技术不变时,生产率就无法提高,经济增长就不能实现了呢?结论:显然不是。那么经济增长的原因应该从哪里去寻找呢?

新制度经济学认为,经济增长的原因应该从经济系统以外的制度中去寻找。诺贝尔经济学奖获得者道格拉斯·C. 诺思(Douglass C. North)等在《西方世界的兴起》一书中指出:"有效率的经济组织是经济增长的关键,一个有效率的经济组织在西欧的发展正是西方兴起的原因所在。"[①]而有效率的组织的产生需要在制度上做出安排并确立产权,以便对人的经济活动造成一种激励效应。诺思还从历史的角度证明,即使技术基本条件不变,只要经济制度发生变化,生产率也能提高,经济也能增长。他以 1600—1850 年的世界海洋运输业为例做了论证,在此期间并没有发生用轮船代替帆船之

---

① ［美］道格拉斯·诺思,罗伯特·托马斯.西方世界的兴起[M].厉以平,蔡磊,译.北京:华夏出版社,1989.

类的重大技术进步,但海洋运输的生产率却有了提高,这如何解释呢?诺斯在 1968 年 10 月发表了《1600—1850 年海洋运输生产率变化的原因》一文,对这个问题作了开创性的回答。他通过统计分析海洋运输成本,发现尽管这一时期海洋运输技术没有大的变化,但由于海洋运输制度、船运制度和市场制度发生了变化,使得海洋运输变得更加安全,从而降低了海洋运输成本,最终使得海洋运输生产率有了很大提高。因此,诺斯认为制度创新也能提高生产率和实现经济增长。

为什么制度创新能够提高生产率和实现经济增长?诺斯认为,经济学家在构造他们的模型时,忽略了在专业化和劳动分工发展的情况下,生产要素交易所产生的费用,而这些交易费用是制度建立的基础。专业化和劳动分工的发展会增大交易费用,逐渐增大的交易费用会阻碍专业化和劳动分工的进一步发展,导致经济衰退。而制度的建立可以减少交易成本,减少个人收益与社会效益之间的差异,可以有效地发挥个人和组织的积极性,保证把资本和精力都用于对社会最有益的活动,从而最终导致经济的增长。

新制度经济学派通过分析制度对于经济增长的作用,认为在缺乏有效制度的领域或地区,或者一国处于新旧体制转轨时期,此时此地制度效率最高。同时,在制度创新过程中经济增长率也高。当制度体系逐步完善后,制度效率就会处于相对稳定的状态。

库兹涅茨在关于经济增长源泉的分析中,特别强调现代经济增长的源泉是科学技术的进步,同时他也很重视制度因素在经济增长中的作用。1971 年,他在接受诺贝尔经济学奖时发表了题为《现代经济增长:研究结果和意见》的演讲,他提出一个国家的经济增长应该定义为"向他的人民供应品种日益增加的经济商品的能力的长期上升,这个增长中的能力基于改进技术,以及它要求的制度和意识形态的调整。"[①]在这个定义中,经济增长包含着两个相互制约的条件,即先进技术是实现经济增长的必要条件,但只是潜在的、必要的条件,而不是充分条件;制度与思想意识形态的调整才是保证先进技术发挥作用的充分条件,因此,要实现技术进步必须有相应的制度

---

① 柳适,等.诺贝尔经济学奖得主演讲集 1969—1997[M].呼和浩特:内蒙古人民出版社,1998.

和意识形态的调整。

新制度经济学派对制度在经济增长中的重要作用的强调,显然源于在日益高度分化的现代社会中,科学管理对于劳动分工专业化的趋势及对于经济增长的作用日益突出这一历史现实。新制度经济学的一个核心思想,是通过创新生产交换关系的制度,降低交换成本。而制度创新的肇始者是社会精英,按照约瑟夫·熊彼特(Joseph A. Schumpeter)的观点,主要是在市场交换的风险浪尖上搏击的企业家。制度创新固然受到一个国家原有的经济制度、政治制度和意识形态的制约,而制度创新者对旧有制度弊端的识别和变革,无不与一批高素质的社会成员密切相关。一系列制度创新所导致的不断优化的制度环境,又将极大地促进成千上万高素质人才的成长。由此可见,制度创新和高素质人才的涌现是一个相辅相成的过程。

2.2.7 新增长理论

20 世纪 80 年代以来,科学和技术迅速发展,传统的经济增长理论已经难以解释新的经济增长事实。

从亚当·斯密的古典经济学、20 世纪 30 年代凯恩斯经济学到战后的各种经济学派,可以说都是"物质经济学",即以物质为基础的经济学。物质是稀缺的,遵循"稀缺原理"以及"生产函数理论"和"收益递减原理"。

生产函数理论是经济增长理论的核心,认为经济的增长取决于资本和劳动增加(投入)的数量,而且投入的要素是相互依赖的,按规模成比例地增加,任何一方单方面的增长都会使收益递减,这就是著名的收益递减规律。按照这个规律,当一批新产品投入市场,使经济有所增长时,投资者看到有利可图,便会增加投资,以至资本增长超过相应的劳动增长,即所谓"资本深化",从而造成收益递减,资本利润率下降。投资者见无利可图,便会减少甚至停止投资,使得经济下降,造成经济衰退。加上其他因素,形成了资本主义的经济危机周期。长期以来资本主义经济正是按照这个规律运行的。到20 世纪 30 年代,还出现了全球性的经济危机。

但第二次世界大战后,资本主义经济出现了长期持续增长的趋势,1948—1984 年间,美国劳动生产率平均每年增长 2.5%,经济学家称之为"神奇的持续增长"。1984—1994 年间,工业化国家仍然在持续增长,仅出现增长快慢的波动。好像经济危机的周期被抹平了,危机周期变成了增长速度高低的波动,变成经济发展的节奏。这是传统的经济增长理论难以解释的。

在经济增长理论中,简单的双因素(劳动力和资本)生产函数就能够解释以前各种经济增长现象,并富于解释力,这与当时的经济条件有关。即在工业经济时代,决定经济增长的主要因素是劳动的投入量和资本的投入量。在工业经济时代早期,经济形态以劳动密集型产业为主体,因而劳动投入量对经济增长起着重要作用。而到后期,经济形态以资本密集型为主体,因而资本投入量对经济增长起着更为重要的作用。这种理论在第二次世界大战后成为发达国家做出投资决策的基本理论依据。在这个理论指导下,发达国家的实践大多是成功的,如它们对西德和日本的投资,成为两国经济快速增长的重要原因。但在发展中国家,国际组织在战后对发展中国家的许多投资并没有引起相应的经济快速增长,这种失败的例子在发展中国家比比皆是。这也是传统的经济增长理论难以解释的。

实际上,20 世纪 50 年代以来的经济学家一直致力于研究这种理论难以解释的经济现象形成的原因。新古典经济增长理论,实质也是试图寻找合理的新解释,技术进步论就是对经济增长理论进行的一种"补充说明"。工业化过程中欧洲各国的经济"起飞",主要依赖于技术进步,技术进步打破了马尔萨斯关于因人口增长而报酬递减所引发的经济社会困境的预言。所以经济学家们很自然地将传统经济增长理论难以解释的"残差"现象归结为"技术进步"的作用。人力资本理论也在这方面进行了尝试和努力,其研究结果证明,一方面,较高的人力资本和战后投资的资本相结合,使西德和日本能够在战后得以迅速恢复;另一方面,人力资本存量低是相应的资本投入不能在发展中国家引起同比例经济增长的重要原因。因而,人力资本理论也成为经济增长理论的一个重要补充。后来的研究结果表明,资源配置的改善、规模的精简、知识的创新以及组织管理的进步、制度的完善等都是促进经济增长的重要因素。因此,有学者认为,50 年代以来的增长经济理论在经济增长因素分析方面的一大进展,就是对经济增长因素本身认识的不断加深,并不断归纳出符合现代经济特点的新要素。

而难题则在于,如何将这些要素纳入经济增长模型,使外生变量内生化,并测定各自的作用。80 年代中期以后,罗默(Paul Romer)、卢卡斯(Robert Lucas)、加里·S. 贝克尔(Becker)等一批经济学家突破古典经济增长理论的分析框架,发表了一批以"内生技术变化"为主要内容的论文,从新的角度分析劳动质量的提高对经济增长的推动作用,提出了关于经济增长的新见解,人们统称为新增长理论(或称"内生增长理论"),使经济增长理论的研究又有了新的发展。所谓内生化,就是将传统增长理论中作为外生变量处理的一些因素放到增长模型里作为内生变量来研究。经济学家们提出了很多模型,如内生增长模型、收益递增模型、知识外溢效应的新增长模型。其代表有:阿罗的学习模型,宇泽弘文(Hirofumi Uzawa)的最优技术变化与人力资本模型,罗默的收益递增的经济增长模式,卢卡斯的专业化人力资本积累增长模式,普雷斯科特-鲍依德(Prescott-Boyd)的动态联合体资本增长模式,杨小凯-勃兰德(Yang-Borland)的劳动分工演进模式,阿温·杨的创新与有限度的边干边学模式等。

(1)阿罗的边干边学模型

阿罗模型是内生经济增长理论和技术进步模型的基础源泉。阿罗(K. J. Arrow)认为,学习是知识获得的过程,是经验的产物。知识和经验的积累作为一种生产投入使单位产品的生产成本随产出的增长而递减。学习的效用在于下一代产品所含的技术水平高于上一代,因而使单位最终产品的劳动成本减少;同时,知识的共享性特征也使资本和劳动的生产效率提高,这种外部效应被称为知识的溢出效应。

阿罗认为,富有成效的学习并不仅仅在教室里,也不仅仅因正规教育的结束而终结。人们在工作中通过正规和非正规的工作培训继续学习。边干边学可以改善人们的业绩,并因经验的增长带来新的发现机会,它可以增加总体知识存量。同样,学习可以因为工人们采用新技术,或者发现组织生产或监督产品质量的更好的方法而降低单位生产成本。

(2)卢卡斯的专业化人力资本积累增长模式

卢卡斯的突出贡献在于将人力资本引入索洛模型,使其内生化,视其为索洛模型中技术进步之外的另一种增长动力形式。

卢卡斯将人力资本积累看作是经济长期增长的决定性因素,他认为知识积累、技术创新和专业化的人力资本才是经济长期增长的原动力,它们不仅能使自身的收益递增,而且还可以使其他收入要素的收益递增,从而使经济收入动态化。另外,卢卡斯放弃了以往经济理论中资本收益递减的假定,假定资本收益不变(人力资本收益递增,实物资本收益递减,两者互相抵消),这排除了外生技术进步的带动,完全将增长要素内生化,同时资本收益不变的假定实际上隐含了规模收益递增的假设,而规模收益递增是以不完全竞争经济为前提的——这显然更符合经济现实。同时,卢卡斯用人力资本禀赋优势和知识溢出效应(或外部效应)重新解释国际贸易理论,也表现出这一理论的开创性成就。

然而,卢卡斯关于资本收益不变的假定却过于严格,也过于看重个人在学习和工作中的知识积累,而忽略了研究与开发这一技术进步或人力资本积累的主要作用。

(3)罗默的收益递增的经济增长模式

罗默最初的模型(1986 年)同卢卡斯的相似,强调整个经济的规模收益递增。他在产出生产收益递增、知识生产收益递减和外部性三个假设条件下给出了内生技术进步的均衡增长模型。在后来的模型中(1990 年),罗默则从人力资本积累的投入出发将技术进步内生化,他认识到除了实践中的经验积累外,知识的获得可能更多地来源于正规学校教育和研究与开发活动(R&D)。

罗默将 R&D 部门引入增长模型,从人力资本的角度研究内生技术进步是他对于经济增长理论的突出贡献。同时,这一模型对于各国经济增长的差异以及落后国家的"低收入陷阱"也给出了很好的解释。[①]

新增长模型的突出贡献是,首先,将知识和人力资本因素引入经济增长模式,认为专业化的知识和人力资本的积累可以产生递增的收益并使其他要素的收益递增,从而使总的规模收益递增。新增长理论给人以"收益递增"的希望,激起人们对经济增长的兴趣,进而形成经济增长可持续发展的理论,即知识和人力资本才是经济持续增长的源泉和动力,一个国家的经济

① Romer P M. Endogenous technological change[J]. Journal of Political Economiy, 1990, 98(5):71-102; Growth based on increasing returns due to specialization[J]. American Economic Review, 1987(77):56-62; Increasing returns and long-run growth[J]. Journal of Political Economiy, 1986(94):12-37.

增长主要取决于它的知识积累、技术进步和人力资本的提高。其次,新增长理论将国际贸易的原则由"比较成本优势"或"资源优势"改写为"人力资本优势",指出知识和人力资本的传递可以产生一种"赶超效应"。此外,新增长理论纷纷将增长要素,如人力资本和知识的积累等因素内生化,其中对超经济影响的内生化导致了新政治经济学的发展,技术、教育、制度、经济政策等也纷纷作为内生变量引入增长模型。

世界银行在《1998/1999 年世界发展报告:知识与发展》"知识与经济增长"一节中,对经济增长成因理论发展脉络进行了探讨与分析,该报告突出强调了"知识"在经济增长中的突出地位与作用。该报告指出,知识的量化存在诸多困难。此外,许多类型的知识几乎只能在网上、传统的群体或专业协会中获取和交流,这一事实使计算知识价值更为困难。知识有多种多样,而且进行市场交易的可能性受到限制,这使得任何人要评价知识对经济增长的影响,都会面临严峻挑战。

该报告在"增长成因之外的因素"一节中指出:虽然人们在充分测算知识在经济增长中的作用方面能力有限,并不会降低知识对于发展的重要性。英国经济学家阿尔弗雷德·马歇尔曾说过:"大自然显示出收益递减的趋势,而人则显示出收益增加的趋势,知识是我们生产的最强大的动力;它使我们可以征服自然,并满足自己的愿望。"如果说在这方面有什么进展的话,那就是人们对知识重要性的认识取得了进步,进而再次推动各国将知识融入其发展战略的制定之中。一些经济学家将在教育、创新及人们和企业在知识方面有目的的投资融入其增长模型之中,将其作为生产率增长的主要源泉,作为经济增长的关键因素。[①]

从以上对于经济增长理论发展脉络的回顾中可以看出,人们对于经济增长原因的认识和解释正日益深入。从单要素分析到多要素分解,从投入要素分析到生产率的测算与分解,从规模收益不变的假设到规模收益递增的实证分析,从外生模型到内生模型,从单纯的经济投入到非经济投入的度量与分析,经济增长理论得到了空前的丰富与发展。可以看出,随着各国经

---

① 　世界银行.1998/99 年世界发展报告:知识与发展[R].北京:中国财政经济出版社,1999.

济的发展,所有新增长模型都越来越重视知识与人力资本的作用,并试图将其内生化,都强调知识和人力资本是"增长的发动机",强调知识和人力资本本身就是一个生产投入要素,这显然与现实社会中经济增长方式的迅速变化密切相关。

2.3 公共产品理论

公共产品理论是 20 世纪 80 年代兴起的政府支出理论,它试图通过公共事务产品化并运用微观分析方法,将传统的属于非经济领域的公共事务纳入经济分析范围,借以客观地评价政府支出。公共产品理论是现代财政学的重要理论之一,某些西方财政学家甚至认为它在财政学中处于核心地位。因此,研究分析西方的公共产品理论,对于研究我国涉农公共政策——农业综合开发具有重要的借鉴意义。

2.3.1 公共产品理论概述

所谓公共产品,是区别于私人产品,具有非排他性和非竞争性特点,用于满足公共消费需要的社会产品。[①]

对于公共产品与私人产品在消费方式上的区别,经济学家很早就已经注意到了。但在产品世界中如何科学、合理地区分这两类产品,还是一个难题。美国学者萨缪尔森(Samuelson)在系统地研究了公共产品的特征后,于1945 年提出了确认公共产品的两个标准:非排他性和非竞争性。这一标准为各国学者所公认。非排他性是指人们在消费公共产品时,无法排除他人同时也消费该产品,或者排除在技术上可行,但费用过于昂贵而使得排除没有意义,从而实际上也是非排他的。非竞争性也称为公共产品消费时的合作性,是指对于公共产品来说,新增他人参与消费的边际成本为零。

对于公共产品来说,这两个特征是都应具备的,缺一不可,但完全具备以上两种特征的公共产品,在现实生活中,并不多见。许多产品或缺少这一

---

① 马国贤.中国公共支出与预算政策[M].上海:上海财经大学出版社,2001.

特征,或缺少那一特征。同时,对于各个特征来说,还有程度强弱之分。因此,完全具备以上两种特性的产品为纯公共产品,不完全具备的为准公共产品。在纯公共产品与纯私人产品之间,散布着无数处于中间状态的准公共产品和准私人产品。

公共产品并不一定非由政府提供,个人也可以提供。但由于公共产品的非排他性,存在着"免费搭车"问题,即某些人付费提供公共产品,而他人则可以免费享受该产品,就使得现实中的公共产品很少由个人提供,而大体上是由政府提供,并通过征税为其提供费用来源。

公共产品的区分是从物品的自然属性上着眼的,即仅从消费该产品所具有的物质特性来把握,并不按产品是公有还是私有来划分。公有产品尽管不能排除社会或集团的所有成员都来消费,但只要该产品是竞争性的,即新增消费的边际成本大于零,则该公有产品便不能称为公共产品。国家与公共产品的关系是:国家本身是一件公共产品,国家的政策、制度,法令等,也是公共产品,政府干预经济,就是一种提供公共产品的表现;公共产品的纯度越高,由政府提供的比例就越高,因为免费搭车导致的问题将越严重。政府支出除了用于公共产品的提供外,也不排除用于具有一定公共消费性质的准私人产品的可能性。

公共产品理论的内容主要包括以下五方面:

2.3.1.1 关于国家职能问题

由于公共产品主要提供者是国家,因而国家能干些什么,尤其是国家有哪些经济职能,就必然成为公共产品理论首先要研究的问题。西方财政理论认为,当代西方政府具有资源配置、公平分配和稳定经济三大职能。政府在履行这些经济职能时,克服着市场失效所产生的效率损失,分配不公和经济波幅过大等缺陷,也都是政府所提供的重要公共产品。

2.3.1.2 关于公共经济问题

该理论认为,公共产品存在之处,必然是市场机制运行失效和私人经济难以存在的地方。这是由公共产品消费的非排他性决定的,它使得私人提供公共产品将无法按其价值收费。因此,私人经济应在市场机制能有效发挥作用的地方存在,而公共经济和政府介入则应限制在市场失效的范围内。提供公共产品是政府最主要的活动范围之一。

2.3.1.3 关于公共产品的主观价值与公共供应问题

在边际效用价值论的指导下,公共产品理论以人们的主观效用为价值的标准,赋予了无形公共产品的主观价值,这就使得人们能以统一的货币尺度去衡量对比公共产品的供应费用与所产生的效用间的关系。瑞典学派的代表人之一林达尔(Lindahl)分析了两个消费者共同纳税分担一件公共产品的成本问题,指出每人在总税额中应纳份额应与他从该公共产品消费中所享有的效用价值相等,这些税收份额即为税收价格,这就是著名的林达尔价格。这解决了公共产品供应所需费用的来源问题,为公共财政收支分析提供了核心理论。

2.3.1.4 关于皮古的外溢性问题

外溢性,是指某个人或企业的行为对他人或其他企业产生正负影响,却没有为此而承担应有的成本费用或获得应有的报酬。外溢性具有很强的公共产品性质,是政府干预社会经济生活时必须予以考虑的。

2.3.1.5 关于公共产品的帕累托效率问题

在供应公共产品时,不仅要考虑社会总资源的有效配置问题,还要考虑在公共经济内部如何有效使用资源的问题。

2.3.2 公共产品理论的借鉴意义

虽然公共产品理论产生和发展于西方社会,基于不同于我国财政实际的背景,但是同西方的许多经济理论一样,公共产品理论也有其合理内核。分析并指出它的合理成分,对于我国的财政理论和实践的完善与改革,具有一定的借鉴意义。

2.3.2.1 公共产品不仅是有形产品和物质产品,更是无形产品和劳务产品

公共产品理论将视野从单纯的财政收支拓展到支出所提供的服务上,

从而使西方财政理论延伸到财政活动的终点上。至于我国的财政理论,无论哪一流派对财政的分析,都只集中在并且也大体上是局限在社会产品或剩余产品分配的研究上。这种研究固然必要,但却有其缺陷。因为财政活动的目的和结果,不管是满足国家实现职能的需要,还是满足社会共同需要,它都不仅表现为分配主体去集中与使用社会财力,更多的和根本的是体现在政府或社会组织通过产品分配为整个社会及其成员所提供的服务数量和质量上。简言之,财政活动中最应受到重视的是它的"产出",是社会全体成员"消费"公共服务时所获得的利益。我国财政理论将财政局限于分配领域,没能将财政活动的结果当成一种"产品"看待,这无意中将不可避免地为忽视财政活动最终效益提供了理论上的便利。长期以来,我国财政工作存在着只管花钱不管效益的现象,与理论上的这种缺陷有一定的关联。因此,借用公共产品这一概念,并赋予适合于我国国情的内涵,将我国财政理论的分析扩大到财政活动的终点,使之能用以表达并评判我国财政服务的质与量,对于提高我国财政资金和经费的使用效益,将是大有裨益的。

2.3.2.2 政府所提供的各种公共服务对于人们是有效用的

在对公共产品进行抽象的理论分析时,边际效用论被认为是有价值的,并且也具有按货币计量的价格。从我国财政理论看,虽然也对财政支出费用加以分析,因而似乎我国财政活动也具有货币形式上的价格。但严格地讲,这不是公共服务的价格,而只是它的成本费用,即只是"投入"而非"产出"。财政支出结果具有多大"价值",应依"产出"而定,而不是以"投入"来评估。我国以劳动价值论为指导思想,财政非生产性支出的效果是无价值的,因而难以用货币去计量和评价。从这点上看,公共产品理论对我国也是有借鉴意义的。西方学者也承认,要将效用理论付诸实践去测度公共服务的价值,尤其是不存在市场价格的那类公共服务的价值,是非常困难的。但这种理论毕竟提供了这样一种思路,即对财政支出及其效果按统一的货币尺度加以衡量对比,这是具有一定的合理性的。因为所谓的经济效益,简言之是投入与产出在价值上的对比,更直观的是在货币价格上的对比。所以,尽管从理论上看,要将财政支出结果货币化在我国会遇到更多的困难,但仍然是值得探索的。在我国,没有价值但却具有价格的现象是大量存在的,如劳务价格等,因而这种探索绝不会是毫无意义的。

2.3.2.3 税收是公共产品供应的"税收价格",是人们为享用公共服务所必须付出的代价

它说明了个人是为了自身需要进行纳税的,这与西方财政以个人纳税为主的收入结构现实是一致的。从我国财政来看,税收结构中直接来自个人税收的比重很小,可见公共产品理论中的"税收价格"论不适用于我国。但是,由于税收价格论遵循了效用→费用→收税的思路分析公共产品的供应问题,对于从财政活动终端来控制财政收支规模,具有一定的理论参考作用。所以这一思路对于安排我国财政收支,尤其是对于控制财政的非生产性支出规模,也有理论上的借鉴意义。为此,我国首先应做的是,对公共服务项目和机构加以筛选评定,实行"精兵简政",只留下真正为社会所需要的部分,然后安排拨给应有的经费,并为此而筹措相应的财政收入。这样不仅有助于控制财政支出规模,而且也将有助于减缓每年由于"人吃马喂"经费自然增长而增加的压力。

2.3.2.4 公共产品基本上只能由政府与公共企业提供

私人产品消费的可分性和排他性,使得私人产品的生产者可以向其消费者收取应得的费用。因此强调私人产品应由私人企业生产,并经由竞争性市场提供。这是一种以私有制为基础,将政府活动范围压缩在作为私人经济补充这样一个界限内的理论。从我国来看,占统治地位的国有企业参与了几乎所有种类的私人产品的提供活动。因此从这点看,西方的公共产品理论是不符合我国国情的。但是,如果按照公共产品与私人产品的区分来界定我国的政府与企业各自的活动范围,处理计划与市场的关系,则对我国具有一定的启示,即对完全的和纯度较高的公共产品,应由政府按非市场的原则,经由国家预算直接拨款提供,对完全的和纯度较高的私人产品,应由企业经过市场提供。对这类产品,国家在计划和价格的干预上应是最低的,并且它们的绝大部分应由市场机制来调节,财政补贴应基本退出这一领域,对介于中间状态的非纯公共产品和外溢较强的私人产品,也应由企业经由市场提供,但政府对其产销的直接介入和干预是强有力的。指令性计划、

价格限制和财政补贴等,应主要作用于这些产品。

2.3.2.5　公共产品可分为全国性公共产品和地区性公共产品

公共产品理论认为,依照公共产品受益区域的大小,可区分为全国性公共产品和地区性公共产品,并且地区性公共产品内部还可以继续细分,为西方财政体制划分提供了主要的理论依据。即全国性公共产品由中央或联邦政府提供,范围大小不同的地区性公共产品由不同层次的地方政府提供,几个地区共同受惠的公共产品主要由有关地区联合提供等。这与我国财政体制按全国性和地区性事务来划分各级政府间事权和财权的做法是有其相通之处的。但公共产品理论讨论跨地区的公共产品、地区性公共产品对邻区的外溢性影响,并将上下级和同级不同地区间的相互拨款和补助与这些分析联系起来,也就是尽可能将政府活动的受益范围与其成本承担范围统一起来的思路,对于创新我国财政体制也是有所帮助的。

2.4　战略定位理论

2.4.1　战略的制定

成功的组织战略绝不是一蹴而就的,它是在经过长时间的对组织外部环境和内部条件变化进行科学预测和客观分析的基础上,由组织领导和员工深思熟虑、反复比较后才形成和制定出来的。

2.4.1.1　应建立战略规划组织

制定组织战略是一项非常复杂的系统工程,要做好它,必须有相应的组织和人员的保证。随着社会的发展,制定战略工作越来越成为一种专门的活动,越来越需要有组织、有领导地进行。在通常情况下,组织应建立起一个专门的规划组织。这个组织的最高负责人,一般由组织的最高领导人担任。下设规划工作班子,一般由有关方面的领导和各方面的专家组成。这个班子应设在组织的最高参谋部门,并赋予它平衡各业务部门的权力。大量事实证明,建立一个正式的专门的战略规划工作班子,可以大大提高战略规划制定工作的科学性和连续性。

2.4.1.2 遵循制定战略的科学程序

制定战略规划,必须遵循科学的程序。一般来说,战略制定程序包括以下几个相互衔接的环节:①树立正确的战略思想;②进行战略环境分析;③确定战略宗旨;④确定战略目标;⑤划分战略阶段;⑥明确战略重点;⑦制定战略对策;⑧进行战略规划平衡;⑨组织规划的评价。经过评价,如果战略方案被否定,就要重新回到确定战略宗旨的环节上来,再按它后面的各个环节进行下去;如果战略方案得到肯定,即可付诸实施。

2.4.1.3 制定战略必须集思广益

战略是一种整体性的谋划,战略规划工作是一种创造性的劳动,它要求人们必须广泛地收集各种新观念、新方案,并对各种不同的乃至相互冲突的见解和方案加以比较论证,这样才能保证战略选择的正确性。因此,要制定出好的战略规划,就必须集思广益,鼓励百家争鸣,鼓励各方面的人员广泛参与战略规划的制定工作。也就是说,制定战略一定要走群众路线,要坚持领导、专家和群众三结合的方针。

2.4.2 战略的实施

制定战略是为了能很好地实施战略。再好的战略,如果不能付诸实施,就是一纸空文。

2.4.2.1 必须建立一个高效率的组织机构

高效率的组织机构必须具备三个基本要素:①目标明确。只有明确了战略目标,并且为实现这种战略目标而奋斗的组织机构,才能高效率地进行工作。②相互协调。相互协调的前提是目标一致,在这个前提下就要相互信任,特别是上级对下级一定要有一个信任的态度,不信任是不可能实现协调的。③合理授权。各种组织机构都有一定的权限,凡属于该组织机构权限以内的事,就应由这个组织机构去做,要把这种做事的权力交给他们。上级不专权,下级不越权,各负其责。对上级来说,凡是下级应该做的事,就大胆地让他们去做,这叫合理授权。

效率低下的组织机构是绝对不可能很好地实施战略的。效率低下的组织机构一般存在以下几种病态表现:①机构臃肿,办事推诿,拖拖拉拉,延误时机;②管理层次过多,增加了信息沟通和协调的困难;③"文山会海",脱不出身来,不解决实际问题;④办事死板,桎梏了工作人员的创新精神;⑤领导人员被日常事务所缠绕,不去关注和解决带战略性的问题。不克服这些通病,再好的战略也难以实现。

组织机构的核心问题是领导班子的问题。领导班子的成员不可能是全才,但领导班子作为一个群体应该形成一种群体优势。能形成群体优势的成员最好能具备以下的类型:①决策型,知识广博,眼界开阔,有政治家的素质与胆识;②专家型,学有专长,能独当一面,在分管的工作范围内有较高的权威;③参谋型,思维敏捷,有真知灼见,善于预测未来,拟订方案;④综合型,知识面广,综合能力强,能迅速和准确地分析、概括、丰富和发展各种新设想、新建议,发现其潜在价值;⑤协调型,即活动能力强,人际关系好,对内能使各部门业务配合默契,对外则善于化解各方冲突;⑥完善型,即工作细致,兢兢业业,善于使各种方案和设想付诸实施;⑦监督型,即秉公办事,铁面无私,善于采取对策,避免组织偏离目标;⑧执行型,即能准确领会决策者的意图,办事认真可靠;⑨保证型,即擅长于政工、青工、妇联等工作的组织领导,保证职工有饱满的热情执行组织的决策。如果在领导班子中能体现出这些优点和长处,并能用其所长,分工协作,目标一致,就能更好地实施制订的战略计划。

2.4.2.2 必须将战略方案进行层层分解

战略方案的分解,首先,要进行空间分解,即把战略方案的内容按职能部门进行分解,再由职能部门分解到具体的执行单位和个人,形成一个各层有分工,各级相连接的责任体系;其次,要进行时间上的分解,即把战略方案的长期目标分解为各个短期目标,再把短期目标分解为更短期的目标,如年、季、月、日的行动指标。

2.4.3 战略的控制

战略控制,是将信息反馈回来的实际成效与预定的战略目标进行比较,检测二者的偏离程度,并采取有效措施进行纠正,以达到战略目标的实现。战略控制是一个活动过程,它基本上由三个方面的活动所组成。

2.4.3.1 确定战略的评价标准

战略评价标准是用来评价衡量战略执行效果好坏的指标体系,包括定性指标和定量指标两大类。在定性评价标准方面,国外提出了以下六种:①战略的内部统一性,即战略内部各部分内容,必须相互配套和衔接,形成一个统一体;②战略与环境的适应性,战略与环境的关系好比数学上的函数关系,环境相当于自变量,战略相当于应变量,这意味着战略是环境的函数。这就要求一旦环境发生明显的变化,就应对战略做相应的调整,以便继续保持战略与环境的适应性;③战略执行中的风险性,战略在执行过程中是有风险的,注重评估战略风险大小是很有必要的;④战略中的时间性,战略的实现是一种长期运行过程的结果。在整个战略期内要尽量避免剧烈和频繁的战略变化和大量的人事变动。朝令夕改的战略会带来严重的后果;⑤战略与资源的配套性,战略的实现必须由资源作保证,包括人、才、物等资源。在战略实施过程中要尽力掌握所需的资源;⑥战略的客观可行性,战略是对未来发展前景的设想,但这种设想不是空中楼阁,而是立足于现实,以科学预测为依据,因此具有可行性和可操作性。

战略的各项定量标准,应与同行业的有关资料相比较,特别是要与竞争对手的有关资料进行比较,还要与国外同行业领先者的资料对比,才能确定。

2.4.3.2 建立管理信息系统,并采用科学的控制方法和控制系统

要想获取战略实施成果的准确信息,就必须建立管理信息系统,并采用科学的控制方法和控制系统。管理信息系统是为了向管理者提供信息而设计的正式系统。一个良好的管理信息系统,会大大加强战略控制。管理信息系统的设计和运行要符合下列要求:①必须保证战略控制的需要;②必须

保证战略信息得到正常的反馈;③必须具有灵活性;④信息系统输入的数据必须准确,输出的信息不宜过多,也不宜过少,以满足需要为度。

控制方法和系统可以分为行为控制和产出控制两类。行为控制是直接对人的行为进行观察;产出控制是对定量数据,如销售额、财务或生产记录的测定。产出控制是用来提供工作业绩证明的,但当工作业绩已为大家所知道并需要用个人行为来提高效率时,就需要应用行为控制。为了有效地实施控制,控制方法和控制系统必须满足下列要求:①它们必须是节约的;②它们必须是有实际意义的;③它们必须能适时提供信息;④它们必须能测量出活动的真实性;⑤它们应能够提供社会经济发展趋势的定性信息;⑥它们提供的信息应简单明了。

2.4.3.3　对战略实施的成果进行评价

将实际成果与预定的目标或标准进行比较,就会出现下列三种情况:①超过预定的目标或标准。这种情况称为正偏差,如果是稳定、协调发展的结果,则是一种好结果;②与预定目标或标准基本相等,偏差甚微,这也属于好结果;③没有达到预定目标或标准,存在明显的负偏差,这是不好的结果。在这种情况下,应及时采取有效措施,进行调整。

2.4.4　战略定位理论的演进

战略定位理论缘起于市场营销领域,1972 年,作为一家广告公司合伙人的艾尔·里斯(Al Ries)和杰克·特劳特(Jack Trout),首次提出了"定位"的概念。1980 年,两人合作出版了划时代的著作《定位》。1996 年,杰克·特劳特在重新梳理的基础上又出版了《新定位》。其中心思想是,定位的基本方法不是创造出新的、与众不同的东西,而是改变人们头脑里早已存在的东西,把那些早已存在的联系打破并重新连接起来。要想在传播过度的社会里取得成功,企业必须在潜在客户的头脑里占有一席之地,这不仅包括企业的短处和长处,也包括竞争对手的优点和弱点。市场竞争的终极战场不是工厂,也不是市场,而是潜在客户的头脑。因此,定位的本质就是你在潜在客户的头脑里如何独树一帜。

1956 年,美国营销学家温德尔·史密斯(Wendell Smith)最早提出了市场细分的概念,此后,美国营销学家菲利浦·科特勒进一步发展和完善了温德尔·史密斯的理论并最终形成了成熟的 STP 定位理论。该理论认为,有效的营销定位要从市场调研开始,以发现客户需求尚未得到满足的市场细分(segmentation),并选择适当的市场目标(target market),然后把产品或服务定位在目标市场中的确定位置上(positioning)。

1980 年,美国管理学家迈克尔·波特(Michael Porter)出版了《竞争优势》一书,将定位理论引入战略领域,认为战略定位的实质就是选择与竞争对手不同的运行活动,根据产品品类、客户需求和接触途径的不同,企业可以确立相应的定位基点。并认为企业战略的核心是获得竞争优势,而竞争优势取决于企业所处行业的盈利能力,和企业在行业中的相对竞争地位。因此战略管理的首要任务就是选择最有盈利潜力的行业,然后考虑如何在选定的行业中自我定位。①

1990 年,美国管理学家普拉哈拉德(Prahalad)和哈默(Hammer)提出了"核心竞争力"概念,开启了以能力为基础的战略定位理论思想。认为要构建一种由众多先进技术配合在一起的技术组合,以此为基础确保顾客能获得基本的利益与顾客价值,同时能带领企业进入相关的多个市场领域。②

2.5 系统运行机制理论

从系统学的角度看,任何一个组织系统,都是在一定目标支配和体制制约下所形成的规范化的结构形态和运行系统,都存在着目标、体制、结构、机制四个相互联系的要素。目标要素体现了系统内部运行和发展方向的价值判断与选择,是组织系统运行的前提和指南;体制要素体现了系统运行的权责隶属关系、行为规则及各种制度体系,是组织运行的制约因素;结构要素体现了系统构成形式及各要素之间的层次关系,是组织运行系统的表现形式;机制要素体现了系统运行的各构成要素之间的运作规则和互动方式,是

---

① 裴中阳.战略定位[M].北京:中国经济出版社,2014:4-14.
② 韩炜.战略定位演化研究:基于价值活动网络视角[M].北京:经济科学出版社,2010:16-25.

组织系统运行的原理和动力。

2.5.1　系统组合原理

系统是由相互作用和相互依赖的若干部分组成的且在一定环境中具有特定功能的有机整体,这个"整体"本身又是它所属的更大系统的组成部分。组合就是把系统的各部分各种要素联合起来,考察其规律性。从系统的组织要素性质可将系统分为自然系统和人工系统,它们一经组合,就会按其特有的方式和规律运动。

系统组合原理包括下面两层含义:一是指系统的多样性。比如同一个问题,可以有不同的处理方案,必须对多样性的方案进行综合研究,选出一个最佳方案。系统的优化组合有利于系统最优功能的实现。由于大系统涉及一系列的复杂因素,如果在分析的基础上对这些因素进行有效组合,系统目标确定得当,各种关系能够协调一致,就能最大限度地发挥系统组合的效益。反之,如果组合得不好,系统的各组成部分的自身运动变化,以及系统结构与外部环境的运动变化达到一定程度,就会使整个系统发生紊乱,导致原有和谐关系的解体,构成系统的各组成部分就需要重组。二是系统组合的创造性。在自然界和人类社会中,一切事物都是以系统的形式存在的,而系统又是由多个因素组合而成的,因此,世界上没有什么新的东西不是经过组合而来的。一切重大的尖端的科学技术也无不具有高度的组合性。也可以这样说,发明创造就是对系统的优化组合,由量的变化带来了一种质的飞跃,从而产生一种新的东西。

总之,系统组合原理说明任何复杂的系统都是由许多子系统和单元组合而成的,任何复杂系统又都是可以分解的。因此,我们既要善于把复杂系统分解为最简单的单元,又要能把许许多多普通的东西组合为新的构思,创造出新的系统。

2.5.2　要素作用原理

系统是相互作用的诸要素的综合体,任何一个系统都是由多个要素组成的,每个要素都起着一定的作用。这一原理包含以下几点内涵:①系统的要素作用是普遍存在的,不存在没有作用的要素。要素在某种条件下,在一方面或几个方面不起作用,或作用很小是正常的,但这一要素在另一条件下或在另一方面会发生很大的作用。②在系统中,有的要素作用大,有的要素作用小,有的起决定性作用,有的起辅助性作用,不同要素的作用有其特殊的一面。

要素作用性原理表明,如何发挥好有益于整个系统发展的各要素的作用,对系统的生存和发展有着极其重要的意义,运用好这一原理,对系统的正常高效运行具有重要的指导意义:①在系统管理中,基本要素有人、才、物、时间、信息等,其中人是核心要素,其他要素提供支撑。如何发挥各要素的作用以及发挥作用的大小,关键在于管理。系统运行应整合四大要素,以目标为导向、以体制为基础、以结构为载体、以机制为动力,这四大要素保证系统内部各要素有效运作,具有维持、推动、反馈、调控、保障及促进工作系统发展等功能,在实现系统整体功能和系统目标中发挥着举足轻重的作用。②要善于发挥不同要素的不同作用,并促进要素的作用转化。系统内部各个机构都各有各的职责和功能,要明确职能,各尽其能。如果出现权责不分,就会出现争权夺利,在具体事情或困难面前又会互相推诿,不利于系统的发展。③要建立完善的竞争激励机制,充分发挥人的主观能动性,挖掘人的潜力,做到人尽其才,才尽其用。同时,对竞争产生的负面效应,要及时进行调节和转化,使竞争不断朝着有益的方向发展。

2.5.3 动态平衡原理

动态平衡是系统内各要素相互作用至彼此容纳的一种状态,是各因素相互作用而形成的一个综合结果。[①] 它是关于系统内部发展规律的高度总结。系统都是由代表一定的运动态势的各因素组成,在系统运行过程中,系统内部诸相关因素不断地作用,这种作用使系统所呈现的状态处在不断的变化中,当诸相关因素相互不断地作用,彼此容纳时,便出现一种动态平衡态势。动态平衡态势不仅是系统有序化运行的内在条件,也是系统有序化运行由低级向高级发展的动力源。这里包含了两层含义:①动态平衡的形成是由于系统各相关因素相互作用,彼此容纳,系统内各相关因素是一个相

---

① 谭长贵.论系统有序运行的普遍规则[J].湖南社会科学,2002(3):7-11.

互关联、相互作用的整体,这个整体是一个各相关因素彼此容纳的庞大的动态平衡体系;②动态平衡态势是一个过程。这一点明确指出动态平衡态势是一个动态过程,它并非一成不变,而是由低级向高级发展。在系统的有序化运行过程中,不平衡是绝对的,平衡是相对的,两者相互推进。这种不断出现的平衡态势就是普遍存在于自然界和人类社会中的动态平衡原理。在系统运动过程中,人的主观能动性表现在对系统内各因素的相互作用的调节,来促成和推动动态平衡态势的形成和发展。

2.5.4　控制反馈原理

所谓控制是指按照指定的条件和预期的目标,施控主体能动地对受控客体施加某种影响的行为。控制反馈原理则指研究施控主体能动地作用于受控客体,并根据反馈信息,使受控客体达到预定目标的控制过程的理论。控制的基础是信息,一切信息传递是为了控制,而一切控制又有赖于信息的传递。因此,信息的反馈是控制论的核心概念。反馈是指"由控制系统输送信息的作用结果返送回来,并对信息的再输送发生影响,即根据过去的情况控制未来的行为。上一个信息的结果成为下一个信息的部分原因。"[①]根据反馈的来源和对控制所起的不同作用可将控制论原理分为以下两种情况。

2.5.4.1　前馈控制原理

所谓前馈控制是指在系统发生偏差前,根据预测的信息,及时采取预防措施,使系统输出不会因干扰的存在而发生偏差的过程。简单地说,前馈控制就是把工作做在事前,不是等到事后再去纠正偏差,而是防止出现偏差。要真正做好前馈控制,必须对整个系统以及实施计划进行周密翔实的分析考察,建立前馈控制模式,适时注意观察它和显示情况的吻合,估算它对预期结果的影响,及时采取措施进行调节。

2.5.4.2　反馈控制原理

反馈控制又称闭环控制,它是把系统输出经过一定的转换,及时送到系

---

① 周三多.管理学原理与方法[M].上海:复旦大学出版社,1997.

统的输入端,利用它来调节和改变系统的再输入,通过输入输出互为因果的循环关系,使被控系统的输出尽可能接近所要求的值(即目标值)的一种控制方式。它使系统的反馈信息与输入信息在输入端进行比较,产生调节控制信息(偏差值)以增强或减弱系统的输入信息,使系统维持在规定工作状态内。简言之,就是在偏差发生后,找出其发生的原因并拟订纠正措施以防止偏差继续发展,并为下一步的工作提供参考。虽然反馈控制是发生在事后的控制,但正所谓"亡羊补牢,犹未晚矣"。因为我们受到某些条件的限制不可能事先所有情况都能预测到,而且事物始终是不停地发展变化的,因此,反馈控制也是必不可少的。

3　农业综合开发的国际
定位趋势与规则空间

研究分析世界主要经济体农业支持政策与农业综合开发政策目标定位的演进趋势，借鉴其成功经验，对建立和完善我国农业支持政策体系以及明确我国农业综合开发的目标定位具有非常重要的现实借鉴意义。

2001年12月11日，中国成为WTO的正式成员，这意味着我们必须遵守国际规范，使国内政策与多边纪律相协调。就农业而言，我国的农业政策和制度，尤其是农业支持政策和制度必须符合WTO的相关规则。因此，认真研究分析WTO规则对我国农业支持政策的影响，对制定和完善我国农业支持政策体系具有极其重要的现实意义，可以为完善和调整我国农业综合开发政策的战略定位提供有益的启示。

3.1　国际农业综合开发目标定位演进的政策背景

3.1.1　世界农业支持政策的由来

农业保护措施作为一个政策体系，起源于20世纪30年代初的美国。第一次世界大战使得全球粮食普遍短缺，美国以其丰厚的农业资源积极扩大粮食生产和出口，战后十几年，各国农业生产逐渐恢复，美国农产品大量过剩、出口急剧减少、农民收入大幅度下降。在20世纪20年代末美国经济大萧条的大背景下,大量农户破产。30年代初,罗斯福政府实施"新政",制定以支持农民收入为政策目标的《农业调整法》,政府拨付专项资金,设立专门机构,从农业资金、粮食储备和农产品市场销售三个方面入手,实行支持与保护本国农业的政策。此后不断进行政策调整,形成了较完整的农业保护政策体系。

欧盟的农业保护政策源于第二次世界大战后十几年农产品供给不足、依靠进口的阶段。欧共体成立后,采取支持与保护区域内农业发展的共同政策,使成员国家成为世界农产品主要出口国。其农业保护政策除对农业和乡村建设的财政投入外,其主要手段仍是对农产品的价格保护与出口补贴等。

日本在50年代迅速进入工业化,但始终采取以国家财政扶持本国农业发展的政策。即使到1969年日本粮食(大米)开始剩余后,仍采取对大米实行高价格补贴的政策。即使政府深受开放国内粮食市场、国内粮价与国际市场严重脱节及财政负担日重等压力,作为世界最大的农产品进口国之一,仍用国家财政支持乡村建设、农业基础设施和维护农业资源环境,如土地改良长期(1993—2002)计划就投资了400亿美元。[①]

3.1.2 世界主要经济体农业支持政策定位的演变及其趋势

根据国际国内形势的变化和发展,各国农业支持政策的重心在不断进行着调整,发达国家的农业支持政策普遍由原来以价格支持为重心转向以收入支付为重心,并已呈现出明显的强化服务支持的政策倾向。

3.1.2.1 以价格支持为重心的农业支持政策

20世纪80年代前,发达国家、准发达国家普遍运用价格支持政策来保护农业,其中应用范围最广泛的是通过保护价收购手段,以稳定或增加农民收入的价格支持政策。

以美国为例,自1929—1933年经济危机以来,其在不同发展时期一直

---

① 晓清. 主要发达国家农业补贴透析[EB/OL]. (2002-02-25)[2019-12-10]. http://lyzs.longyan.gov.cn/wtoandcn/200202250908.htm.

运用支持性收购和目标价格支持相结合的做法,来稳定并提高农场主的收入。当时美国提出的支持价格以及 1973 年以来的目标价格,都与农产品的贷款率及市场价格密切相关。贷款率是指单位农产品做抵押可以从国家获得的贷款额,在作用上相当于保护价格,实质上是由政府设置的支持价格或最低价格。支持价格政策由联邦政府的农产品信贷公司(Commodity Credit Corporation,CCC)实施,主要实施手段是无追索权贷款(营销援助贷款等)和政府购买。[①]

如果市场上农产品供不应求,市场价格高于贷款率,农场主可以在市场上按市场价出售农产品,然后以现金归还贷款本息;如果市场价格低于贷款率,农场主可以不归还贷款而将农产品交给农产品信贷公司,并且不用负担任何费用或罚款。

如果市场上农产品供大于求,由农产品信贷公司在市场上收购多余的农产品,即政府购买。目标是把市场价格提高到支持价格水平。20 世纪 50 年代末 60 年代初,政府购买是维持支持价格的基本手段,主要用于支持牛奶价格,有时也支持其他商品价格。

欧洲的内部市场价格政策是另一种支持收购和差价补贴政策的结合。从 1962 年到 20 世纪 80 年代末,欧洲一直实行高于世界市场价格的内部市场价格支持政策。这种价格支持政策的主要工具是目标价格、门槛价格和干预价格。

目标价格作为最高限价,是根据某种农产品在欧盟内部最稀缺地区或供不应求地区所形成的市场价格而定的,包括贮藏费和运输费。门槛价格是对欧盟以外的第三国设立的,是第三国农产品进入欧盟港口时的最低进口价。如果第三国农产品的到岸价格低于门槛价格,就征收两种价格之间的差价税,即"撇油关税",以保护欧盟内部的农产品贸易,使其成员国农民免受进口农产品的挤兑。干预价格,也叫保护价格,是农民出手农产品可以得到的最低价格,它以最大的产粮区——法国奥尔姆的粮食生产成本和市场状况为基础,一般比目标价格低 6%。与干预价格相联系的是差价补贴,当某类农产品供过于求,市场价格低于干预价格时,生产者在市场上出售农

---

① 秦富,王秀清,辛贤,等.国外农业支持政策[M].北京:中国农业出版社,2003.

产品后可以从欧盟设在各成员国的干预中心领取市场价格与干预价格的差价补贴,或者以干预价格将农产品卖给干预中心。享受干预价格的有 14 类农产品,其品种、规格和生产限额由欧盟统一规定并审核执行,费用由欧洲农业指导与保证基金提供。干预价格可以保证生产者回收生产成本并获得微利,以稳定和支持农民收入,保护农民利益。

1988 年,欧盟对价格支持政策进行了一些调整,价格政策变得更有限制性,对享受补贴的权利也加以限制。1992 年共同农业政策对价格支持政策进行了比较激进的改革,分阶段大幅度降低农产品的干预价格,使欧盟内部市场价格更接近世界市场价格。在具体措施上,逐步降低种植业和饲养肉牛领域的支持价格水平,同时控制生产。

日本对农民收入的价格支持政策,可划分为旧基本法、过渡时期及新基本法三大时期。旧基本法体制下,日本农产品价格管理分为五种类型:大米等的管理价格制度;猪肉、蚕茧等的稳定价格制度;甘薯的保证最低价格制度;牛奶、大豆等的差价补贴制度;蔬菜、鸡蛋的价格安定基金制度。大米是日本价格支持政策的核心,保护手段就是旧粮食管理法之下的价格机制,类似于我国 20 世纪 50 年代实行的统购统销制度,目的是稳定粮食价格和保护消费者利益。

过渡时期是指日本随着农业生产力的提高和国民经济结构的变化,对粮食管理法所做的数次调整。修改后的粮食管理法,规定政府对粮食收购的价格采用“生产成本＋收入补贴”的方式来制定,目的是缩小工农收入差距。之后,随着粮食财政赤字的扩大,不得不改变政府全部收购的做法,实行一种自主流通米的制度,即政府只收购部分大米,其余的则实施自主流通米制度,类似于我国 80 年代中期由统购统销向双轨制的转变。自主流通米价格往往由买卖双方参照政府收购价格水平后确定,一般都比政府收购价格高。如果农民不能按照市场价卖掉手中的粮食,还可以转手卖给政府,政府收购价格则成了保底价格。

新基本法体制下,日本更强调市场机制的作用,取消政府对大米等粮食作物生产和流通的直接管理,允许农民自由销售大米,也允许流通商自由进入粮食流通市场。自主流通米价格是在“自主流通米价格形成中心”按照供需状况来确定的,是一种自由竞争的市场价格,政府收购价格不再是自主流通米价格之下的垫底价格,反过来政府价格还得参照自主流通米价格来确定,因而政府收购价格也跟着受影响而接近一种准市场价格。由此可见,新基本法已经不再具备保护农民利益的收入支持功能。

3.1.2.2 以收入支付为重心的农业支持政策

1995 年以后,为完成乌拉圭回合《农业协议》的承诺,各国纷纷将支持重点由价格支持政策向收入支付转移,即直接向农户提供收入支付,以弥补由于削减价格支持而带来的损失。

直接收入支付中,操作上具有相似性的主要是美国和欧盟的土地休耕补贴。

美国 1956 年农业法提出自愿退耕计划,鼓励农场主短期或长期休耕一部分土地。短期休耕是为了控制面积和产品总量,长期休耕是为了保持水土。1961 年开始实施紧急饲料作物计划,要求农场主在停耕至少 20% 耕地的情况下,可以得到停耕土地正常产量 50% 的现金或实物补贴。停耕的土地必须用于土壤保护。1965 年农业法对饲料谷物实行双重停耕计划,要求农场主停耕额外的一部分耕地,付给农场主一定的补贴,这称为有偿转耕计划。1983 年开始实行实物补贴计划,宣布停耕 20% 土地的计划外,要求种植小麦、玉米、高粱、谷物和棉花的农场主再停耕基本面积的 10%~30%,损失由政府以农产品信贷公司按基准单位面积产量的 80% 支付。从 1985 年起,对水土流失严重的地区实施"土壤保护储备计划",参加计划并与政府签订为期 10~15 年合同的农场主,每年可以从政府得到补贴,数额相当于全部地租和绿化及土壤保护性措施成本的一半。1996 年农业法结束供给管理,取消小麦、稻米、饲料粮和棉花种植减耕计划,解除大部分作物种植限制。

欧盟则依据符合条件的休耕面积的数量来发放补贴。一是休耕类型。按照申请补贴作物面积上的折合谷物总产量,分为有强制性休耕义务的农场和无强制性休耕义务的农场。二是休耕面积规定。有强制性休耕义务农场的休耕面积至少要达到申请作物补贴面积的 10%,但总休耕面积最多不能超过补贴申请面积的 33%。无强制性休耕义务农场可自愿参加休耕计划,获得同样的休耕补贴。休耕数量不受 10% 的下限限制,但休耕面积上限同样不能超过 33％，否则也不能得到休耕补贴。三是对休耕地块的要求。据此则可计算休耕面积补贴金额。不同国家和不同生产区的休耕补贴是不一样的。每公顷休耕地的休耕补贴与当地的谷物（包括玉米）产量的作物面积支付额相当。

至于其他类型的收入支付，尽管在本质上相同，都是对农民的收入补贴，但在具体做法、名称、措施上，则有很大的差异。

美国农场主可获得的收入支付主要包括两块：直接支付和反周期支付。直接支付起源于美国的生产灵活性合同，实质上就是通常所讲的与产量不挂钩的直接补贴，支付额度为支付率与该产品支付面积和支付单产之乘积。新农业法对各种农产品的支付率又做了重新规定：支付面积是农场基期种植面积的 85％，支付单产仍延续 1995 年确定的水平。2002 年新农业法规定的支付品种扩大，增加了大豆、花生和其他油料作物；同时，维持或适当降低了已涵盖农产品的直接支付率。

反周期支付是美国 2002 年新农业法提出的新名词，但从本质含义上讲，仍然是 1996 年农业法的翻版，具体操作原理同样是前面分析过的目标价格，起因则是 1998 年开始实施的市场损失援助政策。这项政策从具体操作上看，与直接支付同时进行；从起的作用上看，则是一种极为有效的变相出口补贴。农场主可以获得的反周期支付总额，是单位产品反周期支付额与支付面积和支付单产的乘积。其中支付面积与支付单产的确定与直接支付相同，由基期情况决定；单位产品反周期支付额则与当年的市场价格情况直接相关。

根据 2002 年新农业法的解释，单位产品的反周期支付由各种产品的目标价格与有效价格二者之差决定。2002 年新农业法确定的目标价格，在国内利益集团和世贸规则的双重压力下，与 1996 年的农业法相比，适当调低；但在目标价格的品种上却扩大到大豆、花生和其他油料作物。同时，新农业法对有效价格进行了明确界定：若市场价格高于贷款率，则有效价格等于全国市场平均价格与直接支付率之和；若市场价格低于贷款率，则有效价格等于贷款率与直接支付率之和。只有当有效价格低于目标价格时，农场主才能获得反周期支付。

2008 年，美国农业法案进一步扩大了直接补贴的金额和范围，再次加大对大麦、大豆、棉花等优势农产品的补贴力度,仅这三类主要作物每年直接补贴的金额就比原来增加了 55 亿美元。此外,对于糖类作物和果蔬类作物,每年也增加了 16 亿美元的直接补贴。重要的是,2008 年农业法案还制订了以前从未有过的平均作物收入选择计划,这个计划是基于收益变化的反周期支付计划,当然它并不是强制性的政策。

2014 年,美国农业法案的一个显著变化,就是突出了农业保险在农业支持政策中的主导地位,回归了农业生产的市场化方向。该法案计划,2014—2018 年,每年削减 50 亿美元的农业预算,取消了直接补贴、反周期补贴、平均作物收入选择计划,增加了与农业生产不挂钩的农业保险计划,从而突出了农业保险的主导地位。为了鼓励农场主参与市场化的农业保险计划,政府继续扩大保费补贴支持。如此,美国农业支持政策开始转变,由政府干预转向市场支持。①

欧盟自 1992 年共同农业政策改革后,将价格支持转变为直接收入补贴。对因干预价格的降低所引起的农民收入损失,欧盟以历史情况为基础,对损失予以补偿。具体来说,谷物及其他粮食作物,补贴金额一般以现有农作物种植面积中闲置土地面积的多少以及不同地区平均单位面积产量来确定;养牛方面,补贴金额则依据个人或区域性的饲养限度以及每公顷的最高存栏率来确定。

2000 年改革确定削减的价格补贴,同样是以直接补贴的方式给农民一定程度的补偿,费用由欧盟与各成员国共同承担,如谷物等农作物损失的 50％、牛肉损失的 85％、奶制品损失的 65％由欧盟补偿给农民。

2002 年 7 月,欧盟委员会公布了共同农业政策中期评估报告,提出了将农业补贴与产量脱钩等一系列改革方案。这是欧盟共同农业政策自 1962 年实施以来最重大的改革。根据这项方案,今后欧盟对农民的直接收入补贴不再与产量挂钩,而是将获得补贴的条件与环境、食品安全、动物福利等标准相联系,并通过新的农业补贴审计制度对有关标准的贯彻实施进行有效监督。欧盟在 2003 年改革中又出台交叉遵从原则,农业生产者只有在切

---

① 徐轶博. 美国农业支持政策:发展历程与未来趋势[J]. 世界农业,2017 (8):111-117.

实遵守食品安全、动物福利、农业环境保护等方面的规定后才可以获得直接补贴。欧盟共同农业政策中直接的环境保护支出出现在 2006 年,在农村发展政策中纳入了保护环境和气候的内容。欧盟在 2013 年改革中提出,所有成员国必须将 30％的直接支付用于绿色直接支付。

欧盟在 2014—2020 年的共同农业政策中,将农业发展政策确定为六个优先发展方面:一是促进农业和农村地区的知识传播和创新;二是促进农场对先进技术的转化能力,增强农场活力和竞争力;三是促进农业产业链发展,包括农产品加工和营销,增进动物福利和强化农业风险管理;四是恢复、保护和强化与农业林业相关的生态系统;五是提升资源效率,支持低碳发展;六是促进社会包容,减少农村贫困和推动农村经济发展。[①]

日本尽管为发达国家,但收入支付形式和额度都较少。在收入支付中,重要的一项计划就是对山区、半山区等不利地区农户的直接支付。为振兴山区、半山区,日本政府于 2000 年出台了《针对山区、半山区等的直接支付制度》,对该地区的农户进行直接收入支付补贴,目的是缩小该地区和平原地区生产成本之间的差异。从实施区域看,指的是山区、半山区,日本根据《特定农山村法》等 8 项政策对支付区域进行界定。从支付的标准和额度看,具体标准是支付生产成本差异的 80％,对每个农户的补贴上限 100 万日元,补贴规模为每年 700 亿日元,补贴对象的面积大约为 90 万公顷,相当于平均每公顷补贴 7.8 万日元。日本收入支付的另一项计划是通过转产补贴,进行农业生产结构的调整。2000 年度水稻转向小麦、大豆、饲料作物的最高转产补贴高达 73 万日元/公顷;转向其他豆类及绿肥等作物的,最高可补贴 43 万日元/公顷;转向其他多年生植物的,补贴也可达 13 万日元/公顷。

2012 年,日本提出构建"日本型直接补贴政策"的农业补贴改革思路。其补贴政策调整的主要内容是综合现有补贴内容,扩大补贴范围,加大对国内农业生产和农民收入的提升力度。将对以稻米种植户为对象的收入直接补贴,扩展到对保持水土、保护农业文化遗产和拓展农业多功能性等更大范

---

① 张云华,赵俊超,殷浩栋. 欧盟农业政策转型趋势与启示[J]. 世界农业,2020(5):7—11.

围。2012 年,日本通过《农业多功能性法》,对水田、旱地等农地的有效利用行为进行直接补贴,以构建日本型直接补贴政策的法制化框架。2013 年,着眼于农地有效利用,日本推出了丘陵山区直接补贴政策、农地水环境保护管理直接补贴和环境友好型直接补贴。[①]

3.1.2.3 强化服务支持的政策倾向已呈明显趋势

为扶持本国农业,发达国家不断强化服务支持政策,如各国政府不断加大对基础设施建设、农业科研、信息服务等方面投资和服务的力度。

美国的大型灌溉设施都是由联邦政府和州政府投资兴建的,中小型灌溉设施则由农场主个人或联合投资,农业部给予一定的资助;美国农业部预算中用于农业科研和推广服务项目的投资一直在增加,1950 年为 4680 万美元,1985 年上升为 10.5 亿美元,年递增幅度达 8.3%。政府对农业科技的投入占投资总额的 45% 左右,2000 年的实际水平为 21.5 亿美元,2001 年为 23.2 亿美元。农业部及各州的市场局免费为农场主、批发商、经销商提供农产品价格、供求情况的最新信息,市场信息系统覆盖着美国农产品主要集散中心及产区。政府还给农业合作社一定政策优惠,包括税收及财政和技术支持等。[②]

欧盟规定,凡是购置大型农业机械、土地改良、兴修水利等,欧盟提供 25% 的资金,其余 75% 由本国自己解决。英国对田界围栏、树篱、农场建筑、农业机械、农田排水设施及农村道路建设提供补贴,对修建农场的道路、堤坎、供电系统,国家承担费用的 2/3。法国政府对农村基建工程的投资一般占工程费用总额的 25% 以上。欧盟支持农民建立各种农业合作组织,通过农业合作组织为农民提供各种市场信息、销售及技术等方面的服务。法国政府规定,创办各种为农业服务的合作社,政府给予大约 25% 的投资补贴,并免除平时应交的工业利润和商业利润税、营业税和地产税。[③]

---

① 华南,余玮,李娜,等. 世界主要农业支持政策[J]. 中华儿女,2017 (3):34-35.

② 徐轶博. 美国农业支持政策:发展历程与未来趋势[J]. 世界农业,2017 (8):111-117.

③ 张云华,赵俊超,殷浩栋. 欧盟农业政策转型趋势与启示[J]. 世界农业,2020 (5):7-11.

日本政府对于一般的农田改造项目,只要通过一定审批程序并达到一定的标准,费用的 50％由中央财政从农业预算中补贴,都道府县和市町村财政补贴 25％和 15％,剩余部分由农户自身负担,而这一部分资金往往也能得到有关金融机构的优惠贷款。日本政府把加强农村科技推广组织建设和提高推广人员业务和服务水平放在重要位置,并从财政预算中给予大力支持。近年来,这方面的经费逐年增加,1995 年政府的农业科研经费预算为 772 亿日元,占农业预算的 2.3％,农业推广经费为 356 亿日元,占农业预算的 1.4％。日本农协不用交纳所得税、营业收益税和营业税。农协在建设仓库、增加固定设施以及进行固定资产投资等方面,可得到政府高达 80％的补贴。[①]

3.1.2.4　有益启示

第二次世界大战以来,上述国家和地区主导着世界经济的发展,其经济结构也发生了巨大变化。如农业劳动力占总劳动力的比例:欧盟为 20％左右,日本为 10％,美国则不到 2％。虽然如此,这些国家仍保持对本国农业强有力的财政支持。到 1995 年,乌拉圭回合形成的《农业协定》(WTO 农业协定)生效后,发达国家纷纷调整自己的农业支持政策。即从以价格支持为重心转向以收入支付为重心,并已呈现出明显强化服务支持等 WTO 农业规则允许的政策倾向。

发达国家始终对本国农业发展、农民收入采取高保护的政策。在 WTO 农业规则的约束下,改变的仅仅是农业支持的方式。WTO 相关统计显示,不需要削减的、可计算的年农业补贴(绿箱政策):美国为 512 亿美元,欧盟为 209 亿美元,日本为 204 亿美元。[②]

中国是典型的人多地少的传统农业国家,在人口对农业资源的巨大压力下,如何发挥农业对国民经济和社会发展的支撑作用,发达国家对农业的支持保护政策及其经验教训有一定借鉴意义。特别是在 WTO 框架下,我

---

① 马红坤,毛世平. 从防御到进攻:日本农业支持政策转型对中国未来选择的启示[J]. 中国软科学,2019(9):18-30.

② 晓清. 主要发达国家农业补贴透析[EB/OL].(2002-02-25)[2019-12-10]. http://lyzs. longyan. gov. cn/wtoandcn/200202250908. htm.

们应争取发展中国家应享有的权利,保留在国内实施农业保护政策的空间,并积极调整农业支持保护政策的重心和方式,以适应 WTO 规则,这是当务之急。以上发达国家农业支持政策定位的演变,给我们思考农业综合开发战略定位提供了有益的启示。

3.1.3 农业综合开发的产生

农业发展的历史,从某种意义上来说,实际上就是一部农业开发史。随着社会发展、科技进步,人们对影响农业生产发展的各种要素的认识日益深化,农业开发无论在广度上还是深度上都有了较大的拓展。第二次世界大战结束之后,很多地区摆脱了殖民统治,建立了独立国家。它们为了发展自己的民族经济,改变殖民统治留下的单一经济结构和农业产业结构,适应国家经济发展和人民生活水平提高的需要,利用可能得到的资金,开始了大规模的农村建设和农业开发活动。与此同时,经济发达的国家,也同样掀起了旷日持久的农业开发活动。因为这些发达国家也存在着地区发展不平衡的问题,迫切需要开发落后地区的农业,以便促进全国农业比较均衡地发展。第二次世界大战以前,农业开发活动还是比较零星的、单项的和小规模的;第二次世界大战以后,农业开发已不再进行单项措施开发,而是进行综合开发。

所谓农业综合开发,是指在一定时间里和确定的区域内,为全面开发利用农业资源,发展地区农村经济而进行的综合性生产建设活动。它的最终目标是合理配置、科学利用农业生产要素,提高农业综合生产能力和市场竞争能力,推动传统农业向现代农业转变。它通常的做法是根据长期发展规划,通过多种途径对某一地区的农业资源进行合理的开发利用,以达到经济效益、社会效益和生态效益共同提高的目的。开发内容主要包括开垦荒地、平整土地、兴修水利、改良土壤、植树造林、装备机械、改进生产技术、发展多种经营等。从狭义的观点看,农业综合开发是以农业自然资源为开发对象的一种投入产出活动,如改造中低产田、改良草场、植树造林等。而从广义的观点看,它不仅包括农业资源的开发,还包括农副产品的综合利用和加工;不仅包括农业领域的开发,还包括农产品流通领域的市场建设。

农业综合开发的"综合"具有多重含义。首先,是指开发方式的综合,即对山水田林路实行开发与治理,农林牧副渔协调发展;其次,是指资金来源的综合,即实行财政资金、银行贷款、自筹资金综合投入,同时也吸收社会各方面的投资;再次,是指治理措施的综合,即有针对性地采取工程、生物和技术措施相结合的综合治理措施;最后,是指治理效益的综合,即取得经济、社会和生态方面的综合效益。

农业综合开发除了具有"综合"特点之外,一般还具有以下三个特点:第一,市场取向特点。农业综合开发以提高农业综合生产能力和农业国际竞争力为目标,使开发计划与市场需求相适应,生产要素的优化组合与大市场的发育相适应,生产什么、生产多少,都以市场为导向,根据国际和国内市场的供需变化,组织安排生产,积极发展出口创汇的农产品,增强农业市场的竞争力。第二,产业化取向特点。农业综合开发积极推进农业产业化经营,以市场为导向、科技为依托,按照资源比较优势和区位优势,选择确定各地区支柱产业和主导产品,捆绑各类项目,重点开展产业化基地和产业化"龙头"建设,同时重视贮藏、保鲜、加工、运输、销售等产前和产后配套设施的建设,走产业化经营之路。第三,严格实行项目管理的特点。农业综合严格按照项目进行管理,从评估论证、申报审批,到资金拨付、检查验收、建后管护,均有一套严格的制度。农业综合开发按照项目投放资金,资金跟着项目走,不分条切块,不按部门、行业或田亩分钱。可以说,项目管理办法的推行,从制度上保证了农业建设决策科学化、立项程序化和管理规范化,有效地防止了农业投入的盲目性和随意性。

3.2　发展中国家农业综合开发目标定位的演进趋势

3.2.1　初期"低投入"开发战略

发展中国家由于经济实力薄弱,投入农业和改变农业生产条件的资金有限,开发初期一般采取先易后难、低投入的开发战略。这种战略符合经济发展的一般规律,是发展中国家的必然选择。如东南亚国家20世纪60年代中期实施的"绿色革命",就是这样一种开发战略。"绿色革命"以良种良法为主,辅之以灌溉、化肥、农药和耕作制度的改革,在较短的时间内较大幅度地提高了粮食等主要农产品的产量,有效地缓解了粮食供应的紧张状况,为基本实现粮食自给做出了重大贡献。

3.2.2　中期"兴修水利,改土拓荒"开发战略

随着经济的发展,发展中国家提高了支持和保护农业的能力。与此同时,为了充分发挥良种良法的增产效应,也应该加大物质投入,消除农业生产障碍因子,改善农业生产条件,进一步提高农业生产能力。因此,继"绿色革命"之后的农业开发,主要是围绕兴修水利和开垦土地等农业基础设施建设进行的。如埃及在 1982/1983—1986/1987 年的 5 年时间中,投入了17.82 亿埃镑用于开垦土地。印度在从 1950/1951 年到 1982/1983 年的 32年时间里,农田灌溉总面积由 2260 万公顷增加到 5854.6 万公顷,净增3594.6 万公顷,为同期印度粮食总产由 607.9 亿公斤提高到 1515.4 亿公斤做出了突出贡献。[①] 当然,世界上也有少数后起工业化国家出于其他目的重视农业基础设施建设,比如泰国于 1975 年开始实施"农村就业计划",目的是通过为农民提供旱季就业机会增加就业收入,项目内容涉及农村供水、农田灌溉、农电输送和乡村道路建设等。

3.2.3　近期"农业工业化"开发战略

随着全球经济一体化的发展,国际市场农产品竞争日趋激烈。一些实行"进口替代"和"出口导向"战略的发展中国家,由于初级农产品尤其是经济作物出口比例较大,严重依赖国际市场,受价格波动,经常蒙受巨大损失。因此,20 世纪 80 年代以后,大多数发展中国家,尤其是农业基础较好的泰国、印度尼西亚、马来西亚等国,开始调整农业开发重点,制定了以农产品加工业为重点的"农业工业化"战略,把交通运输、仓储设施、农产品加工和产前产后服务和基础设施等方面的开发建设纳入了整个开发体系,使农业从单纯原料的供应者上升为制造业的参与者,提高了农业的国际竞争力和经

---

① 国家农业综合开发办公室.中国农业综合开发[M].北京:中国财政经济出版社,2003.

济效益,巩固了农业的基础地位。

3.2.4 现阶段"可持续农业"开发战略趋势

广种薄收和粗放掠夺式的经营,造成了大面积土地被滥用和过度利用,由此带来的严重的生态环境问题,如土壤退化、沙化面积迅速扩大和水土流失严重等,已引起了世界上越来越多的发展中国家的深切关注和高度重视。广大发展中国家纷纷把农业开发与可持续发展结合起来,实行可持续农业开发。既要合理利用资源,又要取得明显的进步,还要兼顾长远利益,实现永续发展。

3.3 发达国家农业综合开发目标定位的演进趋势

3.3.1 初期:"兴修水利,改土拓荒"开发战略

发达国家农业开发的发展演进不同于发展中国家,它们拥有较强的经济实力,早期开发的重点就是增加投入,加强农业基础设施建设,提高农业生产能力。如苏联在中亚植棉区进行了大规模的农田水利设施建设,在西伯利亚进行了大规模的农业开发和土壤改良。法国将布列塔尼地区、阿基坦沿海和地中海沿海列入计划进行了大规模农业开发,显著地改变了这些地区的落后面貌,使这些地区跟上了全国经济发展的步伐。以色列自然条件很差,农业资源匮乏,为了发展农业,解决立国之本问题,通过综合措施,利用极其有限的水资源,将不毛之地改造成具有较高生产能力和有明显生产特色的农业区之一,使昔日的"死亡之海"变成了充满生机的绿洲,创造了世界奇迹。

3.3.2 中期、近期:"科技开发 + 产业化经营"开发战略

3.3.2.1 科技开发

科学技术在经济活动中所起的作用日益增大,是主导生产力增长的源

泉,是第一生产力。在农业开发中,无论是深度开发、广度开发,都需要依靠科技进步,需要研究、引进和利用现代先进科技成果。近代的农业开发十分重视科学技术的应用,尤其是"高、精、尖"新技术和"短、平、快"常规技术。前者主要是指农用遗传工程和农用发酵工程等,后者主要是指育种、栽培、植保、土肥、灌溉等技术。纵观世界各国,凡是农业开发做得比较好的国家,无不重视农业科技进步与农业教育、科研和推广的紧密结合。如美国农业的"教育、科研、推广"三结合体系举世闻名,是随着佛罗里达半岛的开发逐步建立起来的,对促进佛罗里达农业开发和农业生产发展起到了重要的作用。自 20 世纪 50 年代中期以来,美国农业生产增长的 80%,生产率提高的70%,都要归功于农业科技研究和推广工作。荷兰的农业教育、科学研究和技术推广是农业的三大支柱,国家每年把农业预算的 50% 用于这三方面。荷兰 1996 年度财政预算中用于教育、文化、科技方面的投入高达 37 亿荷兰盾,所占比例在各个项目中名列第一。[①]

3.3.2.2 农业产业化经营

随着生产力的发展与消费需求的变化,延长农业产业链条,大力发展流通业和农产品加工业,实行农业一体化经营,已经成为世界各国农业开发的重要内容。在欧盟,农业早已不是单一的生产环节,而是包含生产、加工、流通等环节在内的完整的产业体系,即所谓"从田头到餐桌"。法国提出把农业打造成一个"完整产业"的发展目标,认为随着人们生活节奏的加快,消费者需要越来越多的加工产品,而消费习惯又多种多样,这就要求农业、工业和服务业之间进行越来越密切的联系,进而逐步联结起来成为一个完整产业。为了加快农产品加工业的发展,法国抓住了 20 世纪 80 年代以来世界市场初级农产品过剩、价格下跌的有利时机,把低价值的原料加工转化为高附加值的制成品。目前,法国农产品加工业吸纳了本国 70% 以上的农产品,整个农业的经济效益明显得到了提高。1990 年,法国有 3000 多家食品工业企业,从业人员超过 36 万人,营业额高达 789 亿欧洲货币单位,占当年欧共

---

① 国家农业综合开发办公室.中国农业综合开发[M].北京:中国财政经济出版社,2003.

体总量的 1/5。荷兰农业产业化主要是对农产品进行大进大出、深度加工增值并不断扩大经营规模。所谓大进,就是大量进口初级农产品;所谓大出,就是将本国生产的和国外进口的初级农产品进行深度加工,大幅度提高附加值,然后再出口创汇,这样就显著地提高了农业经营效益。

3.3.3 现阶段:"可持续农业"开发战略

各国农业尽管在生态、文化、社会和经济方面存在着较大的差异,但都面临着环境问题。发达国家存在的环境问题主要是采用高度集约化的经营模式,大量使用化肥、农药和集约化牲畜饲养,导致严重的水土污染;同时过分集中的工业所引起的污染,如烟雾、酸雨、污水、二氧化碳增加、含氯含氟物质的排放和臭氧层的破坏,也影响和威胁到人类和整个生态系统的健康。这种生态、经济和社会的失调,不仅影响农业生产的发展,而且不利于子孙后代的生存发展。因此,很多发达国家于 20 世纪末开始强调农业发展要走可持续发展道路,在开发农业资源的同时,重视提高资源的利用效率,注意对资源进行保护,促进对资源的永续利用。从实践来看,发达国家进行农业可持续开发的主要措施是实行作物自然耕作法、病虫害综合治理和环境保护等。如美国明令禁止将水土流失严重的土地用于耕作,政府无偿给予一部分资金帮助农场主进行绿化,保持水土;同时严格制定和执行各种污水、废气和废物的排放标准;研究和推广新的耕作法,比如少耕法和免耕法等,尽量减少由耕作引起的水土流失;鼓励无公害、绿色和有机农产品生产;等等。

此外,不论是发展中国家还是发达国家,农业的发展都有这样一个特点:随着农业的发展,从事农业生产的劳动力和农村人口的比例会越来越小,户均农业生产规模越来越大,兼业行为越来越少,农业生产经营专业化程度越来越高,农业发展越来越融于市场经济的发展。

3.4　WTO 规则与我国农业支持政策的选择空间

3.4.1　WTO《农业协议》关于农业保护和支持的相关规则

在 WTO 框架下,《农业协议》主要从市场准入、内部支持和出口补贴三个方面对各成员方的农业保护、支持措施做了规定和限制。

3.4.1.1　市场准入方面

第一,非关税措施关税化,即取消非关税措施而以等量的关税替代。

第二,关税削减义务:以 1986—1988 年为基期,从 1995 年起发达经济体在 6 年内(到 2000 年)平均削减了 36％的关税,每项最低削减 15％;发展中经济体在 10 年内(到 2004 年)平均削减了 24％的关税,每项最低削减 10％。

第三,规定关税化后的最低市场准入量不低于基期经济体内消费的 3％,到减让期结束时应扩大到 5％。

3.4.1.2　内部支持方面

《农业协议》把内部支持措施分为两类:一类是要求减让的内部支持措施,另一类是可免除削减的内部支持政策。

第一,削减"黄箱政策"措施,即要求成员方削减那些对生产和贸易产生直接扭曲作用的政策措施。"黄箱政策"的范围包括:价格支持,营销贷款,面积补贴,牲畜数量补贴,种子、肥料、灌溉等投入补贴,某些有补贴贷款计划。《农业协议》规定,对具体农产品(或所有农产品)的支持,只要其综合支持量(AMS)不超过该产品生产总值(或农业生产总值)的 5％(发展中国家为 10％),就无须削减其国内支持。我国最终的谈判结果是 8.5％。

第二,免于削减的"绿箱政策"和"蓝箱政策"措施。"绿箱政策"措施是指政府通过服务计划提供的、没有或仅有最微小的贸易和生产扭曲作用、费用由纳税人负担而不是从消费者转移而来的支持措施。主要包括以下几项:政府一般服务,用于保障粮食安全的公共储备补贴,国内粮食援助补贴,与生产不挂钩的收入补贴,收入保险计划补贴,自然灾害救济补贴,通过农业生产者退休计划提供的结构调整补贴,通过农业资源停用计划提供的结构调整补贴,通过投资援助提供的结构调整补贴、农业环境补贴、地区援助补贴。"蓝箱政策"措施是指虽然属于"黄箱政策"范围但与限产有关、可以不计入综合支持量(AMS)、不进行削减的补贴措施。主要包括三个方面内容:①按农作物固定面积或产量提供的补贴;②根据基期生产水平85%以下提供的补贴;③按牲畜的固定头数提供的补贴。

3.4.1.3 出口补贴方面

要求各成员方削减其对农产品的出口补贴。削减程度以 1986—1990 年为基期,1995 年起,发达经济体在 6 年内削减出口补贴 36%,对享有出口补贴的数量削减 21%,发展中经济体则在 10 年内分别削减 24% 和 14%。对在基期没有进行出口补贴的农产品,则禁止在今后对该产品实施出口补贴。[①]

3.4.2 我国现行的农业支持政策体系

我国现行的农业支持政策的主要包括:农产品价格支持政策、农业生产的支持政策、农产品购销政策、农产品贸易保护壁垒等。

3.4.2.1 农产品价格支持政策

农产品价格支持政策是政府为了扶持农业的生产,而对农产品规定高于市场均衡价格的最低价格的政策。政府对粮食生产的价格支持在一定程度上保护了农民生产的积极性,并带动了其他农副产品收购价格的提高,维持了农民的收入水平,减少了农产品产量的波动。

3.4.2.2 农业生产的支持政策

我国政府对农业生产的支持主要体现在:①坚持财政对农业基本建设

---

① 顾卫平,魏星,张弓女,等. WTO 框架下我国农业保护政策:依据、空间、调整[J]. 上海经济研究,2005(9):30-35.

的投入；②对农业生产资料进行补贴，例如对按合同定购的农产品，直接把平价农用生产资料的差价支付给农民；③政府除了利用财政资金直接支援农业外，还成立了中国农业发展银行，它作为我国目前唯一一家农业政策性银行，向农村提供政策性信贷资金支持；④积极推广农业科学技术。

3.4.2.3　农产品购销政策

近些年在农产品购销方面尤其是粮食购销上，我国政府加大了干预的力度，这主要体现在两个方面。一方面，建立了新的粮食流通体系，其关键措施是垄断粮食收购市场，即只有国有粮食收储企业可直接以保护价向农民收购粮食，其他国有粮食加工、批发、零售企业，以及各类用粮企业和个体、私营粮食经营者，都不准直接向农民收购粮食。当然，这主要是针对少数重要农产品，不包括其他产品。这样做的目的是使国有粮食收储企业掌握粮源，主导价格，从而获得垄断利润，为消化亏损挂账开辟资金来源。另一方面，建立粮食储备制度，以财政全额出资的方式，建立国家农产品储备调节基金，实行吞吐调节，平抑市场价格波动，保护生产者和消费者利益。

3.4.2.4　农产品贸易保护壁垒

我国已于1994年签署了乌拉圭回合协定，按照该协定的有关要求，在农业方面，我国已经消除了在投资区位、股权比例、贸易平衡、当地购买原材料和零部件要求、外汇平衡及汇出等方面的障碍，并进行了一定程度的关税减让。尽管如此，农产品贸易壁垒依然存在，这主要是出于以下几方面原因：一是对农产品进口收取关税，粮棉产品税率在3％以下，其中小麦、大米、玉米全部免税。而关税较高的主要是小额商品，大都在50％～180％。目前我国农产品的平均关税税率仍在30％以上。二是实行农产品进口配额管理，例如1999年中央采取了比较强硬的配额管理办法限制棉花进口。三是实行出口退税。我国对出口农产品实行出口免税和出口退税政策，以鼓励出口。四是进行动物及植物检疫。五是采取进口计划和许可证措施，规定只有特许的企业才能经营农产品进出口业务。[①]

3.4.3　WTO 规则对我国农业支持政策的影响

作为 WTO 成员方，我国须按照乌拉圭回合达成的《农业协议》在市场准入、内部支持、出口补贴及动植物卫生检疫等四个方面做出承诺，这必将对我国的农业支持政策产生深刻的影响。

3.4.3.1　关税支持与保护农业的政策空间趋紧

长期以来，我国农产品进口主要对进口配额与进口许可证措施予以调控。以粮食作物为例，除了对大麦征收 3% 的关税外，其他如小麦、大米、玉米等均未征税，而是采用配额和许可证管理，这使我国利用关税支持与保护我国农业发展的能力不强。另外，由于我国自 1992 年以来多次降低关税水平，因而我国农产品平均关税已处于较低水平。根据《农业协议》将非关税措施关税化计算成等值关税，这将使我国关税水平大幅度下降，因为等值关税是农产品国内市场平均价格与国际市场平均价格的差额。我国农产品长期存在严重的价格剪刀差，因而在基期年份（1986—1988 年），我国大部分农产品价格低于国际市场价格，这就使等值关税为负值。将等值关税与享受非关税措施影响的产品的现行正常关税相加就成了混合关税，然后据此削减。我国等值关税是负值，将使混合关税下降。所以，我国实际上是无法使用等值关税来支持和保护农业的。为此，只能采用上限约束的办法自主提出约束关税，但上限关税必须承诺取消非关税措施，并通过与缔约方谈判才能确定，但对方一般不会轻易放弃对我国降低关税的要求。以中美达成的就我国入世协议为例，协议规定中国对美国农产品的税项五年内减至 14.5%～15.0%。

3.4.3.2　易产生贸易扭曲的"黄箱政策"将受到严格限制

乌拉圭回合达成的《农业协议》，将政府补贴分为两类：即黄箱政策和绿

---

①　邵建华，陈瑛. 入世与我国农业保护的政策取向[J]. 农业经济问题，2001, 22 (11)：17-21.

箱政策。黄箱政策,也称"黄色政策"或"黄箱补贴",主要是指能产生贸易扭曲的政策。《农业协议》在附件 3 中界定了"黄箱政策"所包括的范围:①价格支持;②营销贷款;③面积补贴;④牲畜数量补贴;⑤种子、化肥、灌溉等投入补贴;⑥某些有补贴的贷款计划。对"黄箱政策",要求成员方用综合支持量(aggregate measurement of support,AMS)来计算其支持措施的货币价值,并以此为尺度,逐步予以削减。[①]

减让承诺以 1986—1988 年为基期,计算基期综合支持总量。要求自 1995 年开始,发达经济体在 6 年内以每年相同的比例逐步削减 20% 的综合支持总量,发展中经济体在 10 年内以每年相同的比例逐步削减 13% 的综合支持总量,最不发达经济体无须做出减让承诺。

由于我国长期实行农业支持工业发展的政策,因此,在 WTO 规定的基期内,我国农产品生产的 AMS 是负值,也就是说,我国无须承担减让义务,但同时也决定了我国今后"黄箱政策"对农业的 AMS 不能超过基期年均农业总产值的 10%。按此标准,入世后我国 AMS 不能超过 485 亿元,按汇率计算约为 57 亿美元。不仅大大低于发达经济体减让基期的 AMS,如美国基期 AMS 为 238 亿美元,削减 20% 后仍有 191 亿美元,欧盟削减后仍有 769 亿美元,日本削减后有 238 亿美元;[②]而且,在发展中经济体中亦处于较低的水平,如印度削减后的 AMS 仍超过百亿美元。我国 57 亿美元的 AMS,对于正向现代化迈进、急需资金投入的农业来说只是杯水车薪,支持力度太小。

3.4.3.3 不会引起贸易扭曲的"绿箱政策"不受限制

"绿箱政策",也称"绿色政策"或"绿箱补贴",是指不引起贸易扭曲的政策。《农业协议》附件 2 指出,"绿箱政策"是指政府在执行某项农业计划时,其费用通过公共基金资助,而非从消费者身上转移而来;没有或仅有最微小的贸易扭曲作用,对生产影响很小的支持措施;以及不具有给生产者提供价格支持作用的补贴措施。《农业协议》附件 2 还规定了"绿箱政策"的具体措

---

① 程惠芳. WTO 与中国经济[M]. 杭州:浙江大学出版社,2003.

② 贸易自由化与中国农业保护[EB/OL]. (2002-09-06)[2019-12-08]. http://www. Agri. ac. cn/DecRef/WTO/ZH/200209/4613. html.

施标准,主要有以下四点:①一般政府服务,这类政策补贴由公共基金或财政开支所提供,涉及向农业或农村社区提供服务或补贴计划的有关支付,但不涉及对生产者或加工者的直接支付。其内容为农业研究、病虫害控制、培训服务、技术推广和咨询服务、检验服务、市场营销和促销服务、基础设施建设服务。②以粮食安全为目的的公共储备。③内部粮食援助。④对生产者的直接支付,包括不挂钩的收入支持,政府财政参与的收入保险和收入安全网计划,自然灾害救济支付,通过生产者退休计划提供的结构调整援助,通过资源轮休计划提供的结构援助,通过投资援助提供的结构调整援助,环境计划下的支付,区域援助计划下的支付,其他直接支付等。

"绿箱政策"涉及的范围很广泛,包括政府用于支持科研、技术推广、基础设施建设、粮食安全储备、作物保险、贫民救济、环境保护等方面的补贴。协议规定,政府用于"绿箱政策"的财政性支出不需要削减。正由于"绿箱政策"是可以免除减让承诺的国内支持政策,这为成员方加强内部支持政策提供了机会。我国由于可利用的 AMS 总量偏小,因此,只有充分利用财政支农的"绿箱政策",才能更好地支持和保护农业。长期以来,我国财政支农总量不足,"五五"期间国家财政支出比重为 13.2%,"六五"期间下降到 9.5%,"七五"期间仅为 8.4%,"八五"期间为 8.8%,1996—1998 年为 10.7%,我国财政农业支出的比重呈现出下降、徘徊和增长缓慢的趋势。如果再除去一些基础设施建设的费用,真正用于农业的资金只占财政支出的 3%左右,而其他发展中经济体财政对农业的支持一般都在 10%以上。[①]

面对 WTO 的严峻形势,我国应充分用好用足 WTO 规则所给予的对农业的支持空间,加大对农业的支持力度,以推进我国农业现代化的进程。

3.4.3.4 出口补贴政策空间变零

WTO 规则要求成员方政府承诺削减其补贴农产品出口的数量和预算开支。具体做法是以 1986—1990 年为基期,以均等速度削减,发达经济体在 6 年内将有补贴的农产品数量减少 21%,出口补贴预算开支削减 36%;发

---

① 邵建华,陈瑛. 入世与我国农业保护的政策取向[J]. 农业经济问题,2001,22 (11):17-21.

展中经济体在 10 年内将有补贴的农产品数量减少 14％，出口补贴预算开支削减 24％。另外，还规定，在基期没有出口补贴的农产品，禁止在今后对该产品实施出口补贴。

出口补贴是农业保护的重要措施，发达经济体在基期有着巨大的补贴，即使削减后仍有大量出口补贴，如美国有 6 亿美元。我国 1986—1990 年的农产品国内价格低于国际市场价格，出口补贴很少，对出口支持力度不大。另外，我国政府在入世双边谈判过程中已承诺不再进行出口补贴，这就说明我国农产品出口补贴约束在零水平，因此，出口补贴保护农业政策空间几乎为零。

3.4.3.5　发展中经济体的"差别待遇"是农业支持保护政策的特别通道

《农业协议》在规定内部支持时，给予了发展中经济体"特殊和差别待遇"，主要有：①最不发达经济体对"黄箱政策"不需要做出减让承诺；②发展中经济体政府为鼓励农业和农村发展所提供的直接或间接援助措施中，一般可得到农业投资补贴，对低收入或缺乏财力的生产者提供农业投入补贴，以鼓励生产者不生产违禁麻醉作物而提供的支持。我国是一个发展中国家，利用发展中国家的身份，争取得到 WTO 优惠的差别待遇，可增强对农业支持保护的力度。例如，我国可以充分利用这一规定，加强对粮食进口的统计工作，有的放矢地收集有关粮食进口与国内农业发展的数据与资料。一旦发生损害国内农业的情况，及时提交有关资料，申请使用"特殊保障措施"，把损害降到最低。

因此，我国农业综合开发战略定位必须符合 WTO 的"绿箱政策"，这是农业综合开发政策在 WTO 下能继续延续和发展的前提条件。面对 WTO 提出的严苛条件，我国应充分用好用足 WTO 规则所给予的对农业的支持空间，充分发挥农业综合开发的制度优势，加大对农业的支持力度，以推进我国农业现代化的进程。

4　我国农业综合开发战略的制度优势

农业综合开发作为一项创新的政府支农战略制度,在我国已经实施了30余年时间,它所产生的综合效益,使我们看到了农业现代化进程中乡村振兴的希望。因此,深入系统地审视和研究农业综合开发这一制度,充分认识其制度创新的潜在优势,并加以有效挖掘和利用,对有效解决我国严峻的"三农"问题,实现农业现代化,加快新农村建设,实施乡村振兴战略是具有十分重要的理论和现实意义的。本章将从事实和理论两个视角审视和分析农业综合开发战略的制度优势。

4.1　我国农业综合开发战略实施概况

4.1.1　我国农业综合开发战略的实施背景

农业综合开发政策诞生于 20 世纪 80 年代末,当时为了解决我国十多亿人口的吃饭问题,国务院于 1988 年开始设立国家土地开发建设基金,后改为农业综合开发基金,专项用于农业综合开发。在国务院领导下,由财政部主持,成立了国家农业综合开发领导小组和办公室,开始走有组织、有计划的全国农业综合开发之路。之后,各省的农业综合开发机构相继建立。从此,一个有组织、有计划、大规模的农业综合开发战略拉开了序幕。这是党中央、国务院从当时我国农业面临的新情况出发,加快我国农业和农村经济发展的重大战略决策。党的十一届三中全会以后,家庭联产承包责任制在农村的普遍推行,解放了农村生产力,极大地调动了广大农民的生产积极性和创造性,粮食生产得到了很大发展,农业生产登上了一个新台阶,基本解决了人民的温饱问题。但随着国家改革的重点逐渐从农村转向城市,我国的农业发展在上了一个新台阶以后,又出现了新矛盾。当时主要面临三个矛盾:一是人口增加与耕地减少的矛盾。当时我国人口以每年1400万~1500万人的速度增加,而耕地却以每年400万~600万亩的速度减少,这是当时一个十分严峻的形势。二是粮食需求增长与粮食供给总量不足的矛盾。随着我国经济发展和人民生活水平的不断提高,对粮食和粮食转化物以及其他农产品的需求大大增加。当时粮食消费以每年200亿~300亿斤的速度增加,但粮食生产却连续4年在8000亿斤左右徘徊。三是农副产品出口创汇比例下降与国家外汇需求扩大的矛盾。随着我国沿海地区经济发展战略的实施、对外经济交往的扩大,国家对外汇的需求大大增加,但当时我国可以提供的出口商品却减少了。据统计,当时我国的外汇有50%左右是依靠农副产品出口或以农副产品为原料的制成品出口换来的。农业发展放慢,国内对农产品的需求增加,使国家不得不限制农副产品的出口。农副产品直接出口创汇比例下降,国家外汇储备满足不了农用生产资料进口和工业技术设备引进的需要,这就不可避免地制约了工业和农业的发展。

要解决这些矛盾,特别是扭转粮食生产徘徊不前的局面,仅按照常规农业方式发展粮食生产是行不通的,我国农业发展、粮食增产的模式必须根据经济形势的变化进行突破和创新。这样,结合我国的基本国情,借鉴世界一些国家发展农业的成功经验,为了更充分、更有效地利用我国的农业资源,旨在通过综合投入、采取综合措施、取得综合效果的大规模农业综合开发,就适应形势的发展和农业经济运行规律的要求应运而生了。这就是我国实施大规模农业综合开发的深刻背景。

4.1.2 我国农业综合开发战略的发展历程

从1988年到2019年,国家立项的大规模农业综合开发已经走过30多年的历程,共经历了四个阶段,目前正处于第五个阶段。

4.1.2.1　第一阶段:1988 年到 1993 年

这一时期的农业综合开发,以实行重点区域开发为特征。主要表现在两个方面:一是实施开发的区域范围逐步扩大。从开始主要集中在东北平原、黄淮海平原和长江中下游平原的 11 个省(市、区),涉及 749 个县及国有农牧场,扩大到 1993 年的 1245 个县及国有农牧场。二是农业综合开发的内容,重点进行大面积的中低产田改造,着力提高粮食产出量。同时,适当开垦宜农荒地,实现农林牧副渔全面发展。这一时期,通过综合开发改造的中低产田,从 1988 年的 738 万亩增加到 1993 年的 2573 万亩,6 年共计改造中低产田 13866 万亩,改造面积年均增幅达 28.4%。这一时期,通过改造中低产田,新增粮食产量从 1988 年的 119 万吨发展到 1993 年的 535 万吨,6 年累计增加粮食产量 2517 万吨,年均增幅达到 35%。①

4.1.2.2　第二阶段:1994 年到 1998 年

这一时期的农业综合开发,呈现全面开发的特征。主要表现在两个方面:一是开发的区域范围进一步扩大,覆盖全国。到 1996 年,农业综合开发的范围已经扩大到全国 31 个省(市、区)。二是农业综合开发的内容,由前一阶段的重点进行中低产田改造,转变为在继续进行中低产田改造的同时,加大多种经营项目的建设力度,并要求把增产与增收结合起来,以切实解决粮食总量增加导致粮食比较效益下降,粮食增产而农民不增收或少增收的问题。为有效地协调解决粮食增产与农民增收的矛盾,国家农业综合开发适时调整了这一时期农业综合开发的基本思路。从 1994 年起,国家农业综合开发办公室规定每年 30% 的农业综合开发财政资金和 70% 的专项贷款要用于发展多种经营项目和农产品的系列开发,重点是发展以经济作物为主的种植业、以畜牧业为主的养殖业和以提高农副产品附加值为主的加工业,把农业增产与农民增收有机结合起来。

4.1.2.3　第三阶段:1999 年至 2005 年

这一阶段的农业综合开发指导思想逐步实现战略性转变,主要包括两

---

① 张佑才.实现农业综合开发的历史性转变[J].中国农村经济,2000(2):13-20.

方面内容:一是由过去的以改造中低产田和开垦宜农荒地相结合,转到以改造中低产田为主,尽量少开荒,最好不开荒,把农业综合开发与保护生态环境有机结合起来;二是由以往追求增加主要农产品产量为主,转到积极调整结构,依靠科技进步,努力发展优质、高产、高效农业上来。实现指导思想上的这"两个战略性转变",不仅是新阶段农业综合开发做好支持和促进农业结构调整的思想前提,而且具有全局性战略意义。[①]

这一阶段,农业综合开发共投入资金1631.39亿元。共完成草原(场)建设1950.76万亩,小流域治理189.64万亩,土地沙化治理112.17万亩,建设优质粮食基地2558.06万亩,建设优质饲料粮基地529.43万亩。经济林、蔬菜、药材等种植面积892.55万亩,水产养殖面积392.42万亩,农产品加工和农业生产服务项目3386个等。

4.1.2.4　第四阶段:2006年至2012年

这一阶段主要围绕新农村建设和现代农业发展,推动农业向更加集约化、高效化发展。这一阶段的工作思路是:围绕建设社会主义新农村的目标和要求,较大幅度增加农业综合开发投入;以粮食产区为重点,以提高农业综合生产能力为核心,着力加强农业基础设施建设,改善农业生产条件和生态环境;大力扶持农业龙头企业,发展农业产业化经营,促进农民增收。同时,推进农业综合开发机制创新,加强资金和项目管理,确保资金安全运行和有效使用。通过推进农业综合开发,为提高农业综合生产能力、增加农民收入、推进社会主义新农村建设、构建和谐社会做出新贡献。这一阶段农业综合开发共投入资金3139.31亿元。

4.1.2.5　第五阶段:2013年至今

从2013年起,农业综合开发进入大幅度改革探索阶段,在扶持重点、项目内容、扶持方式、管理机制等方面进行了多项改革。在扶持重点上,发展现代农业园区示范群,引导龙头企业带动发展农业产业链;在项目内容上,开展现代农业试点项目,包括现代农业园区、龙头企业带动产业发展、"一县

---

① 高英.新时期农业综合开发的基本思路[J].中国农村经济,2000(10):19-22.

一特"产业发展试点项目；在扶持方式上，探索增加农民收入、保护农民权益的实现形式；在管理机制上，探索推行项目年度滚动计划编制管理等。[①]

4.1.3　我国农业综合开发战略的实施成就

30多年来，农业综合开发在推动我国农业发展，促进粮食增产和农民增收，保持农村稳定，以及支持整个国民经济持续、健康、快速发展中，发挥了重要作用，取得了显著成就，具体体现在以下几个方面。

4.1.3.1　加强农业基础设施建设，改善了农业基本生产条件

20世纪80年代中期，我国农业生产特别是粮食生产出现了徘徊，主要原因是一些地区的农业基础设施遭到破坏，农业生产条件开始恶化，耕地资源逐年减少。例如，水库大多是20世纪50至60年代修建的，到80年代中后期时，约有1/4的水库已呈淤积状况，40%的水库为病险水库；相当一部分机井因地下水位下降或水源枯竭而被废弃，1988年有效灌溉面积比1977年减少了883万亩；1978年至1988年，我国耕地面积累计减少5501万亩，大多数地区的土壤有机质含量严重下降；中低产田占全部农田比例由67%上升到80%左右，中低产田总数达10亿多亩。[②] 当时农业综合开发兴起的主要思路之一，就是要集中资金和人力，强化农业基础设施建设和改善农业基本生产条件，以增加农产品的有效供给量，保证国民经济稳定、健康的发展。

经过30多年的农业综合开发，农业基本生产条件得到了有效改善。由于农业综合开发实行山水田林路综合治理，以及农林水科技措施配套，大部分项目区基本建成"田成方、林成网、渠相连、路相通、旱能灌、涝能排"的高产稳产农田。通过改造中低产田、开垦宜农荒地、营造农田防护林、修建机电井、改良土壤、扩大机耕面积等项目，改善了项目区的农业基本生产条件，加强了农业基础设施，提高了抗御自然灾害的能力，为农业生产取得丰收打下良好的基础。

---

　　① 李建平，吴洪伟.农业综合开发（理论·实践·政策）[M].北京：中国农业科学技术出版社，2016：36-38.

　　② 李国祥.对农业综合开发的积极评价[EB/OL].（2006-08-14）[2019-12-10]. http://blog.china.com.cn/sp1/liguoxiang/124200386.shtml.

据《中国财政年鉴(2018)》统计,1988—2017年,全国累计改造中低产田65321.46万亩,累计建设高标准农田14375.10万亩,生态综合治理和建设草原(场)7519.30万亩,小流域治理2050.76万亩,土地沙化治理414.42万亩,新增和改善灌溉面积78402.97万亩,新增和改善除涝面积30393.04万亩,增加林网防护面积40735.5万亩,新增农机总动力2348.2万千瓦,具体参见表4-1和表4-2。

表4-1 1988—2017年我国农业综合开发改善农业生产条件统计(资料1)

年份	改造中低产田/万亩	建设高标准农田/万亩	建设草原(场)/万亩	小流域治理/万亩	土地沙化治理/万亩
1988	944.90		58.20		
1989	2189.58		163.63		
1990	3167.95		231.97		
1991	2736.26		176.03		
1992	2557.97		309.17		
1993	2755.15		261.57		
1994	1599.84		222.12		
1995	2022.59		244.02		
1996	2563.75		326.43		
1997	2623.41		245.03		
1998	3039.82		205.05		
1999	3647.36		178.95		
2000	3742.75		265.55		
2001	3058.76		296.68		
2002	2818.44				
2003	2319.86		301.66		
2004	2415.13		254.46	96.54	49.85
2005	3062.17		307.59	93.10	62.32
2006	2980.61		266.18	81.24	36.02
2007	2741.92		237.23	80.64	34.25

续表

年份	改造中低产田 /万亩	建设高标准农田 /万亩	建设草原(场) /万亩	小流域治理 /万亩	土地沙化治理 /万亩
2008	2645.40		252.07	105.35	38.08
2009	2464.21	51.55	477.64	104.79	9.24
2010	2067.71	480.05	236.14	101.44	10.09
2011	1799.80	757.23	282.53	116.96	12.81
2012	1671.24	1238.34	284.38	177.72	42.27
2013	1442.68	1483.10	338.01	165.63	45.00
2014	225.97	2161.38	282.48	187.82	31.01
2015	11.78	3190.36	312.43	208.21	19.79
2016	2.72	2633.93	255.52	238.78	14.05
2017	1.73	2379.16	246.57	292.54	9.64
合计	65321.46	14375.10	7519.30	2050.76	414.42

资料来源:根据《中国财政年鉴(2018)》整理。

表 4-2　1988—2017 年我国农业综合开发改善农业生产条件统计(资料 2)

年份	新增和改善灌溉面积 /万亩	新增和改善除涝面积 /万亩	增加林网防护面积 /万亩	新增农机总动力 /万千瓦
1988	917.50	387.10	874.10	40.60
1989	2033.40	1047.35	1368.39	80.31
1990	2636.08	1610.88	2411.61	97.83
1991	2456.89	1250.27	2104.48	86.98
1992	2202.97	1181.93	2102.86	98.83
1993	2420.42	1371.86	2133.07	93.55
1994	1284.87	752.61	1344.14	76.31
1995	1733.06	1024.50	1736.94	94.53
1996	2327.90	1153.71	1747.69	114.39
1997	2777.21	1176.92	1432.25	110.06
1998	3019.23	1298.67	1813.90	262.30
1999	3378.24	1363.64	1955.73	120.47

年份	新增和改善灌溉面积/万亩	新增和改善除涝面积/万亩	增加林网防护面积/万亩	新增农机总动力/万千瓦
2000	3460.87	1398.41	2394.31	101.99
2001	2785.89	1069.41	1885.23	104.72
2002	2655.03	866.64	1525.99	83.38
2003	2144.54	737.03	1189.73	229.83
2004	2082.55	717.75	1041.33	95.81
2005	2905.88	1007.13	1300.80	55.85
2006	2775.56	986.59	1259.10	68.30
2007	2483.37	935.06	1067.95	52.24
2008	2550.49	855.71	981.42	62.32
2009	2453.64	828.42	907.72	45.35
2010	2826.48	860.58	943.00	43.11
2011	3494.43	846.35	975.19	47.26
2012	3324.98	961.52	869.74	27.35
2013	3403.00	957.99	918.54	26.08
2014	3583.41	889.30	642.86	11.78
2015	3803.22	1048.74	757.16	10.29
2016	2349.29	951.49	624.72	3.67
2017	2132.57	855.48	425.55	2.70
合计	78402.97	30393.04	40735.50	2348.20

资料来源：根据《中国财政年鉴(2018)》整理。

4.1.3.2 提高农业综合生产能力,增加了农产品的有效供给

1978 年农村改革促使中国农业以超常规的速度发展,1979 年至 1984 年粮食总产量从 33212 万吨跃升到 40731 万吨,但在此后 5 年内粮食生产波动较大,1989 年粮食总产量为 40755 万吨,与 1984 年粮食总产量相差无几。当时增加农产品的有效供给,特别是确保粮食的有效供给成为保证国民经济稳定、健康发展的一个主要方面。

经过 30 多年的农业综合开发,农业综合生产能力显著提高。尤其是粮、棉、油、糖、肉等主要农产品生产能力的提高,增加了农产品的有效供给,特别是促进粮食总量突破 6000 亿公斤大关,为推动我国主要农产品实现由长期短缺到总量基本平衡、丰年有余的历史性转变,为把中国人的饭碗牢牢端在自己手里,做出了重要贡献。

据《中国财政年鉴(2018)》统计,1988—2017 年全国农业综合开发项目区累计新增粮食能力 12087058.81 万公斤、棉花生产能力 217986.19 万公斤、油料生产能力 594226.26 万公斤、糖料生产能力 3063440.81 万公斤,新增肉生产能力 738190.43 万公斤等,具体参见表 4-3。

表 4-3 1988—2017 年我国农业综合开发项目区新增主要农产品生产能力统计

年份	新增粮食生产能力/万公斤	新增棉花生产能力/万公斤	新增油料生产能力/万公斤	新增糖料生产能力/万公斤	新增肉生产能力/万公斤
1988	130549.00	5878.80	3507.40	42638.70	4253.00
1989	405362.80	10919.10	21480.00	102580.10	10094.90
1990	522038.20	13089.90	19159.80	91947.70	17241.60
1991	461672.87	9825.10	21329.20	463941.70	19781.03
1992	450494.36	11261.50	17768.78	324520.00	15533.17
1993	549904.29	10345.95	22808.57	269605.80	23316.65
1994	305218.50	9384.33	21745.15	106523.30	33717.35
1995	367578.72	8851.51	25432.17	159105.60	36856.16
1996	531918.14	12833.29	29117.82	266256.90	37350.54
1997	571254.99	8374.54	28368.01	154802.10	22691.36
1998	592407.33	8647.51	30225.39	124592.70	29288.17
1999	661025.04	9646.31	31440.78	76140.53	84546.83
2000	644201.96	9774.41	33630.60	60060.25	
2001	556625.51	7664.29	28247.59	46321.35	
2002	498229.60	5145.62	22662.10	39955.23	
2003	356427.75	6707.25	19130.88	82040.90	59012.62
2004	308533.62	5095.46	15641.43	54771.07	12706.92

年份	新增粮食生产能力/万公斤	新增棉花生产能力/万公斤	新增油料生产能力/万公斤	新增糖料生产能力/万公斤	新增肉生产能力/万公斤
2005	366324.11	6122.84	19194.53	55506.33	31121.12
2006	346991.20	5652.24	18588.63	67798.58	15614.68
2007	316985.26	6723.39	18375.15	52939.94	11689.53
2008	299229.05	4505.54	15233.21	55577.64	18893.35
2009	284099.07	5140.78	19844.75	45007.43	27238.74
2010	321667.45	4758.91	16891.06	58312.83	33216.68
2011	331136.48	6428.06	16681.75	53395.39	23902.03
2012	383538.72	6187.93	16658.88	45613.32	25682.05
2013	352130.04	5375.36	14221.10	36886.32	37362.68
2014	311380.60	3577.09	13461.76	34378.76	34645.69
2015	370322.65	4404.58	13423.30	43551.61	39004.52
2016	274327.49	3473.12	11348.31	29142.83	17766.53
2017	215484.01	2191.48	8608.16	19525.90	15662.53
合计	12087058.81	217986.19	594226.26	3063440.81	738190.43

资料来源:根据《中国财政年鉴(2018)》整理。

4.1.3.3 发展多种经营和农副产品加工业,促进了农村产业结构调整

20世纪90年代后半期,由于农业综合生产能力的提高,我国农产品长期供给短缺的历史已基本结束,我国主要农产品总量基本平衡,即我国农业生产已经达到能够稳定地解决国民温饱的水平。因此,在农业发展的新阶段,我国农业应根据市场的需要,调整农业产业结构,发展多种经营、名特优产品和农副产品加工。为了适应我国农业和农村发展新阶段的特点,农业综合开发在其第二阶段,及时而又有远见地直接引进了多种经营项目。多种经营的重点是经济作物种植业、畜牧养殖业和农副产品加工业。

农业综合开发安排专项资金用于发展多种经营和产业化龙头项目,通过农业综合开发的多种经营项目,利用农村的各种资源,运用和推广农业科

技成果,发展当地的名特优产品,扶持了一大批有资源优势、有市场潜力的县域主导产业和生态农业项目。把多种经营与农业结构调整结合起来,把实施科技开发与提高经济效益结合起来,把推进产业化与发展优质、高产、高效农业结合起来,不但促进了农业产业结构调整、提高了农产品质量和商品率,而且增加了农民的收入,同时也解决了一部分农村剩余劳动力的就业问题,取得了显著的经济效益和社会效益。

据《中国财政年鉴(2018)》统计,1988 年至 2017 年,农业综合开发区共种植经济林、蔬菜、药材等 3237.30 万亩,发展水产养殖 832.21 万亩,扶持农产品加工和农业生产服务项目 17585 个。

4.1.3.4 增加农民收入,提高了农民的生活水平

20 世纪 90 年代后半期以来,我国农产品的供求关系发生了重大变化,主要农产品供给由长期全面短缺变为总量基本平衡、丰年有余,农产品出现相对过剩。但增产不一定增收,农民收入的增长处于缓慢状态,甚至有些粮食主产区部分农民的收入出现下降。所以,农民增收已成为农业发展新阶段的战略目标之一。

农业综合发展利用其集中投资、综合治理的优势,从多方面、多层次、多渠道地促进农民收入的增加。一是通过土地治理项目,农业生产的基本条件得到明显改善,抗灾能力明显增强,农作物普遍有较大幅度增产;二是通过多种经营项目,发展经济效益较高的种植业、养殖业、农副产品加工业和农业生产服务业以及特色农业,加快了农业产业化进程;三是通过农业高新科技示范园区等项目,促进农业高新技术的推广和应用。这些项目的实施,使项目区的农民收入有较快的增加,实现了增产增收。同时,开展对农民的科技培训,提高了农民的文化科技素质。据《中国财政年鉴(2018)》统计,农业综合开发项目区的农民人均纯收入比非项目区高 260 元左右,多的达 500~600 元,高的超过 1000 元。据统计,1988 年至 2017 年,全国农业综合开发累计为农民增收 372465.31 万元。

4.1.3.5 推广农业技术成果,加速了农业现代化进程

我国农业发展面临着耕地不断减少和因非农化倾向导致农村中较高素

质农业劳动力流失的问题,农业和农村经济的发展将日益依赖于科技的进步。在农业综合开发中,要坚持依靠科技进步,大力推广先进、适用的农业科技成果,努力把农业综合开发项目区建设成为新技术、新成果的推广区。农业高新科技示范项目就是农业综合开发推广和应用农业科技成果的主要渠道。

农业综合开发实施的农业高新科技示范项目包括优质高产粮食品种、杂交水稻、地膜覆盖、管道输送灌溉、喷滴灌节水技术、水稻旱育稀植、提高复种指数、保鲜技术等科技成果。农业高新技术的推广和运用,一是支持农业生产条件的改善,提高了农业生产的物质技术装备水平。例如,河南省推广的万亩节水技术,节水 40%,节电 30%,既提高了农田用水的效率,又降低了生产成本。二是支持农产品有效供给的增加,提高了农产品质量。优质农产品品种的推广,直接促进了项目区农产品产量和质量的提高,项目区优质品种率达 90%,远高于非项目区。三是支持多种经营项目的开展,推动了农业生产结构的调整。四是提高农业生产的经济效益,增加了农民收入;五是提高了农民的科技素质。

据《中国财政年鉴(2018)》统计,1988 年至 2017 年,全国农业综合开发扩大良种种植面积 698.58 万亩,技术培训农业从业人员 123.64 万人次,新增总产值 799272.36 万元,增加值 372465.31 万元,具体参见表 4-4。

表 4-4 1988—2017 年我国农业综合开发科技示范效益统计

地区	扩大良种种植面积/万亩	技术培训/万人次	新增总产值/万元	增加值/万元
合计	698.58	123.64	799272.36	372465.31
北京	6.50	2.04	4549.60	3357.00
天津	3.11	3.73	18239.50	13678.70
河北	63.56	4.87	17380.96	7203.36
山西	7.00	4.81	21383.10	10433.84
内蒙古	4.31	2.87	7672.00	3466.00
辽宁	23.26	1.67	29859.30	21103.90
大连	1.22	2.30	9996.00	4287.00

续表

地区	扩大良种种植面积/万亩	技术培训/万人次	新增总产值/万元	增加值/万元
吉林	15.18	2.80	18315.00	6823.00
黑龙江	28.41	1.22	11095.54	6293.49
上海	2.20	1.81	14758.80	6892.23
江苏	13.13	3.59	27863.90	10964.70
浙江	7.87	2.89	20710.00	9299.00
宁波	8.17	1.38	34786.00	11160.80
安徽	69.25	14.37	59609.08	20063.11
福建	6.73	2.80	55742.00	23190.50
厦门	4.80	0.64	5751.00	3316.00
江西	5.02	0.80	13832.70	8365.23
山东	116.20	5.55	57203.00	30009.00
青岛	5.58	0.90	8958.20	1083.00
河南	19.23	3.68	50546.46	25290.16
湖北	22.19	1.18	9629.69	4575.93
湖南	12.74	4.35	17168.50	7745.15
广东	52.64	7.08	85833.00	42000.50
深圳	0.13	2.80	7997.90	3958.00
广西	2.78	1.44	14272.70	3000.38
海南	20.01	0.34	14994.00	8870.30
重庆	15.52	1.93	32195.00	14845.00
四川	25.57	10.08	26353.20	10865.80
贵州	11.32	4.83	23953.90	13698.50
云南	3.85	4.69	6078.10	1408.10
西藏	0.66	0.50	210.00	
陕西	21.74	3.70	14161.00	8670.10
甘肃	36.03	11.05	21532.90	12459.10

地区	扩大良种种植面积/万亩	技术培训/万人次	新增总产值/万元	增加值/万元
青海	8.40	0.46	2078.84	613.24
宁夏	21.25	0.50	7391.50	3950.80
新疆	5.03	0.86	14834.19	3997.41
新疆兵团	18.90	2.49	4312.70	2445.30
黑龙江农垦	9.10	0.66	8023.10	3081.68

资料来源:根据《中国财政年鉴(2018)》整理。

4.1.3.6 促进农业产业化经营,提高了社会化组织程度

农业产业化经营主要是指农业与其相关产业的联合。在农业综合开发中,按照农业产业化经营的思路实施项目,一是引导农民进入市场,解决农户分散经营与大市场之间的矛盾,提高农民的组织化程度和专业化程度;二是延长农业的产业链条,使农民能够分享整个农业系统内部的平均利润,从而增加农民收入;三是优化农村产业结构,促进各产业协调发展。

农业综合开发通过扶持龙头企业和建立生产基地等产业化运作方式,促进了农副产品的深度开发和多层次增值,有效地促进了农业增长方式的转变。例如,山东省在 20 世纪 90 年代初,就提出按产业化组织实施农业综合开发的要求,集中资金,重点扶持有较大影响的大型龙头企业。在该省的50 家省级龙头企业中,有 12 家是农业综合开发政策扶持过的。山东省在农业开发中共扶持过 246 家农产品加工企业。

另外,不少地方在农业综合开发中,积极探索其他经营性开发机制。例如,江西省探索了"庄园经济"等开发模式。"庄园经济"模式是先由地方政府统一开发,然后经个人承包后再发包给其他农户。又如,湖南省宁乡县探索了"返租倒包"模式,先用承租的形式把分散经营的土地集中起来,然后利用县农业技术研究所和农业技术推广站的技术力量,组织和指导农民种植高价值的中草药。这些模式实行了统一的生产管理、技术指导和产品销售,从而把一家一户的小规模生产经营变成专业化程度和社会化组织程度较高的商品化生产经营。

　　农业综合开发产业化经营项目建设取得显著成效,据《中国财政年鉴(2018)》统计,1988 年至 2017 年,累计建设经济林、蔬菜、药材等种植面积 2481.55 万亩,水产养殖面积 826.33 万亩,畜禽养殖 625548.34 万头(只),新建及改扩建项目 13882 个,农业生产服务项目 2977 个等(参见表 4-5)。

表 4-5　1988—2017 年我国农业综合开发产业化经营项目统计

地区	经济林、蔬菜、药材等种植面积/万亩	水产养殖面积/万亩	畜禽养殖/万头(只)	新建及改扩建项目/个	农业生产服务项目/个
合计	2481.55	826.33	625548.34	13882	2977
北京	15.00	12.13	1179.09	94	19
天津	7.17	3.39	97.36	53	82
河北	82.89	19.11	31276.69	658	93
山西	29.59	0.21	6379.03	387	129
内蒙古	43.75	20.23	7401.29	398	171
辽宁	95.89	54.79	40809.31	621	96
大连	4.05	58.87	5417.82	162	74
吉林	46.66	15.06	20568.38	487	47
黑龙江	15.51	1.69	9758.50	497	123
上海	2.07	1.64	820.52	99	18
江苏	38.51	35.64	26842.88	730	113
浙江	23.29	18.61	14201.86	477	75
宁波	15.47	1.53	3750.68	154	10
安徽	154.90	130.91	121149.42	1056	146
福建	155.13	9.66	9125.79	486	52
厦门	6.57	0.65	11.40	14	
江西	194.90	61.04	10684.78	770	150
山东	83.96	20.54	92697.68	834	180
青岛	7.69	1.22	1926.72	181	96
河南	76.49	13.67	67293.39	768	121
湖北	131.93	90.02	32636.75	736	126

地区	经济林、蔬菜、药材等种植面积/万亩	水产养殖面积/万亩	畜禽养殖/万头(只)	新建及改扩建项目/个	农业生产服务项目/个
湖南	272.61	173.38	14326.28	768	245
广东	176.99	3.21	42068.38	204	30
深圳	4.11	2.40	2.80	1	1
广西	48.89	2.30	17249.52	170	31
海南	28.27	2.96	2176.25	61	40
重庆	87.05	7.75	8506.69	280	44
四川	228.09	13.20	6903.90	432	67
贵州	86.24	4.59	1932.75	371	42
云南	117.84	2.33	6162.79	450	54
西藏	3.98	0.44	2496.88	99	1
陕西	62.68	0.89	5651.68	392	149
甘肃	41.01	0.11	5040.98	196	63
青海	4.04	6.13	892.63	94	24
宁夏	25.68	3.65	2942.15	215	70
新疆	32.26	29.90	3886.40	341	134
新疆兵团	16.28	0.67	267.16	72	35
黑龙江农垦	14.12	1.85	1011.77	74	26

资料来源:根据《中国财政年鉴(2018)》整理。

4.1.3.7 改善生态环境,促进了农业可持续发展

在我国农业和农村发展中,保护生态环境已日益成为重要的现实问题。特别是我国人均土地资源、水资源相对短缺,前些年人为破坏森林、滥占耕地、过度开垦和浪费水源等错误开发模式,造成水土流失、土壤风化和土地荒漠化严重,这已经成为引发自然灾害、直接影响农业生产发展的重要原因。因此,从1999年开始,保护和改善生态环境成为农业综合开发第三阶段的主要任务。

30多年来,农业综合开发取得了显著的生态建设成果,经过农业综合开发生态工程项目,完成了大规模的植树造林和草原建设,明显地改善了项目区土壤侵蚀程度,有效地起到防风固沙、保持水土、调节气候、涵养水源的作用。通过农业综合开发,防沙治沙和盐碱地治理也取得了显著成效,这为农业的可持续发展奠定了基础。

总之,30余年来的农业综合开发,成就巨大,效果显著。实践证明,实施国家农业综合开发,是在发展社会主义市场经济条件下,保持我国农村持续稳定发展的一项战略性措施。

4.2 农业综合开发战略制度优势的理论审视

4.2.1 资金投入机制优势

农业综合开发"民办公助"的投入机制,拓展了农业公共产品的提供思路,较好地解决了农业公共产品短缺问题。所谓公共产品是指"区别于私人产品,用于满足社会公共需要,具有非排他性和非竞争性的社会产品"①。根据其性质,公共产品又可以分为纯公共产品和准公共产品。纯公共产品即完全意义上的公共产品,具有充分的非排他性和非竞争性。纯公共产品的范围比较小。准公共产品是指只具备其中一个特性,而不具备另一个特性,或者不完全具备的公共产品。准公共产品的范围非常广泛。由于公共产品具有非排他性和非竞争性,就必然会产生"免费搭车者"。因此,如何根据公共产品的不同性质有效地向社会提供公共产品,就成为财政必须解决的一个重要问题。

在市场经济条件下,对于一家一户面对市场的农民来说,他们所生产的是私人产品,但是私人产品的生产离不开公共产品。而且,随着市场化程度的深化,农民对公共产品的依赖性会越来越大。这就是说,市场经济越发展,政府提供的公共产品在农业发展中的作用就越大。具体来说,农业公共

---

① 马国贤.财政学原理[M].北京:中国财政经济出版社,1998.

产品是指农业发展的外部条件,如水利条件、生态林网条件、农业科研和农村科技推广、良种和化肥条件、防治病虫害、科学管理、农用电网和道路设施等。根据公共产品理论,农业公共产品可以分为纯公共产品和准公共产品。如农业发展战略的研究,综合规划的制定,信息系统的建设,科技、交通、通信骨干设施的建设,大江大河的治理等,均为纯公共产品。那些与个体农户利益密切,但又是个别农户所不能干、干不了的事务,如小流域治理、农业科技的推广应用、乡村道路建设、乡村电网架设等,则为准公共产品。准公共产品同样依赖于政府提供。显然,农业综合开发所指向的对象是准公共产品的供给问题。

在传统的计划经济时期,农业公共产品完全由政府提供。在撤销人民公社、推行家庭联产承包责任制后,原有的公共提供机制已不复存在,而新的提供机制又未确立。出于种种原因,改革开放以来政府提供的农业公共产品规模很小,除了水管、农村科技推广、植物保护等少数项目外,几乎没有涉及准公共产品领域。这就形成了农业公共产品的"短缺"。农业公共产品的短缺成了制约农业和农村经济深度发展的主要障碍。因此,建立相应的机制,解决农业公共产品的提供问题,就成了推动农业发展的当务之急。

目前,农民对科技知识、市场信息以及农作物保护等方面的需求十分强烈,需要政府给予支持。透过这些现象,至少说明了一个问题,那就是在农业现代化进程中,农业私人产品的生产对于农业公共产品存在较大的依赖性。在农业准公共产品短缺的情况下,导致土地、技术、资金、劳动力等生产要素因个体农户的分割性使其无法实现有效结合,因而,农业处于缓慢的自然发展状态。我国农业在 20 世纪 80 年代中期以来长期在一个水平上下徘徊,这正是这一状况的反映。可见,我国的农业要适应现代化的要求,就必须进一步提高农业生产力,而要使农业生产力获得大幅度的提高,就必须在农业中注入一个新的因素:农业准公共产品。农业综合开发"民办公助"的筹资思路,从一开始就把"切入点"放在农业准公共产品的提供上:

第一,从农业综合开发的对象来看,就是中低产田改造、农业多种经营和高新科技示范。这三个方面,都是既与政府利益密切相关,又与农户利益密切相关,亦属于准公共产品提供中最为薄弱的环节。

第二,政府提供准公共产品的基本原则是受益原则,即"谁受益,谁出钱",这是市场经济条件下公平分配原则在财政支出上的体现。而农业综合开发实行"四个四分之一"①,最终归结为政府和农民两个经济主体的负担上,就体现了这一受益原则,符合市场经济条件下准公共产品的供给规律。

第三,农业综合开发"民办公助"的提出,意味着开发项目的产权最终归农民共同所有,这符合市场经济产权制度建设要求,明确了产权关系,也节省了政府的管护费用。为此,极大地调动了农民的投资积极性,起到了吸附和凝聚资金的作用。

正是由于农业综合开发从一开始就紧紧抓住了农业准公共产品的供给问题,为农业现代化注入了新的因素,将土地、资金、劳动力和技术四大要素进行有效重组,在农业生产力提高方面起到了"动力"的作用。这就是农业综合开发区与非开发区拉开差距的原因所在。

4.2.2　风险分担机制优势

农业综合开发采用政府无偿拨款和有偿借款相结合的机制,有效降低了其他投资人的投资风险,提高了他们投资农业的积极性。我国农业现代化的重大障碍是农业投资不足,究其原因,除了农民收入较低外,还在于:①面对变化不定的市场,投资风险大,因而信心不足;②缺乏投资热点,无法吸附和凝聚农民的资金,更无法吸引企业资金。

农业综合开发采用政府无偿拨款和有偿借款相结合的机制。由于无偿拨款部分不需要农户偿还,这就等于政府承担了农业综合开发的投资风险,使得其他投资人(含农户)的投资风险大大降低,与之相比,产出所获得的利益相应增大。这种投入产出比的改变,大大提高了农民的投资积极性,引发了投资热潮。许多农民把本来用于改造房屋的钱用在土地投资上。还有不少农户通过向亲戚借钱来投资,或贷款购买农业机械。不仅如此,农业综合开发投资环境的改善还吸引了企业资金的投入。

总之,政府在农业综合开发中的无偿投资犹如发面的"酵母",它起到了吸引和凝聚农户零星资金,引导农民把投资对象由生活资料转向生产资料

---

① "四个四分之一",即中央财政资金占四分之一,地方财政配套资金占四分之一,农业综合开发专项贷款占四分之一,项目区的农民群众自筹资金占四分之一。

的作用,其意义远远超过了政府拨款自身,它成为我国农业现代化资金筹措的杠杆。

4.2.3 效益导向机制优势

农业综合开发以效益为中心的思想和措施,有力地推动了农村经济由自给自足的自然经济向商品经济转化。当前有一个矛盾,即一方面,我国农民的收入很低,自我积累能力差;另一方面,我国农产品,尤其是大宗农产品价格高,其中棉花、小麦、蚕丝等,已经高于国际市场价格。我们认为造成这一矛盾现象的原因是农业的商品化率过低。就是说,即使再提高价格,许多农民也是自给自足,根本享受不到高价格的好处。在我国,许多农村的经济仍然处在半自然经济状态,有些地方甚至基本上还处在自然经济状态,生产要素的投入以土地和劳动力为主,产量和生产力都很低,除农忙季节外,农民大部分时间处于就业不足状态。这种状态严重阻碍着我国的农业现代化进程。要使我国农业迅速走上现代农业之路,就必须摆脱封闭落后的自给自足状态。

农业综合开发始终体现着以效益为中心的思想。早在 20 世纪 80 年代末期,在国家农业综合开发办公室(以下简称国家农发办)成立初期,国务院领导就提出"1 元钱投资要增产 2 斤粮食"的要求,这是效益思想的集中体现。农业综合开发的政策和措施始终体现着效益这个中心思想,其主要表现在:首先,农业综合开发的择优立项制度就充分体现着以效益为中心的思想。农业综合开发管理部门在批准某地立项开发之前,必须综合考察该地是否具有明显的资源优势,是否有广阔的产业前景,是否具有良好的市场环境等。只有那些具备良好开发前景的地区,才有可能成为开发项目区。这有利于打破"越穷越投资","贫困光荣"的平均主义和小农经济观念,有利于引进竞争机制。其次,农业综合开发不是单纯地提供财政无偿资金,而是无偿和有偿相结合。这就促使农民树立起效益观念,必须想方设法生产出适销对路的商品。最后,农业综合开发实施的多种经营项目,也有力地促进了农业的商品化进程。

可见,农业综合开发以效益为中心的思想和措施,有力地促进了农民思想观念的转变和更新,有力地推动了农村经济由自给自足的自然经济向商品经济转化,从而促进了农业的现代化进程。

4.2.4 科技激励机制优势

农业综合开发坚持以科技为先导的开发机制,产生了良好的示范效应,有力地促进了现代科技在农业中的应用。

传统农业由劳动力、资金和土地三要素构成,而现代农业则建立在现代生产力发展的基础上,除了传统的三要素外,注入了新的生产要素——技术。技术要素的介入必将导致传统农业发生革命性变革。大量研究和实践已经表明,传统农业的停滞和落后主要是因为技术的停滞和落后。所谓技术停滞是指"在一个贫穷的农业社会里,农民世世代代都同样地耕作和生活。他们年复一年地耕种同样的土地,播种同样的作物,使用同样的生产要素和技术进行生产,其演进过程在漫长的岁月中是十分缓慢的"①。要想把传统农业转变为现代农业,就必须引入现代技术,以打破技术停滞的均衡状态。古语云,"授人以鱼,不如授之以渔"。大意为,送给人几条鱼,还不如传授他捕鱼的方法和技术。因为,不让他学会捕鱼的方法和技术,是很难从根本上改变其"吃不到鱼"的状态的。反观我国传统的财政支农方式,即为简单的给钱给物的支农方式,是一种典型的"授人以鱼"的方式。农民毫无约束地花了这些无偿得到的钱和物之后,其生活仍旧没有什么实质性的改变。中央电视台曾经报道过一则新闻,内蒙古某地农民将政府无偿赠予的,高价从澳大利亚引进的良种羊当作食材一吃了之。这只是众多简单给钱给物所产生的不良效果的典型例子之一。不合理的支农措施必然影响支农资金的效益。

农业综合开发改变了以往简单给钱给物的做法,坚持以科技为先导的开发机制,并通过统筹规划、立项开发、财政补贴、农民筹资、银行贷款等方式帮助农民筹措资金,力图将农民培养成为真正的开发主体,并且设法将大部分开发资金引导到改善农业基础条件上来,以增强农业的自身发展能力。可以说,农业综合开发是一种市场经济条件下"授之以渔"的做法。

对于究竟是什么因素阻滞了农业技术进步这一问题,传统的观点认为,

---

① 刘占军.发展经济学概论[M].北京:中国物资出版社,1992.

由于农民的文化水平低,对技术进步反应迟钝或天然排斥。然而大量研究表明,这一观点是不完全正确的。因为一方面,传统农业中的农民在现代科技信息的影响下,对现代技术应用有着一定的渴望;另一方面,只要有一定的价格刺激和利益诱导,从现实利益出发,农民是可以接受现代科技,并用之于农业产业结构调整的。可见,尽管传统农业技术停滞与农民文化水平低、信息不灵通有关,但主要原因还是农业的利益结构不够完善及由此派生的风险规避行为。

由此可见,改造传统农业,首先需要考虑的问题是应以什么样的方式和措施把现代农业技术引入农业生产体系中来,才能使率先使用这些技术的农民得利,并且不至于冒很大的风险。农业综合开发是迄今为止较为理想的引导农民使用先进科技的开发模式,因为,由政府主持的农业综合开发始终坚持以科技为先导,力图将每个农业综合开发项目区都建设成现代农业科技示范园区,力争率先使用滴灌、喷灌等先进的节水技术,率先选育和使用优良种子,率先运用大棚技术,等等,使农民有一个对现代农业科技的直观感受和学习基地,这样,农民一方面可以从中看到使用现代科技所产生的巨大效益,另一方面又可以免除试用新技术可能带来的较大风险。因此,农业综合开发必将会大大激发农民学科技、用科技的积极性。

4.2.5 成本分摊机制优势

农业综合开发采取政府补助、农民筹资、银行贷款等方式来筹措资金,有力地促进了政府支农观念的转变。

如何提高财政支农资金效益,是我国财政管理中长期探索而未得到有效解决的问题。多年来我国财政在支农资金上采用过无偿分配形式,但这种财政拨款带有明显的"恩赐"性质,造成了农民对政府的过度依赖,"政府出钱,农民种田",甚至走入"越补越穷,越穷越补"的怪圈。改革开放以来,针对无偿供给方式效率低的问题,国家在财政支农资金的使用上采取了重大改革,实施有偿资金制度(即贷款制),并以此形成农发基金。如果对财政部门作为农发基金的贷款主体资格存而不论,只就其性质来讨论,贷款也只是适合于私人产品的供给,而不适合准公共产品的供给。因此,财政农发基金贷款引起诸多问题,在这里不再展开。

通过上述财政支农资金的历史分析，不难看出，单纯的政府无偿拨款或贷款，都不能有效地解决农业准公共产品的供给问题。问题的关键在于，长期以来，我们只是在政府支农资金的形式上变来变去，而没有涉及政府支农资金的实质，这个实质归纳起来有两点：一是农民需要的是物，而不是钱。或者更具体地说，是通过公共工程所提供的服务（即劳务产品），而财政支农资金，无论是无偿拨款还是有偿贷款，都在钱上打转，这就难免有"隔靴搔痒"之感；二是政府提供的准公共产品，必须按受益原则在受益者之间分摊成本，这是市场经济条件下财政支出的分配规律。也就是说，农业的发展和农业的现代化过程，不仅农民是受益者，而且整个社会也是受益者。作为社会受益部分，要求政府代表社会给予一定的资金资助，农民作为直接受益者，则应当按受益原则承担一部分费用。在农民一时拿不出较大的一次性投资的前提下，允许采用财政贷款方式。因此，市场经济下的农业准公共产品提供只能采用无偿资金与有偿资金相结合的方式。而传统支农资金无论是单纯的拨款，还是单纯的有偿借款，都没有解决好这个问题。

农业综合开发从一开始就抓住农业准公共产品的提供问题，在方法上，一是坚持以项目为中心，二是采用政府投资与农民投资相结合，政府投资采用有偿供给与无偿供给相结合的方式，因而符合市场经济条件下准公共产品的供给规律。这就充分发挥了政府在农业现代化进程中的组织、领导和推动作用，加快了中国农业现代化进程。因而，它从一开始就受到了各级政府，尤其是县乡级政府的欢迎，显示出强大的生命力。

从上述分析中，我们也可以得出一个规律性的认识，即无论何项支农资金，都必须按农业准公共产品的供给规律来进行，这样才能取得实效，实现"投入少，产出高，效果好"的目标。农业综合开发不仅提高了政府财政资金的效益，还为我国农业现代化树立了典型和样板。浙江省正在实施的现代农业园区工程、商品粮自给工程等，基本上都采用了农业综合开发的模式。

从上述分析中不难看出：

第一，由于农业综合开发在资金的筹措、产权的定位、农业科技的推广、效益思想的贯彻等方面，都打破了传统的财政支农资金模式，体现了市场经济条件下政府准公共产品的供给规律，可以说它的确是一项政府支农的制度创新。

第二,农业综合开发从解决长期以来短缺的农业准公共产品供给着手,找到了市场经济下政府利益与农民利益关系的"连接点"和纽带,从而充分发挥了政府在农业现代化过程中的组织、领导和推动作用,发挥了社会主义市场经济下的公有制优势,有利于形成"合力",比起资本主义国家农业现代化的自发过程来,实现真正的农业现代化的进程有可能大大缩短。

以上两点告诉我们,农业综合开发必将成为促进和推动中国农业现代化的有力"杠杆",或者从更高的角度来看,它可能是中国农业现代化的希望之所在。[1]

---

① 王金安.农业综合开发制度创新的理论透视[J].中国农村经济,2000(2):21-25.

5 计划强制推动型战略定位模式
及其运行机制面临的问题

我国现行的农业综合开发战略是应特定时期国家粮食安全需要而开始实施的,其战略定位与运行机制先天带有计划经济体制烙印,而在我国社会主义市场经济体制日益完善的背景下,就显出诸多的不适应,尤其是现行的计划强制推动型战略定位模式已严重不适应我国经济社会发展的现实和趋势,加之其运行机制不完善,如组织规划机制、投入形成机制、科技服务机制、产业化经营机制等的不完善,严重制约了这一战略制度优势的充分发挥。因此系统地审视和分析我国农业综合开发现行战略定位模式及其运行机制存在的问题,对于进一步构建和完善我国农业综合开发战略制度,充分发挥和利用其制度优势,为国家乡村振兴战略提供支撑性制度保障,具有重要的理论和现实意义。

5.1 计划强制推动型战略定位模式面临的问题

结合我国农业综合开发实施情况和效果,分析和审视我国现行农业综合开发战略的定位模式,笔者认为现行的定位模式很大程度上承袭了我国传统的计划经济管理模式,采用的是由中央政府统一主导的计划强制推动型战略定位模式,这已严重不适应我国社会主义市场经济发展的现实和趋势,主要存在四个方面问题:①现实目标定位不够理想;②客体定位存在"缺位"和"越位";③主导定位没有适时调整;④主体定位还没有得到真实体现。

5.1.1 现实目标定位不够理想

现实目标定位不够理想,这大大局限了这一优良制度优势发挥的广度和深度。虽然农业综合开发在各类政府文件中被赋予重要地位,如:财政部《关于农业综合开发的若干意见》中将农业综合开发定性表述为"农业综合开发是国家支持农业发展的重要手段,是巩固和加强农业基础地位、提高农业综合生产能力的有效措施,是支持我国农业参与国际竞争、推进农业现代化的重要途径"①。《国家农业综合开发"十五"计划》中将农业综合开发定性表述为"农业综合开发是我国农业和农村经济工作的重要组成部分,是社会主义市场经济条件下,国家支持和保护农业发展的战略性措施"②。国务院《关于推进社会主义新农村建设的若干意见》将农业综合开发定性表述为"农业综合开发是财政支农的一个重要组成部分,是国家巩固和加强农业基础地位、提高农业综合生产能力的一个有效手段,要充分发挥农业综合开发在建设社会主义新农村、构建和谐社会中的重要作用"③。

但仔细分析审视农业综合开发的协调组织、项目重点、资金规模等,就不难发现农业综合开发战略的现实目标定位并不理想,只是一项解决"三农"问题的辅助性政策,而非核心政策。

第一,农业综合开发政策的解决局部性问题特征依然明显。农业综合开发最早是为解决国家粮食安全问题而建立的一个试验性政策项目,如今重点仍在支持粮食主产区改善粮食生产基础条件、提高粮食生产能力上。中共中央国务院在《关于推进社会主义新农村建设的若干意见》中明确阐述了农业综合开发在社会主义新农村建设中的主要任务是"重点支持粮食主产区改造中低产田和中型灌区节水改造"④。

第二,投入农业综合开发的财政资金规模小,占财政农口资金的比重

---

① 国务院办公厅转发财政部关于农业综合开发的意见(国办发〔2002〕13号)[Z].2002.

② 关于印发《国家农业综合开发"十五"计划》的通知(财发函〔2001〕1号)[Z].2001.

③ 关于推进社会主义新农村建设的若干意见(中发国发〔2006〕1号)[Z].2006.

④ 关于推进社会主义新农村建设的若干意见(中发国发〔2006〕1号)[Z].2006.

低。1988—2017 年,中央财政共投入农业综合开发资金为 3874.21 亿元,地方财政配套投入农业综合开发资金为 2261.66 亿元。[①] 从年度简单算术平均值来看,中央财政投入农业综合开发的资金年均约为 129.14 亿元,这一规模的绝对值还不及一个中等城市的年度基础设施投资额,更不用说大城市的基础设施投资额了,如 2017 年度,浙江省绍兴市完成基础设施投资额为 888 亿元[②],杭州市完成基础设施投资为 1597 亿元[③],可见农业综合开发的绝对投资规模相对较小。并且农业综合开发投入的中央财政资金在中央财政对"三农"总支出中只占极小比重,如 2007 年,中央财政预算安排的农业综合开发资金为 115 亿元[④],而中央财政安排的"三农"总支出为 3917 亿元[⑤],农业综合开发支出只占"三农"总支出的 2.94%,参见图 5-1。如此小规模资金项目,自然不可能承担起核心支农政策任务。

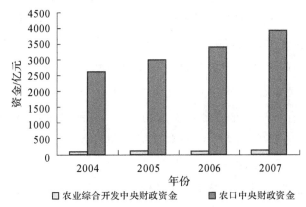

图 5-1　农业综合开发中央财政资金与农口中央财政资金对比

　　因此,当前的农业综合开发只能称作解决"三农"问题或新农村建设的一项辅助性政策措施。显然,这样的现实目标定位极大地制约了农业综合开发这一优良制度优势发挥的广度和深度。

---

　　① 　数据来源:《中国财政年鉴(2018)》。

　　② 　数据来源:绍兴市统计局,2017 年绍兴市国民经济和社会发展统计公报。

　　③ 　数据来源:杭州市统计局,2017 年杭州市国民经济和社会发展统计公报。

　　④ 　财政部.2007 年全国农业综合开发总投入将达 364 亿元[EB/OL].(2008-02-28)[2019-12-10].http://news.xinhuanet.com/newscenter/2007-10/01/content_6819671.htm.

　　⑤ 　财政部.中央财政总支出 2007 年将突破 2.6 万亿元[EB/OL].(2007-03-07)[2019-12-10].http://news.sohu.com/20070307/n248558076.shtml.

5.1.2 客体定位存在"缺位"和"越位"

从公共财政理论视角看,农业生产和流通过程中存在着公共产品不足、外部效应缺失、信息失灵、蛛网市场等市场缺陷,因此农业基础设施、农业生态环境、农业基础科研、农业基础信息等领域应成为财政资金供给的重点领域,农业综合开发中的财政支出也应以此为界。

但从我国农业综合开发实践情况来看,财政资金供给在总量和结构上均不同程度地存在一些"缺位"或"越位"的问题,过多地关注竞争性农业产品,如粮、棉、油、糖、肉、水产品等竞争性农业产品,而对真正需要重点关注的农业公共产品和准公共产品则关注不够,具体主要表现在以下几个方面:

第一,政府直接介入农业经营性项目不符合公共政策的要求。根据现行《农业综合开发资金若干投入比例的规定》(财发〔2010〕46号)精神,中央财政资金在不同区域均有一定比例用于投入产业化经营项目。如粮食主产区,允许25%以下用于产业化经营项目;非粮食主产区根据不同区域情况,允许20%~50%用于产业化经营项目。[①] 一般来说,农业经营性项目效益是内部化的,产品可以通过市场进行销售,而且收入归项目投资人所有。在这一点上,农业经营性项目与农业基础设施项目有着本质区别,前者基本上是一种具有私人产品性质的项目。因此,农业经营性项目的资金应由项目者自己来承担。而且农业经营性项目支持的是具体的农副产品生产,在这种项目管理方面,政府并不比农户或企业具有优势。在政府对项目缺乏必要的管理经验和判断能力的情况下,这类投资的效益得不到应有的保证。鉴于此,公共财政不宜过多,尤其是不宜直接介入农业经营性项目。

第二,农业生态环境保护项目财政资金供给不足。农产品供求总量平衡是农业综合开发最初级的目标,在主要农产品告别长期短缺以后农业综合开发在资金供给方面应更多关注农业资源的合理利用和生态环境的保护。在以往农业开发中有些资源没有得到合理使用,对生态环境造成了大量负面影响,如超标使用化肥、农药,造成水体富营养化、土壤肥力衰退和环境中有害物质增加等;又如过量开采地下水,造成地下水位下降、机井报废、

---

① 财政部.农业综合开发资金若干投入比例的规定(财发〔2010〕46号)[Z].2010.

一些流域断流等;再如滥伐森林、过度放牧等造成植被稀少、水土流失、河道淤积、草原沙化等。农业综合开发要考虑农业资源承载能力的极限,不能以农业资源过量利用和生态环境的破坏为代价。[①]

5.1.3 主导定位没有适时调整

从1988年我国开始实行农业综合开发政策以来,我们实行的一直是中央政府主导、地方政府配合的开发模式。应该说,在农业综合开发初期,实行以中央政府为主导的方针是必要的,这有利于这一工作的初始推动。但农业综合开发实行了30多年,早已经由初期阶段进入正常运行阶段,开发的规模和地域范围越来越大,情况也越来越复杂,仍以中央政府为主导的开发模式,自然显现出诸多弊端:一是中央政府(国家农业综合开发办公室)深陷具体农业综合开发项目的审批验收事务之中,不仅无法很好地履行其自身应尽的宏观组织协调职责,也无法将具体审批验收事务做到精细到位,最后只能使审批和验收工作流于形式。二是地方政府的开发积极性受到极大的遏制,只能被动地忙于到中央跑项目,无法因地制宜地主动搞开发,这显然与农业综合开发的区域性特征相违背。[②] 农业综合开发具有很强的区域性特点,各地的地理环境、气候条件、经济基础、人才技术条件、产业化运作基础等不尽相同,自然,开发的受益对象也各不相同,因此需要各地因地制宜地研究各自的基础和特点,探索出符合当地实际的有效的开发模式。

因此,开发主导地位的调整已成为影响我国农业综合开发能否向纵深发展,能否改变目前地方政府对待农业综合开发的被动配合态度,变"要我开发"为"我要开发"的关键。

5.1.4 主体定位还没有得到真实体现

按农业综合开发政策设计的"国家引导、配套投入、民办公助、滚动开发"的投入形成机制,农民显然应是农业综合开发的当然主体,国家(或政府)则起引导作用,但从目前我国农业综合开发的实际情况看,农民的开发

---

① 杨丹芳.农业综合开发中财政资金供给范围探析[J].农业经济,2002(8):8-10.
② 王金安.中国农业综合开发战略定位的理论视角[J].数量经济技术经济研究,2001(7):66-69.

主体地位还没有得到真实体现。造成这种状况的原因是多方面的,首先,是观念上的障碍,依据传统观念和标准,农民目前还不是农业综合开发的主要投资主体和产权主体,自然也就不可能成为真正的开发主体。据国家农业开发办公室统计,1988—2017 年全国农业综合开发总投资 9225 亿元,其中,中央财政资金 3874.21 亿元,地方财政配套资金 2261.66 亿元,集体和农民自筹资金 2669.03 亿元,银行贷款 420.09 亿元。中央财政资金约占42.00%,地方财政配套资金约占 24.52%,集体和农民自筹约占 28.93%,银行贷款及其他资金约占 4.55%,[①]投资主体是多元化的(参见图 5-2)。既然农业综合开发的投资主体是多元的,那么投资形成的固定资产的产权理所当然也是多元的,因此农民就不可能成为真正的开发主体。其次,目前我国农业综合开发的组织实施主体也还不是农民,而是各级政府,无论是投资规划、设计,还是组织实施和管理,都是政府在主导。再次,农民本身的主体意识也还没有被真正激发。大多数农民长期处于交通不便、信息闭塞的偏远农村,文化水平较低、思想较为保守,缺乏成为开发主体的思想意识。

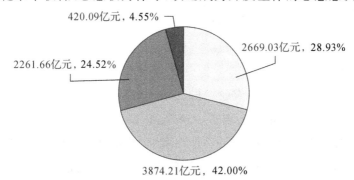

图 5-2 1988—2017 年我国农业综合各类资金投入情况

因此,如何转变观念,尽快促使农民成为真正的农业综合开发主体,是一个亟待解决的农业综合开发战略问题。

① 刘丙申.农业综合开发投资的公共品属性分析与对策[J].中国农村经济,2002(7):45-50.

5.2 农业综合开发的组织规划机制问题

在 30 多年的农业综合开发实践中,我们已经积累了丰富的实践经验,也建立了许多行之有效的管理规章,但我们应该看到,在当前市场经济体制日趋成熟的新形势下,要有效实施农业综合开发战略,现行农业综合开发组织规划机制已显现出诸多的不适应,主要体现在以下几个方面。

5.2.1 组织架构体系不够合理

完善合理的组织架构体系是事业成功的组织保障。而目前我国农业综合开发的组织架构体系存在着许多与农业综合开发战略目标定位不相适应的问题,很大程度上制约了农业综合开发战略的有序进行,具体主要表现在以下几个方面。

1)现行国家农业综合开发办公室的行政级别难以有效承担起与诸多部委总局的协调重任。

目前国家农业综合开发办公室是承担农业综合开发政府管理任务的最高政府管理部门,但其只是农业农村部的一个下设机构,行政司级单位。而农业综合开发涉及的部委又非常之多,包括发展和改革委员会、财政部、水利部、科学技术部、自然资源部、生态环境部、住房和城乡建设部、税务总局、市场监督管理总局等。显然一个司级单位要去协调如此众多的部委和总局无疑是力不从心的。

2)有限农口资源分散于诸多部委总局,难以形成解决"三农"问题的政策合力。

由于现行农口资源归属职能交叉重叠的诸多部委总局,而它们又各自为政,致使有限的农口资源难以统筹使用,难以形成解决"三农"问题的政策合力,这大大降低了资源的使用效率。如农业综合开发项目归口财政部,新农村建设项目归口发展和改革委员会,退耕还林等生态项目归口生态环境部,水利防汛项目归口水利部,农村扶贫项目归口民政部,农业科学研究和推广项目归口科学技术部,等等,参见表 5-1。

表 5-1 农口项目分属各部委情况举要

农口项目名称	归口实施部委
农业综合开发项目	农业农村部
新农村建设项目	发展和改革委员会
退耕还林等生态项目	生态环境部
水利防汛项目	水利部
农村扶贫项目	民政部
农业科学研究和推广项目	科学技术部

3）职权分裂状况严重，办事效率低下。

所谓职权分裂是指当解决一个问题或做出一项决策必须汇总两个或更多管理者的职权才能实现时，就认为解决这一问题的职权是分裂的。当然，任何组织都不可能完全避免职权分裂的现象，但如果同一问题一再发生，则有可能就是机构设置不当，这时就有必要进行一些组织上的变革。农业综合开发涉及农、林、水、土、财、税、市场监督管理等诸多部门以及跨流域的不同地区，职权分裂现象十分严重，一个项目的审批往往需要盖上数十个乃至上百个公章。这种低效率的"公文旅行"严重影响了农业综合开发项目的有效实施。

4）农业综合开发的长期性与农业综合开发机构的临时性不相适应。

许多地方的农业综合开发机构还属于临时机构，人员也是临时从其他部门暂时抽调的。临时机构和临时思想不利于农业综合开发的长足发展，也不利于稳定人员，提高业务水平。临时思想导致很多基础性工作比较薄弱，如项目的规划设计和评估论证，有关资料的收集、整理与分析，课题研究，成果统计，档案管理，等等。所有这些都严重影响了农业综合开发的顺利进行。

5.2.2 规划体系不够完善

农业综合开发要想取得理想的效果，没有一个科学合理、规范配套的规划体系，靠零打碎敲是难以取得理想效果的。目前，我国农业综合开发的规划工作还相对落后。除了国家农业综合开发办公室编制的比较粗线条的农业综合开发五年计划外,尚未能编制出各具特色、科学合理、目标明确、便于操作的区域性规划(如东北平原、黄淮海平原、河套平原、长江中下游平原等区域性规划)。这势必造成开发项目分散、无序的状态。国家农业综合开发办公室虽一再强调农业综合开发要突出重点,要求农业综合开发范围适当集中,集中力量成片开发,提高标准,发挥效益。但由于缺乏科学的规划约束,从各地所安排的计划来看,开发区域仍在不断扩大,致使项目资金使用分散,难以形成投资规模效益。这势必影响国家农业综合开发重点项目的顺利进行。另外,没有科学规划的约束,在项目实施时,往往偏重单项工程,轻视综合治理,强调局部利益,忽略整体利益,项目之间缺乏内在联系,难以综合配套发挥应有的增产能力。如果不能解决这一问题,农业综合开发就可能走上传统农业发展的老路子,失去本身的优势。

5.2.3 项目管理不尽规范

农业综合开发项目工程建设质量是直接关系到农业综合开发项目能否产生效益、能产生多大效益的核心问题,而项目管理的规范与否直接决定着项目工程建设的质量,因此可以说,项目管理水平是农业综合开发管理的核心问题。但目前,还有许多地方的项目工程的规范化管理程度很低,没能运用市场化竞争机制进行公开的项目竞标,也没能实行严格的项目工程全程监理制度和项目工程完工验收制度,致使许多根本没有资质的工程队伍混迹其中,结果造成了许多建设标准不高、质量低下、工程效益期限极短的"豆腐渣工程"和"腐败工程"。例如,河北一些农业综合开发项目区由于管理不规范,致使所使用的"再生"塑料管使用期仅有 3～4 年,有的第二年就开始"跑、冒、滴、漏"。个别县乡第一期(1988—1990 年)开发采购的地下管道全是劣质管,不到一年就已损坏,农民没有得到效益,导致债务难以落实,资金难以回收。

5.2.4 产权不够明晰

农业综合开发项目工程竣工后的管护工作是项目工程赖以长久发挥效益的关键,也是加强项目工程管理、完善提高项目工程质量的延续和拓展,是确保"开发一片,见效一片,巩固一片"不可缺少的重要工作环节。但我国各地农业综合开发项目的产权归属问题普遍没有得到很好解决,许多农业综合开发项目完工后,由于产权长期界定不清,项目管护责任自然难以真正落实,致使一些价值很高、效益很好的项目工程在建成后不久就遭到严重毁坏,劳民伤财,在社会上造成不良影响。如机井、供电设备被损坏,毁路、毁树,机井房被拆掉,井房盖被揭掉等现象。一些乡、村建立的管护班子也名存实亡。据国家农业综合开发办公室调查统计,在已实施的第一、第二期海河平原农业综合开发项目中(1988—1993 年),部分市、县有 50% 以上的项目区已面目全非,项目工程完好率不足 60%,有的地区又恢复了原貌,还未到资金还款期,有些项目工程就已损坏。[①]

5.3　农业综合开发的投入形成机制问题

农业综合开发形成的"国家引导,配套投入,民办公助,滚动开发"的投入形成机制,很大程度上解决了长期以来我国农业现代化资金匮乏的难题,促进了农业现代化的进程,但新中国成立以后很长一段时期在农业问题上一直"取多予少",致使许多问题堆积起来,难以在短期内得到彻底解决,其中,资金不足仍然是制约农业综合开发的"瓶颈"。而现行的农业综合开发投入形成机制仍存在着与社会主义市场经济体制不相适应之处,主要表现在现行的投入机制还难以有效增强各类投资主体对农业综合开发的投资信心。

5.3.1　现行投入形成机制还难以有效承担起应有的历史重任

近年来,虽然农业综合开发的投资额在较快增长,但这是低起点的快速增长,目前所能形成的投资规模依然相当有限。如最大投资主体的中央财政对农业综合开发的投入,从启动农业综合开发战略的 1988 年的 5.03 亿元,增长到 2017 年的 671.74 亿元,虽然年均增幅高达 22.22%,[②]但其规模

---

① 王金安.关于农业综合开发组织管理机制变革的思考[J].经济体制改革,2004(3):51-55.

② 根据《中国财政年鉴(2018)》测算得出。

依然很小(参见图5-3)。显然,仅凭现行投入形成机制所能形成的投资规模难以使农业综合开发有效承担起其所期望承担的提高农业综合生产能力、国际竞争力和可持续发展能力等的历史重任。

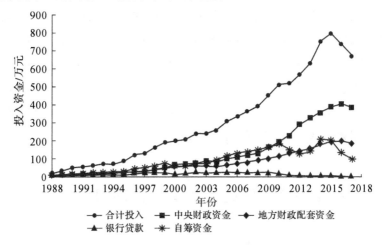

图5-3 1988—2017年我国农业综合各类资金投入变化趋势

5.3.1.1 难以有效承担起提高农业综合生产能力的历史重任

我国现有耕地总体质量偏低,水土流失严重,环境恶化问题突出。《2017中国生态环境状况公报》显示,全国耕地平均质量等级为5.09等。其中,评价为一至三等的耕地面积为5.55亿亩,占耕地总面积的27.4%;评价为四至六等的耕地面积为9.12亿亩,占耕地总面积的45.0%;评价为七至十等的耕地面积为5.59亿亩,占耕地总面积的27.6%。根据第一次全国水利普查成果,中国土壤侵蚀总面积294.9万平方千米,占普查范围总面积的31.1%。其中,水力侵蚀129.3万平方千米,风力侵蚀面积165.6万平方千米。2017年,全国新增水土流失综合治理面积5.9万平方千米。第五次全国荒漠化和沙化监测结果显示,截至2014年,全国荒漠化土地面积261.16万平方千米,沙化土地面积172.12万平方千米。[1]

因此,要有效改善这些状况,提高农业综合生产能力,没有巨额资金投

---

① 国家生态环境部.2017中国生态环境状况公报[EB/OL].(2017-03-07)[2019-12-10].http://www.gov.cn/guoqing/2019—04/09/content_5380689.htm.

入显然是难以奏效的。而仅凭目前农业综合开发的形成机制又难以吸引足够的资金,自然也就难以有效承担起提高农业综合生产能力的历史重任。

5.3.1.2 难以有效承担起提高我国农产品国际竞争力的历史重任

当前,我国农产品出口形势异常严峻。一是国外技术壁垒对我国农产品出口形成长期阻碍。近年来,欧、美、日等国家和地区纷纷加快食品安全立法,抬高进口门槛,技术壁垒有从微观、技术层面向宏观、法律层面发展的趋势。二是国际农产品贸易的不公平竞争将长期存在。主要发达国家在要求发展中国家开放农产品市场、推行自由贸易的同时,无不对本国农业进行高额补贴,严重扭曲了国际农产品的贸易环境。三是我国支持农产品出口的政策体系同发达国家相比仍处于起步阶段,亟须进一步发展完善。四是农产品出口呈现"小规模、大群体,小生产、大市场"的格局。出口企业普遍规模小,实力弱,组织化程度低,抵御出口市场风险和突破技术壁垒的能力不高。五是农产品加工程度低,技术创新能力薄弱,缺乏品牌产品。我国出口农产品中,初级产品占一半以上,新品种研发和技术创新能力不强。[①]

显然,我国农产品的国际竞争力还很弱小,要有效提高还有非常漫长的路要走。因此,如何有效提高我国农产品的国际竞争力,以适应国际市场多样化需要,是摆在我们面前的一个严峻难题。而要有效解决这一难题,同样需要巨额资金的支撑。

因此,要有效提高我国农产品的国际竞争能力,没有巨额资金投入显然也难以奏效,而仅凭目前农业综合开发的投资形成机制又难以有效获得所需资金,自然也就难以有效承担起提高我国农产品国际竞争能力的历史重任。

5.3.1.3 难以有效承担起农业可持续发展的历史重任

森林覆盖率低下、水土流失严重、荒漠化趋势严峻、农业污染加剧等环境问题都在严重制约着我国农业的可持续发展。

---

① 商务部.我国农产品出口迈上新台阶,呈现四特点[EB/OL].(2007-01-17)[2019-12-10].http://www.china.com.cn/policy/txt/2007-01/17/content_7668762.htm.

　　原国家林业局第六次全国森林资源清查结果显示:虽然我国森林资源状况呈现出总量持续增加、质量不断提高、结构渐趋合理的良好态势,但森林资源保护和发展的问题依然不容忽视。从总体上讲,我国生态状况已进入治理与破坏相持的关键阶段,这是一个对峙更加激烈、拉锯更加显著、任务更加艰巨、工作更加艰苦的阶段。从本次清查结果看,以下问题依然突出。一是总量不足。我国森林覆盖率仅相当于世界平均水平的 61.52%,居世界第 130 位。人均森林面积 0.132 公顷,不到世界平均水平的 1/4,居世界第 134 位。人均森林蓄积 9.421 立方米,不到世界平均水平的 1/6,居世界第 122 位。二是分布不均。东部地区森林覆盖率为 34.27%,中部地区为 27.12%,西部地区只有 12.54%,而占国土面积 32.19% 的西北五省区森林覆盖率只有 5.86%。三是质量不高。全国林分平均每公顷蓄积量只有 84.73 立方米,相当于世界平均水平的 84.86%,居世界第 84 位。林分平均胸径只有 13.8 厘米,林木龄组结果不尽合理。人工林经营水平不高,树种单一现象比较严重。四是林地流失依然严重。清查间隔期内有 1010.68 万公顷林地被改变用途或征占改变为非林业用地,全国由林地转变为非林地的面积达 369.69 万公顷,年均达 73.94 万公顷。五是林木过量采伐仍相当严重。一方面可采资源严重不足,另一方面超限额采伐问题依然十分严重,全国年均超限额采伐达 7554.21 万立方米。①

　　中国是世界上水土流失最为严重的国家之一,水土流失面积大、分布广、强度大、危害重。严重的水土流失已对我国的生态安全、粮食安全、防洪安全和水土资源安全构成重大威胁,成为制约中国经济社会可持续发展的一个重要因素。调查表明,中国水土流失面积达 356 万平方公里,占国土总面积的 37.1%,平均每年流失土壤 45 亿吨,每年因水土流失损失耕地约 100 万亩。据专家分析,按照目前的水土流失速度,50 年后东北黑土区 1400 万亩耕地的黑土层将流失殆尽,粮食将减产 40%;35 年后西南岩溶区石漠化面积将翻一番,届时将有近 1 亿人失去赖以生存和发展的土地。②

---

　　① 国家林业局:我国人均森林面积不到世界 1/4[EB/OL]. (2005-01-19)[2019-12-10]. https://tech. sina. cn/d/2005-01-19/0738508083. shtml.

　　② 水利部:中国每年因水土流失损失耕地约 100 万亩[EB/OL]. (2009-03-18)[2019-12-10]. http://finance. people. com. cn/nc/GB/8983981. html.

中国荒漠化面积大、分布广,是世界上受荒漠化危害最严重的国家之一。全国荒漠化土地总面积达 263.62 万平方公里,占国土面积的 1/3;沙化土地 173.97 万平方公里,占国土面积的 1/5。一些地区沙化土地仍在扩展,因土地沙化每年造成的直接经济损失高达 500 多亿元人民币,全国有近 4 亿人受到荒漠化/沙化的威胁,有一半的贫困人口生活在这些地区。土地荒漠化已成为中华民族的心腹大患之一。①

显然,我国农业生态环境面临的问题是极其严峻的,要加以有效治理,无疑需要巨额资金支撑。

5.3.1.4　难以有效承担起农业资源合理开发的历史重任

我国是一个农业资源十分短缺的国家。一是耕地资源短缺,并日趋减少。国土资源部公布的 2008 年全国土地利用变更调查结果显示,截至 2008 年 12 月 31 日,全国耕地面积为 18.2574 亿亩,比上一年度减少 29 万亩。这已经是耕地面积第 12 年持续下降。与 1996 年的 19.51 亿亩相比,12 年间,全国耕地面积净减少了 1.2526 亿亩。国内目前耕地面积超过 1 亿亩的省份只有五个,相当于减少了一个大省。② 人均耕地仅 1.4 亩,只有世界平均水平的 40%。二是淡水资源短缺。我国是一个干旱缺水严重的国家。淡水资源总量为 28000 亿立方米,占全球淡水资源的 6%,仅次于巴西、俄罗斯和加拿大,居世界第四位,但人均只有 2300 立方米,仅为世界平均水平的 1/4、美国的 1/5,是全球 13 个人均水资源最贫乏的国家之一。扣除难以利用的洪水径流和散布在偏远地区的地下水资源后,我国现实可利用的淡水资源量更少,仅为 11000 亿立方米左右,人均可利用水资源量约为 900 立方米,并且其分布极不均衡。③ 据中国科学院研究报告,中国现有的淡水资源只适合供养 4.5 亿人。同时,我国水资源浪费严重,农业灌溉用水利用系数为

---

① 赵胜玉.中国荒漠化土地总面积达 263.62 万平方公里[EB/OL].(2008-01-25)[2019-12-10].http://www.china.com.cn/environment/2008-01/25/content_9585134.htm.

② 国土资源部.08 年中国耕地面积净减少 29 万亩[EB/OL].(2009-03-31)[2019-12-10].http://www.chinanews.com/gn/news/2009/03-31/1626003.shtml.

③ 姚润丰.我国水资源现状:人均仅为世界平均水平 1/4[EB/OL].(2004-03-21)[2019-12-10].http://www.people.com.cn/GB/huanbao/1072/2401454.html.

0.4,是国外先进水平的一半。

解决我国农业资源短缺的主要途径是改造中低产田,科学开发荒地,扩大土地治理范围,然而这同样需要巨额资金投入。

5.3.2　农业综合开发投资不足的主要原因

我国农业综合开发投资不足,难以有效承担起其所期望承担的历史重任,主要原因在于现行的投入机制还难以有效增强各类投资者对农业综合开发的信心。从投入动机分析,投资者对投资回报的预期不高是最终根源。

5.3.2.1　高风险低收益大大降低了投资者的预期和信心

由于农业综合开发投资与其他农业类投资相似,具有高风险性与低收益性双重弱质特点,大大降低了各类投资者的投资预期和信心。

首先,农业综合开发面临相对较大的市场风险和自然风险。由于农业综合开发投入数额大,建设期长,回收期长,相当部分的投资和收益要经过几年甚至几十年才能得到回收补偿,其长期性、分散性、易损毁性,影响了农业综合开发投资者的信心。农产品市场近似于完全竞争市场,在信息不充分的情况下,同一产品很容易集中进入市场,造成季节性过剩或饱和、价格下跌,市场风险很高。加之我国还是农业自然灾害发生频繁的国家,自然风险较高。

其次,农业综合开发比较利益相对较低。由于农业综合开发具有正外部性和公共产品特征,相对于地方、农民和金融机构而言,与非农产业投资的经济回报率相比,农业综合开发比较利益相对较低,预期经济回报率也偏低。因此,在缺乏有效规避投资风险制度和良好激励制度的环境下,农业综合开发的投资预期和信心就不可能很高。

5.3.2.2　公共财政体制缺失导致增加投入的长效机制难以形成

近年来,我国公共财政改革已经取得了巨大成绩,但公共财政体制仍存在诸多问题和缺陷,其中尤为突出的是财权与事权不匹配、转移支付制度不规范等问题。

(1)财权与事权不匹配问题突出

目前,我国财政体制是一种中央政府主导的、按比例分成与分税制相结合的体制。其基本特点是公共财力高度集中,国家通过转移支付等方式把中央集中的财力返还一部分给地方。公共财力分配在实践中存在一定的不合理及不规范情况,引发了很多不公正问题。20世纪80年代后,我国实行以放权让利为主要内容的扩大企业、地方和基层自主权的改革,极大地调动了企业、地方和基层的积极性,但是也带来了两个比例(国家财政收入占国民生产总值的比例和中央财政收入占财政总收入的比例)下降的严重问题。1994年实行分税制后,扭转了两个比例下降的局面,中央政府宏观调控能力空前提高,省(市)级政府也掌握了巨大财力。但是县、乡(镇)级政府财力不足,难以承担职责的问题日益严重。到90年代后期,县、乡(镇)两级政府财政甚至成了"吃饭"财政,无力提供公共产品和公共服务。根据一些专家的初步估计,我国县、乡(镇)两级政府承担了包括基础教育、公共医疗、农村基础设施建设等公共服务职责的80%,却只掌握了不到20%的财力,存在严重的财权与事权不匹配问题。其主要表现,一是职责不清。中央和地方各级政府基本公共服务的重点职责不够清晰,一个项目出问题,往往中央和地方都有责任,但各级政府应当支出多少并不落实,致使一些公共服务不到位。二是基层政府没有相应的财力保障。基层政府缺乏主体税种,目前许多地方特别是中西部地区的县级财政依然十分困难,转移支付已成为地方特别是基层财力的重要来源。这一方面致使其提供公共服务的效率有所下降,另一方面导致县级财政预算不完整。尽管转移支付对缩小地区财力差距发挥了重要作用,但依然存在不规范、层次太多而难以有效监督等问题,迫切需要改革和完善。[①] 一些地方的农村、乡(镇)普遍欠债,有的高达几千万元,拖欠教师、乡(镇)干部工资现象严重,有的地方甚至连县政府也发不出工资,政府实际上只能依靠农民自我服务来解决公共服务问题。

(2)转移支付制度不规范

虽然我国近些年来加大了对农业和农村投入的力度,国家用于扶贫开发、扶持农业的资金每年都达几千亿元,但是由于转移支付制度不规范、政

---

① 朱志刚.深化公共财政体制改革的关键[N].人民日报,2008-02-27.

府效率低下等问题,导致资金严重流失和分配不公。一个地方得到转移支付的多少往往不取决于实际困难的程度,而取决于"跑步(部)前(钱)进"的力度,要想获得一笔转移支付资金,地方可能要拿出较大比例的费用去寻租。因此,依靠不合理的财政体制和转移支付制度,难以根本上满足新农村建设的巨大资金需求。从发展的要求来看,县、乡(镇)两级政府承担的职责还会进一步增加,这必然加剧目前已经十分严峻的事权与财权不对称问题的严重性。[1]

由于存在上述缺陷,致使各投资主体对具有显著区域性和准公共产品特征的农业综合开发投资预期不足,具体表现分析如下。

第一,中央政府投资预期不足,中央财政投资不足。首先,由于我国的农业公共财政体制不够健全,农业综合开发的财政投资力度不强。农业公共财政制度是政府增强农业综合开发投资预期的最重要的制度保证。没有稳定的财政资金来源,政府工作人员对农业综合开发的任何预期都不能实现。其次,财政引导机制不健全不利于增强私人投资农业综合开发的信心。国内外研究表明,政府对农业公共产品的投资力度对提高私人投资效率至关重要,甚至是私人投资的前提。

第二,地方政府投资预期不足,配套资金不到位。导致地方政府投资预期不足的主要原因:在现行投资体制和分税制财政体制下,农业公共财政体制不够完善导致对农业综合开发中公共产品投资转移性财政支出力度不够,农村税费改革使贫困地区县乡财政困难加剧,形成了现行农业综合开发投资主体预期存在地方政府预期中中央占主导、基层(项目县、区、农场和乡镇)预期中省级和中央投资占主导等现象。而现行农业综合开发投资的制度安排上存在着中央投资硬(先行投资)和地方配套投资软(承诺的配套资金不到位)的现象。由于地方财政困难,对配套不到位的项目处罚不力、农业综合开发投资环境不确定性大、投资项目成本和成效的可考核性低,使财力紧张的地方政府的投资预期集中以项目争取国家投资,挪用占用农业综合开发财政资金,来减轻地方财政压力。

---

[1] 王学杰. 建立健全支持新农村建设的公共财政体制[J]. 湖南行政学院学报,2007(5):10-11.

第三,农民投工投资预期不足,投工投资积极性下降。根据调查,多数纯农业户对农业综合开发预期较高。但在税费改革后,农民对农业综合开发投资的预期明显降低,农民预期的投资比较收益比政府预期的投资回报率要低,导致村民自治小组不通过投工投资方案,拒绝偿还贷款。主要原因有二:一是土地产权机制不健全。农业综合开发是土地的长期投资行为。而投资行为都是在特定制度环境下的理性行为,不同的制度所产生的交易成本对投资效用的预期有很大影响。投资产权界定和保护力度是私人投资主要考虑因素。调查发现,有些农户要求对农业综合开发占用的耕地和造成的损失进行补偿,一些农户则不愿意投工投资。这正是农民对农业综合开发投资损益的理性预期,是自身收益与集体、地区和国家的投资收益不对称的反映。目前,土地产权集体所有、土地承包期短、农户谈判地位不高、基层对私人产权保护不力,使农民投资权益难以得到基层政府的认同和保护,对农业综合开发投资预期形成了不利的影响。二是农民预防性支出的预期超过和挤占投资预期。从农民反对或不热心农业综合开发投资的调查来看,由于农村社会保障体系不健全,农民对大额的不确定性的医疗支出、独生子女升学支出、建房支出、伤残养老支出等预防性支出的预期很高,这必然挤占投资预期,农民储蓄增多,而对农业综合开发投资的预期不高。①

5.3.2.3 金融制度缺陷造成融资预期不足

农村金融一直是我国整个金融体系的重要组成部分,农业经济的发展离不开农村金融的支持,但它们在发展中也遇到了很多困难和问题。尤其是我国的农村金融制度存在运行制度缺失、制度功能缺失等问题,致使我国的农村金融成为整个金融体系的瓶颈和短板,难以满足农村金融服务多样化的需要和社会主义新农村建设的需要。

金融机构对农业项目的融资比例长期处于下降趋势,没有达到“四个四分之一”的要求。造成金融机构融资预期不足的原因主要有三:第一,由于缺乏农业综合开发投资的财政补贴,项目预期收益不高,影响商业性银行对

---

① 鲁德银.农业综合开发投资不足的理性预期分析[J].农业开发与装备,2007(1):39-43.

农业综合开发贷款项目的偿还能力的预期。第二,政策性银行和商业性银行的业务分工和职能错位。从世界范围来看,各国农业开发银行的职能是提供农业开发贷款,而中国农业发展银行的贷款结构反映出其主要职能定位于农业粮食储备资金的供给与管理上,与其应履行的主要职能出现巨大偏差。第三,从农业银行与农户的贷款落实情况来看,由于农民个人信用水平较低,贷款交易成本很高。从召集农民开会、签约和贷款回收费用(人工费和交通费)、债务人违约后诉讼费用和执行费用,到企业破产和个人病故引发呆账损失,这些高额的不确定的贷款交易费用降低了农业银行贷款预期。[①]

5.4 农业综合开发的科技服务机制问题

30多年来,农业综合开发推广、应用先进科技成果显示出的巨大成效,使人们充分认识到科技兴农的重要性。但随着农业综合开发的逐步深入,一些问题也浮出水面。

一是缺乏科学合理、规范配套的规划体系,使得开发项目分散、无序效率降低。农业综合开发的科技含量,首先应当是指农业综合开发规划的科学性、合理性,因为科学规划本身就是多学科成果聚合的产物。目前,我国农业综合开发的规划工作还相对落后。除了国家农业综合开发办公室编制的农业综合开发五年计划外,尚未有科学合理、目标明确、便于操作的区域性规划(如东北平原、黄淮海平原、河套平原、长江中下游平原等区域性规划),以及省级流域性规划。县级虽编制了项目执行计划,但大都起点较低,对乡村的规划大多屈从于现有的自然村,不能与现代化农业的要求相衔接,这种状况势必造成开发项目分散、无序的状态。国家农业综合开发办公室虽一再强调农业综合开发要突出重点,开发范围要适当集中,成片开发,提高标准,发挥效益,但缺乏科学规划的约束,致使资金分散,难以形成投资规

---

① 鲁德银.农业综合开发投资不足的理性预期分析[J].农业开发与装备,2007(1):39-43.

模效益。另外,由于没有科学规划的约束,在项目实施时,往往偏重单项工程,轻视综合治理,强调局部利益,忽略整体利益,项目之间缺乏内在联系,难以综合配套发挥应有的增产能力。如果不能解决这一问题,农业综合开发就可能走上传统农业发展的老路,失去其本身的优势。

二是缺乏明确的科技开发和推广目标,缺乏为农业综合开发服务的科技推广项目管理办法。由于尚未制定相应的规划和管理办法,农业综合开发项目区科技推广项目在选项、立项、投入上,缺少目标性、原则性及投入政策要求,存在着项目分散、大而化之的现象,农业科技成果转化率低。农业综合开发项目区服务的宗旨不明确,使有限的资金用不到"刀刃上",并且科技培训方法单一,效果不明显。

三是有些项目的科技含量不高,还不能起到科技示范作用和辐射作用,特别是早期项目。此外,一些先进的新技术、新品种在农业综合开发项目区得不到及时的推广和应用,削弱了农业综合开发的效益。例如,国家农发办每年拿出 500 万元无偿资金委托农业农村部用于粮食作物新品种原种扩繁基地的建设,到 2005 年年底已累计投资 9000 万元,但研制出来的新品种并未得到全面推广;我国每年繁育并通过鉴定的粮食作物新品种、新组合约有150 项,也没有全部在项目区得到推广。

造成上述问题的主要原因在于随着社会主义市场经济的建立,计划经济体制下建立起来的农村科技推广体系已经丧失了运行基础,而且与新形势的发展不相适应,尤其是无法满足建设现代农业的需要。

5.4.1 不少地方政府的科技服务意识还不够强

实施农业综合开发,是党和国家为保证农业和整个国民经济持续、稳定、协调发展而采取的一项战略措施。与普通的常规农业开发相比,它不仅是对已利用的各种农业资源进行合理配置和充分利用,而且还要对尚未开发的各种农业资源进行科学开发利用,在深度和广度两个方向上双管齐下,提高农业的综合生产能力,而这一切,都离不开科学技术的推广应用。可以说,只有广泛推广、应用大量先进、适用的科学技术,才能充分发挥农业综合开发战略作用。农业综合开发要想实现高起点、高标准、高质量、高效益,就必须依靠科学进步。

然而,自从实施农业综合开发以来,各地对如何进行农业综合开发认识不一,有些地方领导和群众缺乏科技意识,对科学技术不够重视,还没有把区域经济发展真正转移到依靠科技进步的轨道上来。

5.4.2　科技服务组织体系不完善,服务主体单一

中国农村只有在高新技术的不断浸润和扩散下,才能逐渐将传统农业改造为现代农业,实现经营模式的根本性转变,而要实现这一根本性转变,必须凭借完善的科技服务体系。目前,尽管我国的农业科技成果日益丰硕,但是这些成果的转化率却非常低,不到40%,远远低于发达国家70%～80%的水平。导致这种情况的重要原因,就是我国的科技服务组织分散、零星,缺乏有效的服务体系,尤其是农村基本服务网络没有很好地建立起来。[①]

在过去的农村科技推广体系下,从事农业科技服务的组织都是政府的职能部门,农业科技推广服务工作由乡镇以上国家农业科技推广机构独家支撑,形成了"官办、官包、官管"的模式,服务主体单一。而且这些部门都是职能单一的行政服务体系,农村科技站只管水稻种植,畜牧站只管畜牧业的发展,林业站只管山地的开发利用。技术推广机构各自为政,没有形成网络式的、联动的服务体系。在工作上,这些部门基本上都是根据上级职能部门或者本级政府的指令,提供单一的科技服务。然而,现代农业对配套的种、养、加工技术和产前、产中、产后的技术、信息服务的需求十分强烈,而按专业分设的技术推广机构因不具备技术综合功能,不能适应技术应用综合化发展的需要,无法满足农民对技术和信息多样化的需求。有些农村科技推广单位甚至不把主要精力用于技术推广,而是去搞与本职工作不相关的经营活动。即使是一些科技推广项目,由于收费超出了农民的承受能力,为科技成果的转化、推广设置了人为的障碍。

5.4.3　管理体制不顺畅,激励机制不完善

传统的农村科技服务体系,是在高度集中的计划经济体制下形成的,农村科技推广部门直接受政府的领导。在这种体制下,农村科技推广部门为

---

① 吴淼,杨震林.现代农业的科技服务体系创新[J].科技管理研究,2008(6):41-42.

了完成同级政府或上级管理部门分派的中心工作,无法将有限的精力集中投入农村科技推广中去。而且,由于农村科技部门的支出全部由财政供给,使其成为当地政府的沉重包袱。特别是近年来由于地方财政实行"断奶",科技推广服务工作已无法正常运行,许多县市级推广机构处于瘫痪或半瘫痪状态,推广服务人员由于收入得不到保障,纷纷另谋生路,致使农村科技服务体系陷于"线断、网破、人散"的境地。

农村科技推广工作是一项技术性很强的工作,不仅需要从业人员不断地学习以更新知识和技能,而且要积极地、创造性地开展工作。但是,我国农村科技推广工作却被纳入行政体系中,按照传统方式对农村科技推广人员进行考核。这必然带来两个问题,一是大量不符合条件的人员进入科技推广队伍;二是农村科技人员缺乏学习、更新知识与技能的激励。这两个方面最终导致从业人员素质低下,服务质量不高。据农业农村部农村经济研究中心课题组调研报告统计,全国推广人员中具有与所从事的推广活动相关的专业知识的不到55%,接近一半的推广人员没有受过与所从事工作相关的正式教育。[①] 在基层农村科技推广部门中,工作人员长期未得到补充和更新,成员知识结构老化,掌握的技术已无力应对当前品种结构复杂、服务需求多样、新品种新技术层出不穷的局面。另外,随着农村产业结构的不断调整和互联网技术的快速发展,特种养殖、农副产品加工、生物农业、网络技术等专业人才严重匮乏,致使农民得不到必要的技术、信息服务。

市场越发达,科技服务的范围就越广泛,服务职能也越完备,种类、形式也越多元化。而作为服务主体的科研机构、高等院校、专业合作组织等机构的管理理念仍未完全走出旧的模式,组织内部管理激励机制不足,容易出现"软制度"现象,造成精英人才流失。服务范围仍局限在农业产业这个小圈子里,较少涉及能为农民创造更多就业空间的农村二、三产业;服务种类形式单一分散,重产中技术,轻产前和产后信息和经营。加之技术、物资、资金、供销等部门分割,互不分享,互不配套,很难适应农业产业结构调整和农业产业链延伸后科技服务与培训对市场化、体系化和网络化的要求。[②]

---

① 吴森,杨震林.现代农业的科技服务体系创新[J].科技管理研究,2008(6):41-42.

② 崔永福,王俊风,陶佩君.中国农村科技服务体系良性运转的障碍因素分析[J].中国农村小康科技,2008(1):3-4,9.

在财务制度上没有形成一套鼓励科研单位和科技人员到项目区推广应用先进科技的激励机制,也尚未形成一套鼓励农民应用先进科技的激励机制,加之农业科技成果的间接效益大于直接效益,因而调动不了科技单位和科研人员推广先进科技的积极性、主动性和创造性,也很难调动农民应用先进科技的积极性。[①]

5.4.4 农村劳动力科技文化素质低,农民合作组织综合能力弱

农民作为农村科技服务的受体,其科技文化素质的高低直接决定着农业科技成果的转化效率。素质越高,对新事物的接受能力越强,成果转化的效率越高,反之效率越低。而且随着城市化进程的加快,许多文化程度较高的劳动力转移到城市的二、三产业中,使留在农村的劳动力素质偏低。低文化水平的农村劳动力,对科学知识和科技培训的接受异常困难,从而使农业科技成果的转化变得艰难。另外,受传统观念的影响,农民的市场意识、竞争意识淡薄,小富即安、守成小变的观念根深蒂固,缺乏主动性和积极性,也会影响农业科技成果推广的速度和规模。[②]

农民合作组织与区域主导产业紧密相连,是产业化链条中不可或缺的。在农村经济和农业生产向商品化和市场化发展的过程中,农民合作组织把千万农户的小生产与大市场联系起来,对形成新型农村科技服务体系产生影响,然而目前各种类型的农民合作组织普遍存在规模小、实力薄弱、发展不稳定等问题。首先,技术覆盖面窄且辐射带动能力弱,导致农业科技推广渠道不畅;其次,多数组织没有独立的法人资格,市场主体地位尚未确立,与农户间缺少有效的市场连接机制,劳资双方并没有解决"共享"与"共担"的责任问题,难以成为"双赢"的利益共同体;再次,许多合作组织由乡镇政府出资控股,农民没有股份,民主管理流于形式。大多数组织在经营中重盈利、轻服务,不能成为农民利益的代表机构。

---

① 王金安.构建农业综合开发科技激励机制的探讨[J].数量经济技术经济研究,2000(7):67-69.

② 崔永福,王俊凤,陶佩君.中国农村科技服务体系良性运转的障碍因素分析[J].中国农村小康科技,2008(1):3-4,9.

5.4.5 科技服务资金投入不足

资金是农业综合开发科技服务工作中最关键的一环,没有资金投入,再好的科技成果也不能转化为现实生产力。

长期以来,我国的农业科技被当作政府向农村提供的公共物品,所有的支出都由财政负责,但是中国农村数量巨大,而且各地经济发展差异悬殊,更何况我国广大农村地区非农产业尚未发展起来,财政实力非常有限。这样一来,在取消农业税后,广大农村县乡两级财政非常困难,能够投入到农村科技推广的资金就更加有限了,不少地方甚至连农村科技推广部门的办公经费和人员工资都无法保障,更无法更新推广设施和试验新技术、新品种。一些地方的农村科技推广部门基本上就是一个办公室、几个工作人员,连基本的推广设施都没有,所以根本无法满足现代农业对科技服务的需求。

我国的农业科研经费一直十分短缺,国家财政对农业科研投入只占农业总产值的0.23%,不仅明显低于美国等发达国家2.02%的水平,也低于巴西等发展中国家0.83%的水平,且远未达到FAO公布的1%的世界平均水平。[1] 这导致许多重要的基础性研究工作无法继续,传统农业技术升级缓慢,成为制约农业科技成果产业化的一个"瓶颈",使农业科技服务的实施效果大打折扣。

目前,各级政府对于科技成果转化的投入资金太少。在当前经济还不发达的前提下,由成果需求者和成果拥有者拿出较多的资金用于成果的转化是较困难的。特别是像林业这种公益性行业,其主要作用是改善环境、维护生态平衡,很难在短期内看到效益。况且农林科研单位本身又缺乏资金,不具备自筹资金去推广成果的实力。目前大部分成果未达到推广应用面积和推广程度的主要原因就是缺乏推广经费。

农业综合开发中的科技投入占总投入的比重偏低,致使科技开发和推广缺乏资金支持。目前,科技开发的投资占农业综合开发总投资的比例约为5%,这与现代农业对科技开发投入的要求明显不符。

---

① 崔永福,王俊风,陶佩君.中国农村科技服务体系良性运转的障碍因素分析[J].中国农村小康科技,2008(1):3-4,9.

当前,科技服务资金主要是用于技术培训和科技服务体系建设等,注重常规农业的开发,忽视高产高效农业的科技开发;注重科技服务体系网络的建设,忽视新科技开发的资金投入。显然,附着于政府系统,靠行政机制运行的农村科技推广体系,在市场经济进程中,已越来越不能适应农村形势,成为现代农业发展的桎梏。

5.5 农业综合开发的产业化经营机制问题

农业产业化经营是我国农村改革继实行家庭承包经营之后农村经营体制和组织制度的一个重大创新。发端于20世纪80年代中后期的农业产业化经营,取得了明显成效,产生了积极效果,主要体现在如下几个方面:一是农业产业化经营组织快速发展;二是龙头企业实力增强,成为农业和农村经济发展中最具活力和成长性的市场主体;三是联结龙头企业与农户的服务组织快速成长;四是带动农户和生产基地能力不断增强;五是利益联结方式逐步完善;六是农民增收效果明显。[①]

然而,就目前我国农业产业化总体水平来看,还处于发展的初级阶段,推进农业产业化进程还面临着诸多的问题和障碍,笔者认为主要问题有以下几个方面。

5.5.1 产业化社会服务组织体系不健全

从某种意义上讲,农业产业化是通过对生产要素的优化配置和产业的重新组合,形成商品性生产产业流。现在,农民作为农村经济的第一生产要素,其发展生产和进入市场的积极性日趋高涨,然而缺乏有效的社会化服务来增强其自我保护、自我发展的能力。政府和社会创办的各类服务组织,虽然围绕农业生产、加工、销售的各个环节,提供了一些产前、产中和产后服务,但还很不健全,某些地区、某些方面还是空白。目前最主要的问题还在

---

① 黄连贵,张照新,张涛.我国农业产业化发展现状、成效及未来发展思路[J].经济研究参考,2008(31):23-33.

于以行政组织代替经济组织，以计划经济手段来领导市场经济的状况仍然没有得到根本改变。一些地方在对待农业社会化服务上往往存在两种倾向：一种是为了追求经济的高速发展，在不了解市场的情况下，以行政手段盲目发动群众发展某个农业项目，结果是事与愿违；另一种则是认为放任农民自种自销，缺乏必要信息指导和营销服务。这两种极端都是违背经济规律的，其结果必然出现"一控就死、一放就乱"的问题。①

30多年来，各地农业综合开发项目区在产业化经营方面进行了积极有效的探索，取得了不小的成绩，但产业化社会服务组织严重缺乏已成为制约农业产业化进程的一大问题，产业化社会服务组织缺乏具体表现在以下几个方面。

5.5.1.1 农村商品流通组织相对落后

现阶段我国农村商品流通组织与城市相比仍处于落后状态，主要存在以下问题：一是流通规模小。农村各类商品市场的数量虽多于城市，但大多数规模较小，层次较低，主要是摊位式交易，属于商品市场的初级形式。二是流通能力有限。农村大量分散的个体商户各自为阵，难以适应农村市场需求的变化。三是农村商品流通组织混乱，货流不畅，流通成本过高、伪劣假冒严重、售后服务差以至欺骗消费者、坑蒙拐骗等现象时有发生。

5.5.1.2 农业技术服务组织的残缺

在旧体制下，建立过农业技术服务体系。但由于这种体系不是农民自己的组织，不能全心全意为农民服务。在新的时期，许多地方的农业技术推广站由于财政经费紧张而解散、取消。旧的农业技术服务体系已经残缺不全，新的农业技术服务体系尚未建立。所以近年来虽然一再倡导建立农业技术服务体系，但一直没有突破性进展。

5.5.1.3 农业保险组织的空白

农业的一个突出而又独特的难题是受自然条件影响大，常遭受各种自

---

① 福建省财政厅课题组.农业产业化面临的问题和对策：漳州市农业产业化情况调查的经验[J].农村财政与财务,1999(4):7-10.

然灾害的打击。一家一户的小农,根本无法抗拒较大的水、旱、风、虫、冰雹等自然灾害。新中国初期搞农业集体化的一个主要理由,就是要依靠集体的力量来抵御自然灾害。现在实行家庭承包经营,农民的生产积极性提高了,但一家一户的小农如何抵御自然灾害的问题并没有得到解决。现在哪里遭受了自然灾害,应对的办法就是政府财政拨款,号召人们捐款。应该说这不是市场经济中农业抵御自然灾害的体制性解决途径。市场经济中农业对付自然灾害的体制性解决途径,是建立农业保险组织,提供各种农业保险和农副产品保险,形成保险基金,发展农民自己的保险事业。[①]

5.5.2 利益联结机制不完善

利益联结机制是农业产业化的核心问题,主要是指龙头企业与农户之间的利益分配关系。农业产业化组织所形成的多元经济联合体,其本质就是经济一体化,其组织目的是提高农业的比较效益,增加农户收入,实现产业化系统内部各环节和参与主体形成一个"利益共享、风险共担"的利益联结机制。从本质上讲,农业产业化是一种经营方式的变化,它将各利益主体原有相互分隔、相互独立的关系打破,形成一种松散或紧密的一体化关系,使之实现经济及组织结构上的一体化。各参与主体的利益能否产生和实现是其发展的关键,农业产业化主张一体化经营,它将众多的个体农户通过利益联结机制形成规模经营,提高农业的规模效应和竞争质量,从而增强对市场风险的抵御力和竞争力。合理的利益分配能够调动各方的积极性,促进农业产业化及其组织的不断发展扩大,形成一种新的农业产业结构和农村经济结构,使农户收入不断增加,农村经济不断壮大。[②]

但从龙头企业与农户的现实结合情况看,它们多是松散型的,没有经济约束,很难取得利益平衡,所谓一体化经营往往是有名无实,一些龙头企业带农、惠农意识不强,个别企业甚至存在着损害农民利益的行为,严重影响了产业化进程。

---

① 王金安.农业综合开发经营问题探讨[J].商业研究,2000(11):112-114.
② 王锋.以合理的利益联结机制促进农民增收[J].农业经济,2006(10):36-37.

5.5.3 多元化投入机制尚未真正形成

农业产业化是农业现代化的重要实现形式,种养加、产供销,各个环节都需要大量资金投入。应当看到,最近几年,财政、银行、经贸和农业综合开发部门都集中财力,重点扶持主导产业和龙头企业。同时,引导有关部门、乡村集体经济组织、工商企业、外商和农民个人投入农业产业化经营,多元化投入机制已崭露头角。但从农业产业化发展需要看,资金不足矛盾仍十分突出。财政作为农业投入的一个重要渠道,有些地方已是"有渠少水",难以切出一块资金专门用以扶持产业化经营。特别是基层财政更为困难,有的连"吃饭"都难以保证,加大支农力度往往显得力不从心。

5.5.4 农业产业化支持政策不健全

目前,我国的农业政策,在农村有效保护土地和资源及农产品的价格等方面还很不健全,缺乏有效的政策支持和保障体系。比如,在农业生产过程中,虽然产品的品质提高了,但产量一般会下降,产品优质不优价,农民收入没有显著提高,农民生产推广的积极性就不高。

土地流转不畅难以形成规模经济。当前农村客观上存在土地经营权分散的问题,农业科技成果很难全面推广与应用,给区域化布局、专业化生产、规模化发展、集约化经营、特色化增收带来了很大难度,规模效益、特色经济发展格局难以形成。

5.5.5 法律支撑保障体系不健全

在我国农业产业化进程中,政府对农业的宏观调控多采用行政手段和经济手段,法律手段相对欠缺。没有法制作为后盾,就无法实现农业的真正市场化,也就不利于农业产业化的发展。1993 年 7 月 2 日,我国颁布实施了具有农业基本法性质的《中华人民共和国农业法》(以下简称《农业法》),对政府宏观调控农业的措施做了重要的原则性规定。《农业法》是市场经济发展的需要,是农业走向市场(农业产业化)的法制保障。但《农业法》是指导性法律,缺乏针对性。目前在许多地区,地方政府还没有放弃对农业的行政性调控,没有从市场的角度和法制的角度去开展工作和推动农业的发展。

对农业还存在管得过多或管得不够的情况,管得过多表现在政府通过行政手段或经济手段对老百姓种什么、卖什么、卖给谁等进行控制,致使农户不能依据市场反应安排生产;管得不够表现在政府未能从创造良好的市场环境和法制环境,从保护农民的利益,从因地制宜地利用本地优势发展农业产业化的角度去努力工作。

6 构建市场诱致服务型战略
定位模式的创新设想

针对我国农业综合开发现行战略定位模式存在的问题,笔者依据经济增长源泉理论、战略定位理论、公共产品和准公共产品理论等,结合我国市场经济发展情况和农业综合开发的现实状况,提出了将农业综合开发战略定位模式由现行的计划强制推动型向市场诱致服务型转变的创新设想。这一设想的主要内涵包括:一是农业综合开发战略的目标定位由现实的解决"三农"问题的辅助性政策转变为核心政策目标;二是农业综合开发的客体定位由较多地关注竞争性农业私人产品转向农业准公共产品;三是农业综合开发的主体定位由目前的中央政府主导,地方政府消极配套,农民被动参与的尴尬局面,转向中央政府引导,地方政府主导,农民真正成为开发主体的新格局。

6.1 农业综合开发应成为解决"三农"问题的核心政策

提出农业综合开发应成为解决"三农"问题核心政策的主张,是基于农业综合开发政策是一项符合习近平新时代中国特色社会主义思想发展观,业已取得巨大实施成就,并与 WTO 规则空间相适应的解决我国"三农"问题的好政策。

农业综合开发政策完全符合习近平新时代中国特色社会主义思想发展观之精髓。习近平新时代中国特色社会主义思想发展观的第一要义是发展,核心是以人为本,基本要求是全面协调可持续,根本方法是统筹兼顾。

落实到"三农"工作上,就是要大力发展农业生产,促进农民持续增收,保护好生态环境,走人与自然和谐发展的道路。农业综合开发自 1988 年实施以来,始终把发展生产、农民增收作为基本任务,着力加强农业基础设施建设,改善农业生产条件,提高农业综合生产能力和保护农业生态环境;着力推进农业和农村经济结构战略性调整,提高农业综合效益,增加农民收入。

农业综合开发政策是一项业已经过实践检验的成效显著的好政策。实施 30 多年来,在推动我国农业发展、促进粮食增产和农民增收、保持农村稳定以及支持整个国民经济持续、健康、快速发展中,发挥了重要作用,取得了显著成就。

目前,农业综合开发已成为我国发展现代农业、推进社会主义新农村建设的重要力量。发展现代农业,推进社会主义新农村建设,振兴乡村,要靠政策、靠投入、靠科技。1988—2017 年,农业综合开发投入各类资金 9225 亿元,其中中央财政资金 3874.21 亿元,地方财政配套资金 2261.66 亿元,银行贷款 420.09 亿元,农民自筹和其他资金 2269.03 亿元,是支持农业发展的一笔数量可观、实实在在的投入。同时,农业综合开发以粮食主产区为重点,加强改造中低产田和中型灌区节水配套改造,提高农业综合生产能力,为确保粮食安全和主要农产品供给提供支撑作用;推进农业区域化布局、专业化生产和产业化经营,建立优势特色农产品基地,带动农业和农村经济结构调整,促进农民持续增收,为构建现代农业产业体系发挥促进作用;加大农业科技投入比重,在项目区大力推广良种良法和节水灌溉技术,开展农民培训,为普遍提高农业科技水平发挥示范带动作用;注重生态环境保护,确保资源的永续利用。经过农业综合开发建设后的项目区,许多已经成为当地农业发展的支柱、农业科技示范的样板、标准化生产的楷模、现代农业建设的亮点。为更加有效地支持新农村建设,从 2007 年起,全国 20 个省(自治区、新疆生产建设兵团、黑龙江省农垦总局)的 43 个县(市、区、农场)启动了"引导支农资金统筹支持新农村建设试点项目",以农业综合开发项目为平台,整合各项支农资金,着力探索一条从生产领域入手统筹推进,更好更快地建设新农村的新路子。① 从实践情况看,试点地区农村产业得到有效发

---

① 王建国.沿着中国特色农业现代化道路大力推进农业综合开发工作:在财政部司处级干部学习贯彻党的十七大精神轮训班上的交流发言[J].经济研究参考,2008(1):27-30.

展,粮食产量稳步提高,农民收入显著增长,人居环境得到改善,社会主义新农村建设雏形初步显现。

农业综合开发也已成为财政支农的重要手段和财政支持解决民生问题的重要措施。当前,农业基础设施薄弱和农民增收困难的问题尚未得到根本解决。加强高标准农田建设和中型灌区节水配套改造、促进农业生产发展、保障粮食和其他主要农产品的有效供给,支持农业产业化经营、提高农业综合效益和竞争力、促进农民增收,是关系 14 亿人口特别是广大农民切身利益的重大民生问题。30 多年的开发实践证明,农业综合开发既是财政支持农业发展的一个重要手段,也是解决农民增收等重大民生问题的一项长效措施。

农业综合开发政策还能与现行的补贴政策起到互补作用。近几年,中央财政通过完善粮食直补、良种补贴、农机具购置补贴和农资综合直补政策,有效调动了广大农民发展农业生产的积极性。农业综合开发通过加强农业基础建设,实施农业产业化经营项目,改善了农业生产条件,促进了农业结构的调整和优化,提高了农业综合效益。补贴政策主要是引导和支持农民发展农业生产,农业综合开发主要是提高土地产出率、资源利用率和劳动生产率,提高农业整体素质、效益和竞争力。农业综合开发与补贴政策,都是公共财政政策在"三农"工作中的重要体现,两者相辅相成、相互促进,在政策效应上具有互补性。因此,进一步加强农业综合开发,有利于进一步发挥补贴政策的作用,提高财政支农资金的整体效益。

农业综合开发政策与 WTO 规则空间相适应,具有较大的国际规则空间。现行农业综合开发政策的重心主要放在改善我国粮食主产区农业基础设施和提高农业科技服务水平上,这些都属于 WTO 规则中的"绿箱"政策范畴,因此具有较大的国际规则空间。

总之,农业综合开发政策已经过 30 多年的实践检验,并被证明是一项成效显著、备受农民赞誉的、符合习近平新时代中国特色社会主义思想发展观和 WTO 规则的好政策。因此,这样的好政策理应成为解决我国"三农"问题的核心政策,以有效促进"三农"问题的解决进程,从而实现城乡协调可持续发展。

6.2　农业综合开发应定位于农业准公共产品供应

6.2.1　公共产品短缺已成为我国农业现代化进程中的"瓶颈"

公共产品理论认为,如果我们把全社会的商品和劳务按性质来划分,就可以分成公共产品和私人产品两大类。私人产品应当按市场方式提供,公共产品则应按非市场方式提供,主要由政府提供。所谓公共产品是指"区别于私人产品,用于满足社会公共需要,具有非排他性和非竞争性的社会产品"。根据其性质,公共产品又可以分为纯公共产品和准公共产品。纯公共产品即完全意义上的公共产品,具有充分的非排他性和非竞争性,纯公共产品的范围比较小;准公共产品是指只具备其中一个特性,而不具备另一个特性,或者不完全具备的公共产品,准公共产品的范围非常广泛。由于公共产品具有非排他性和非竞争性,就必然会产生"免费搭车者"。因此,如何根据公共产品的不同性质有效地向社会提供公共产品,就成为财政必须解决的一个重要问题。

就农业而言,其公共产品具体是指农业发展的外部条件,如水利条件、生态林网、农业科研和农村科技推广、良种和化肥、防治病虫害、科学管理、农用电网和道路设施等,这些农业发展的外部条件,就是农业生产所需要的公共产品。按公共产品理论,农业公共产品同样可以分为纯公共产品和准公共产品。如农业发展战略的研究、信息系统的建设,以及科技、交通、通信骨干设施的建设,大江大河的治理等,为纯公共产品。那些与个体农户利益密切,但又是个别农户所不能干、干不了的事务,如小流域治理、农业科技的推广应用、乡村道路建设、乡村电网、自来水等为准公共产品。准公共产品同样依赖于政府提供。

在市场经济条件下,对于一家一户面对市场的农民来说,他们所生产的是私人产品,但是私人产品的生产离不开公共产品。而且随着市场化程度的深化,农民对公共产品的依赖性越来越大。这就是说,市场经济越发展,政府提供的公共产品在农业发展中的作用就越大。

目前,农民对科技知识,市场信息,以及农作物植保等方面需要十分强烈,而这些都主要由政府提供。透过这些现象,至少说明了一个问题,即在农业现代化进程中,农业私人产品的生产对农业公共产品有较大的依赖性。在农业准公共产品短缺的情况下,土地、技术、资金、劳动等生产要素分割性使其无法实现最有效的结合,因而农业处于缓慢的自然发展状态。我国农业发展自 20 世纪 80 年代中期以来长期徘徊,这正是这一状况的反映。可见,我国的农业要适应现代化的要求,就必须进一步提高农业生产力,而要使农业生产力获得大幅度的提高,就必须注入一个新的因素:农业准公共产品。

在传统的计划经济时期,农业公共产品完全由政府提供。在撤销人民公社、推行家庭联产承包责任制后,原有的公共提供机制已不复存在,而新的提供机制又未相应确立。由于种种原因,改革开放以来政府提供的农业公共产品规模很小,除了水管、农村科技推广、植保等少数项目外,涉及准公共产品领域的几乎空白,致使农业公共产品十分"短缺"。农业公共产品的短缺成了制约农业和农村经济深度发展的一大障碍,成了我国农业现代化进程中的"瓶颈"。因此,建立相应的机制,解决农业公共产品的提供问题,就成了推动农业发展的当务之急。

6.2.2　农业综合开发应定位于农业准公共产品提供的理论依据

对于市场经济下农业综合开发的标的是否属于公共产品,目前各方看法不一。有的学者认为它不属于公共产品,按此推论,则必属私人产品。既然它属于私人产品,就应当由市场去提供,换言之,农业综合开发不应当成为政府的责任。因此,对于农业综合开发的公共性界定,实质上是现阶段政府是否应该将农业综合开发作为其职能的权限之争。[①]

笔者认为,应当将农业综合开发的标的界定为公共产品,确切地说,属于农业准公共产品的范围。

---

① 马国贤,王金安.准公共产品提供与农业综合开发政策优化思考[J].财政研究,2000(4):19-23.

第一，在公共产品研究领域，农业公共产品研究是一个薄弱环节。其实，最早产生公共产品问题的就是农业。恩格斯在研究原始公社的公共事务时指出，在原始社会中，"一开始就存在着一定的公共利益，维护这种公共利益的工作，虽然是在全社会的监督之下，却不能不由个别成员来担当；如解决争端；制止个别人越权；监督用水，特别是在炎热的地方；最后，在非常原始的状态下执行宗教职能。这样的职位，在任何时候的原始公社中，例如在最古老的德意志的马尔克公社中，甚至在今天的印度，还可以看到。这些职位被赋予了某种全权，这是国家权力的萌芽"①。中国历史上传说的大禹治水，也就是在原始社会转化为奴隶制社会时期，由政府组织和提供农业公共产品的一个体现。治水关系全体百姓的共同利益，因此，实质上属于公共产品范畴。在中国私有制农业社会里，道路、水利设施等所占用的土地都属于"公田"，它体现全体百姓的共同利益。

由此可见，农业公共产品是指那些个体农户所不愿干、不能干、干不了，但又是社会和经济发展所必不可少的事务，是全体百姓共同利益的体现。就构成农业综合开发主体的中低产田改造来说，它以流域水利措施为中心，实现林、田、路综合治理，这些是单个农户想做而做不到的，因此，笼统地说，应当属于公共产品的范围。

第二，准公共产品属于公共产品的一个大类，其性质介于纯公共产品与私人产品之间。其特点有：①具有效益上的外溢性特征，即不仅令社会受益，也令个人受益；②或多或少地存在消费上的排他性，即并非本地区全体居民受益，而是在限定范围内的居民或企业受益；③或多或少地存在消费上的竞争性，即随着供给范围的扩大，其成本也呈现一定程度的增加，因而并不完全具有非竞争性。按照上述特征来判断，教育、医疗、文化、体育、出版等都属于准公共产品，因此它是一个广泛的概念。正由于准公共产品具有上述三个特征，因此它虽然由政府提供，但费用却应当由政府和受益人共同分摊，而不能全部由政府承担。这三个特征是符合农业综合开发实际的。首先，农业综合开发具有效益外溢性，以中低产田改造为例，水利设施和林田路的配套不仅使个体农户得到了实惠，也改善了农业生态环境，使得农业

---

① 马克思，恩格斯.马克思恩格斯选集[M].北京：人民出版社，1972.

产量不断提高,高产稳产区块不断扩大,为中国农业现代化奠定了基础;又如农业科技示范项目的受益人不限于个体农户,它还起到了带动周围农户,向他们提供农业科技知识和技术的作用,一个项目搞好了,往往会带动周围一大片。因此,它是既使农户得益,又使政府得益和社会得益的事。其次,农业综合开发具有一定的受益排他性,具体受益的农户,总是在开发区的范围。再次,随着开发范围的扩大,所需的资金也相应增多,具有一定程度的消费上的竞争性,因此筹措这笔资金是当前一大难题。

第三,准公共产品理论还告诉我们,按公共性质,可以将准公共产品分为接近于纯公共产品的准公共产品、中间性准公共产品和接近于私人产品的准公共产品三类,其中科技示范应当属于第一类,中低产田改造属于第二类,多种经营属于第三类。由于它们的公共性不同,因此政府与受益人在成本分摊上的比例也应当不同。体现在农业综合开发上,科技示范项目,政府承担部分可以为 60%～80%;中低产田改造项目,政府承担部分可以为 40%～60%;多种经营项目,政府承担部分可以为 30%～40%,或者采用政府贴息方式来分摊成本。目前我国农业综合开发基本上也是按此标准来筹措资金的。

总之,从上述三方面来看,农业综合开发的标的应当属于准公共产品。这一理论至少告诉我们两点:①正因为它属于准公共产品,所以宜由政府组织实施,但就其本质来说属于社会工程。就是说,在开发项目完成后,应当根据"谁出钱、谁受益、谁管理"的产权规则将项目的产权移交有关方面。②农业准公共产品是私人产品社会里的公共经济部分。我们知道,在市场经济条件下,农业经济是由土地、资本、技术和劳动力四大因素组合起来的。在一家一户为主的条件下,这些因素是相互隔离的,因而农业经济必然处于低效率状态。农业准公共产品的一大作用是按优化资源配置的原则对上述要素进行重新组合,农业经济越发展,其重要性就越突出。因此,管理和提供这部分产品是县乡级政府的重要职责。农业综合开发的实施已在一定程度上弥补了我国农业准公共产品的短缺,而且通过综合开发方式,把有关部门组合起来,因而在一定程度上优化了农业资源配置,这也是农业综合开发区的经济效益普遍高于非开发区的重要原因。因此,在当前机构调整过程中农业综合开发部门不仅不能撤并,其功能还应当进一步加强。①

6.3　农业综合开发应确立地方政府的开发主导地位

　　农业综合开发之所以取得巨大成功,就在于它遵循了市场经济下农业公共产品的供给规律;之所以存在诸多问题,除了客观原因外,还在于在某些方面我们对农业公共产品供给规律的研究还不够。因此,农业综合开发要成为推动中国农业现代化的"动力"和"杠杆",就必须进一步研究这一规律,按规律办事。

　　在农业综合开发方面,究竟应当以地方政府为主导,还是以中央政府为主导,这是探讨其他问题前必须厘清的基础性问题。必须指出,在农业综合开发初期,实行以中央政府为主导的方针是必要的,有利于这一工作的初始推动,但现在农业综合开发已实施了30多年,早已由初期阶段进入正常运行阶段,特别是中央在明确将农业综合开发作为农业现代化的重要途径之后,以中央为主导的方针必须调整到以地方政府为主导上,确立地方政府的开发主导地位。

　　由于准公共产品与直接受益人有密切联系,这就决定了它具有地方性特征;其次,按照多级政府的分工理论,中央政府应主要提供纯公共产品,地方政府提供准公共产品。因此,从上述两方面来看,以地方政府(在这里是指省、市、自治区政府)为主导的农业综合开发思路,是符合农业准公共产品供给规律的。具体地说,农业综合开发应当在立项、审批、施工、验收等方面扩大地方政府的自主权,中央则负责宏观调控和协调。

6.4　农业综合开发应确立农民的开发主体地位

　　如果无法真正确立起农民的开发主体地位,那么农业综合开发就难以

---

　　①　王金安.中国农业综合开发战略定位的理论视角[J].数量经济技术经济研究,2001(7):66-69.

取得成功,问题的关键是如何促使农民真正成为农业综合开发的主体,笔者提出如下几点解决问题的思路。

6.4.1　树立起农民是农业综合开发真正主体的观念

农业综合开发要真正确立起农民的开发主体地位,首先应从转变各级政府和农民自身的观念开始。应确立农民是农业综合开发真正主体观念有三大理由。

6.4.1.1　农民是农业综合开发的投资主体

从农业综合开发资金投入结构来看,农民并不是最主要的投资主体。据统计,1988—2017 年,农业综合开发累计投入资金 9225 亿元,其中中央财政资金 3874.20 亿元,地方财政资金 2261.66 亿元,银行贷款 420.09 亿元,农民自筹资金 2269.03 亿元,分别占资金总额的 42.00％、24.52％、4.55％、28.93％。[①] 由此可见,财政资金约为银行贷款和农民自筹资金的 2 倍,但在我国公共财政体制逐步完善和财政农业投资机制发生转变的情况下,财政资金算不算农民的主体性投入,答案应该是肯定的。中共中央 2004 年一号文件就开始强调"多予、少取、放活"的方针,多次提到了"财政补助""财政补贴""财政贴息",这是基于我国农业和农民在国民经济分配体系中长期处于付出和贡献的地位,基于我国国力的增强,基于公共财政体制建设逐步完善等因素所做出的重大决策。各级财政安排一定份额以项目资金的形式对农民进行改善生产生活条件的补助,应属于对农业和农民的补偿性投入,这种补偿性的政府投入一旦人格化,其主体就随着资金运动的易位而发生了质的变化——由属于政府的财力变为农民的建设资金。所以说,财政投入资金最终的主体就应该是被补助的农民。确立农民是农业综合开发投资主体的政策前提和经济前提都很明确。

6.4.1.2　农民是农业综合开发的产权主体

农民是农业综合开发的产权主体这一结论是农民作为投资主体的题中

---

① 刘丙申.农业综合开发投资的公共品属性分析与对策[J].中国农村经济,2002(7):45-50.

应有之义。既然农业综合开发的投资主体是农民,那么投资形成的固定资产的产权理所当然属于农民。长期以来,人们把农业综合开发的产权归属问题,看作"混合所有制"问题,即以投入资金来自政府各级财政投入、集体少量自筹部分、农民大量自筹等三个方面为依据,推断其投资形成的资产产权为"混合所有制",小心地呵护其中由财政投入而形成的"国有资产"部分,担心其流失。这种主体多元化的形式推理源于对农民投资主体地位的确定性存在着模糊认识。在农业综合开发的实际工作中,投资的来源应该是两部分,即财政资金和农民自筹资金(因为集体自筹资金基本上为村集体积累资金,村集体积累资金属于村民所有,因此也应视为农民自筹资金)。投资主体不明晰必然导致产权主体不明晰,而产权主体不明晰就成为农业综合开发建成工程的管护难的重要原因。

6.4.1.3　农民是农业综合开发的利益主体

农民是农业综合开发的利益主体,也是农业综合开发的宗旨所在。但是,利益主体地位的真正保障不仅来自农业综合开发工作的目标要求,还是由投资主体和产权主体地位所决定的,同时也是由政府财政投资目标所决定的。这种符合经济规律和市场法则的利益机制是最可靠的保障机制,是人民群众根本利益所在,也是农民在开发前期自愿投入、开发中期严格监督、开发后期认真管护的内在动力。由长久的、实在的利益机制驱动的工作热情和积极性,与一般的政府组织号召相比,显得更加持久、可靠、积极,真正从根本上解决了农业综合开发的内在动力机制问题,也是保证项目成功的关键。[1]

6.4.2　积极发挥财政投资在我国农业发展中的引领促进作用

德国社会学家马克斯·韦伯曾经指出:"从一种观点来看是理性的东西,换一种观点来看完全有可能是非理性的。"[2]农民作为理性的个体总是在寻找使自己获得好处的机会,但这种个人的理性有可能导致集体的非理性。

---

① 朱铁辉.农业综合开发中农民主体地位探讨[J].农业经济问题,2004(9):48-51.
② [德]马克斯·韦伯.新教伦理与资本主义精神[M].于晓,陈维钢,等译.北京:生活·读书·新知三联书店,1987.

由于目前我国农业特别是粮食产业所呈现的低效益、弱质性、高风险等特征,资源流失严重,农民生产积极性不高,出于个人的理性思考,很多农民选择离开农村进城务工。但是,如果大家都不从事农业生产就会出现"合成谬误",导致集体非理性,国家粮食安全就无从谈起。这说明,现行的制度不能很好地满足农民的个人理性,而解决个人理性与集体理性冲突的办法不是否定个人理性,而是应设计一种制度,在满足个人理性的前提下达到集体理性。

农业综合开发是财政支农的组成部分,在改革的过程中要顺应制度变迁的要求。目前最迫切需要解决的就是将农业综合开发工作的重点切实放在"示范、引导、带动、促进"上,通过建立引导农民的激励机制,带动农民增收,促进农业发展。激励机制的创新,不可能完全通过诱致性制度创新来建立,它需要政府财力的大力支持,在这一点上,农业综合开发大有可为。在投入的重点上,要急农民之所急,想农民之所想,解决建什么、怎么建的问题。在项目管理上,要充分发挥农民的参与作用和监督作用,理顺政府与农民的关系,确立农民的主体地位,解决政府管什么、怎么管的问题。在政策的制定上,合理划分诱致性制度安排和强制性制度安排,制定的政策要符合实际,能满足农民的意愿。

6.4.3 培育强化农民的市场主体地位

理论界普遍认为,农民的组织化是解决"三农"问题和增强农业国际竞争力的重中之重。在提高农民组织化程度的诸多途径中,建立农业合作经济组织,被普遍认为是最能体现农民自身主导作用和创造性的一种途径。如果说,家庭联产承包责任制给了农民生产自主权,粮食等市场放开给予了农民经济自主权的话,那么,合作经济组织成为企业法人,意味着确立了农民的市场主体地位。实践证明,发展农业合作经济组织是适应市场经济体制下巩固和完善承包经营体制、促进农业生产力发展的有效形式。发展农村合作经济组织,有利于确立农民的市场主体地位。我国人多地少,农户分散经营,农业生产规模很小,严格来说绝大多数农户还称不上是完整的市场主体。农民通过建立自己的合作经济组织,联合起来能在更大的范围、更高的层次上进入大市场、实现大流通,争得生产经营的主动权,从而确立自己的市场主体地位。

农业综合开发不能包打天下,农业综合开发中的财政资金要起到"四两拨千斤"的作用。农业综合开发的主要目标应是完善农业准公共产品,降低农业的经营风险,因此,要在示范、带动、引导农民投入的同时,从建立新型的产业组织形式和生产经营方式方面切入,开拓一条农业综合开发扶持农业发展的新路子。

6.4.4 增强农民自我发展能力

社会主义新农村建设的关键在于不断增强农民的自我发展能力,使农民有更新、更好的发展平台,只有这样,农民才能获得新生,成为新时代的新农民。从长远考虑,农业综合开发应把工作重点放在增强农民自我发展能力上。鉴于目前部分农民思想保守、信息闭塞、文化水平较低的实际,各级农业综合开发办事机构应根据当地实际情况,找准工作的切入点,在"引导"和"服务"上下功夫,通过"引导"和"服务",促进农民主体作用的发挥。"引导"就是要强化农民的市场观念,帮助农民根据市场需求来调节生产,改变过去那种广种薄收、粗放经营的生产模式,通过产业化经营项目和经营性开发项目的实施,逐步实现农业生产的集约化、专业化、产业化。"服务"就是建立健全社会化服务体系,补充农民生产经营环节中的不足,服务要向产前、产后延伸。在项目实施过程中,要确立农民的监督主体地位。农业综合开发是一项为农民谋利益的好事、实事,项目实施结果的好坏,最终应由农民来评价。因此,确立农民的监督主体地位是落实项目实施控制的关键。项目实施是保证项目实现可持续发展的重要环节,确立项目实施控制"农民说了算"的机制,充分体现农民的主体地位,能够有效地引导农民投入更多的积极性,从而为实现项目目标打下良好的基础。[1]

---

① 朱铁辉.农业综合开发中农民主体地位探讨[J].农业经济问题,2004(9):48-51.

7 构建与创新型战略定位模式
相适应的运行机制设想

农业综合开发创新型战略定位模式要成功地付诸实施，就必须具备完善的与之相适应的运行机制，笔者依据组织管理理论、系统运行机制理论等相关理论和我国国情提出了构建与创新型战略定位模式相适应的运行机制设想，设想主要涵盖组织规划机制、投入形成机制、科技服务机制和产业化经营机制等四大运行机制。

7.1 完善优化农业综合开发组织规划机制

针对我国农业综合开发中存在的组织规划机制问题，笔者提出通过创新设置和完善农业综合开发部组织架构体系，完善农业综合开发的规划和立项制度，完善农业综合开发的政府采购制度，完善农业综合开发工程设施的管理制度和产权制度等途径和措施，以推动组织架构体系与战略定位目标相适应，中央与地方规划体系紧密配套，产权和管理制度与社会主义市场经济体制相协调的较为理想的农业综合开发组织规划机制。

7.1.1 创新设置和完善农业综合开发部组织架构体系

设计、建立和维持一个科学、合理的组织管理结构体系，是实现事业目标的组织保证。科学的组织管理原理告诉我们，组织结构体系无论怎样设计,都必须解决好如下三个相互联系的问题:①设定科学的管理层次,应尽可能地减少管理层次;②遵循精简高效的原则,设立合理的管理部门;③遵循统一指导的原则,科学划分职权,避免"政出多门"的混乱状态。

基于我国农业综合开发组织架构设置面临的现实问题和组织架构设置原则,笔者提出创新设置和完善农业综合开发部组织架构体系的设想。

7.1.1.1 创新设置农业综合开发部组织架构体系

根据统一指导组织原则和大部制改革思路,将有现行农业综合开发办公室职能与发展与改革委员会、财政部、水利部、自然资源部、环境生态部、科学技术部等涉农部委职能归并,创新设立农业综合开发部,下面则相应地设立省级农业综合开发厅和县级农业综合开发局,以形成统一规范的农业综合开发管理组织架构体系。这样既可以有效解决现行农业综合开发管理面临的组织架构不适应问题,也可以有效解决其他涉农问题的职权分裂问题。当然,涉农管理机构改革,必须与中央和地方政府整体机构改革相适应,应该在试点和总结经验的基础上,分阶段稳步推进。

7.1.1.2 剥离现行农业综合开发管理中的社会化功能

根据精简效能的组织原则,应将一些可以社会化的职能从农业综合开发管理部门中剥离出来,如勘察设计等职能,完全可以通过竞争招标的方式,交给有资质的专业勘察设计院所来完成。这不仅可以节省人力、物力和财力,而且有利于提高勘察设计的质量。同时,根据产生效益的性质,设立相应的机构,能够产生经济效益的成立公司,以公司制的办法来解决生产中的问题。

7.1.2 完善农业综合开发的规划和立项制度

农业综合开发规划应与农业现代化规划紧密衔接,在调查研究、专家论证的基础上,组织编制出既符合 WTO 规则,又适应中国国情,且能够长远指导我国农业综合开发的整体规划,在此基础上,还要协调有关省(区、市),编制出各具特色的区域性规划(如东北三江平原、黄淮海平原、长江中下游平原等区域性农业综合开发规划),并指导各省(区、市)编制出符合当地实际的地方农业综合开发规划。形成国家整体规划、区域性规划和地方性规划相互协调配套的农业综合开发规划体系。

同时,改革目前的规划立项制度,健全择优立项的竞争招标制。过去我们所实施的农业综合开发项目,一般都是实行项目分配制,往往容易出现争项目积极,建项目消极,以及争投资、赖还贷的情况,甚至存在重复申请项目,弄虚作假等现象。为了进一步加大项目实施的落实工作力度,必须引入竞争机制、激励机制和约束机制,实行择优立项的竞争招标制。即在坚持统一规划和统一开发标准的前提下,通过公开竞争,谁的积极性高,开发方案科学可行,投资效益好,项目就落实给谁。招标中要确定科学、合理的标底,然后请有关专家认真评标。主要应考虑如下几个方面:一是各级党委、政府对开发工作的重视程度;二是本级财政配套能力;三是是否有明显的资源优势;四是是否有广阔的产业前景;五是农民、集体、财政收入及国民收入指标增长的绝对量和幅度;六是市场前景;七是管理能否跟上,有无精通本行业业务,高素质的领导班子和管理人才;八是有无建后管护的资金来源及办法措施。今后,凡是申请立项的农业综合开发项目,应在全国或全省范围内竞争招标。对水土资源条件差、开发潜力不大、投入产出效益比较低、地方配套资金难落实、农民投资投劳自觉性不强、地方党政领导重视不够、对国家贡献不大的项目区域,要取消其立项资格。

7.1.3 完善农业综合开发的政府采购制度

为了规范农业综合开发的项目管理,提高管理效益,应尽快完善农业综合开发的政府采购制度。所谓政府采购是指“各级政府为满足日常政务活动和面向公众服务的需要,在财政监督下,以法定的程序、形式和方法,从市场统一采购商品和劳务的制度”,是国家对公共资金进行管理的重要手段。

我国在 20 世纪 80 年代初开始推行招标投标制度,可以视为对政府采购的实践,但我国对政府采购制度的研究还十分薄弱,对政府采购的立法工作也相对滞后。《政府采购法》由第九届全国人民代表大会常务委员会第二十八次会议于 2002 年 6 月 29 日通过,并于 2003 年 1 月 1 日起施行。因此,如何借鉴国际上的政府采购规范和经验,是摆在农业综合开发管理部门面前的一个重要课题。

农业综合开发本身是政府主持的工程,理应纳入政府采购,并且,实践已经证明政府采购具有如下主要优势:一是有利于节省财政资金;二是有利于廉政建设,由于政府采购活动在公平、公开、公正的前提下进行,有效地规避了过去分散采购中存在的"暗箱操作"和幕后交易等腐败现象,从而实现廉政目标;三是有利于提高项目工程质量,因为通过政府采购可以有效促进企业甚至整个国民经济的竞争力。因此,农业综合开发实行政府采购有其必然性和重要意义。

笔者认为,适应农业综合开发的政府采购制度与一般的政府采购制度既有相同之处,又有不同之处。我们不仅要规范采购程序,更要明确政府采购管理部门和采购范围。因为农业综合开发毕竟是一个特殊的工程,不应列入一般的政府采购部门,而应由农业综合开发办公室来组织实施。其采购范围应主要包括工程设计招投标、工程施工招投标和标准件加工招投标等。

7.1.4　完善农业综合开发工程设施的管理制度和产权制度

经过 30 多年的农业综合开发,各地建设了大量的农业基础设施。如何加强对这些基础设施的管理,充分发挥这些设施的运行效益是一个极为重要的问题。我们知道农业综合开发项目工程建设的目的在于利用,而利用和运转的好坏、久远在于管护,因此必须解决好管护问题。而要彻底解决这个问题,只有通过产权制度的改革来实现。

要依据实际情况,有针对性地进行产权制度改革。对能够直接产生经济效益的项目工程,可以通过成立公司,运用现代企业制度来明晰产权关系,以适应社会主义市场经济体制的要求。因为社会主义市场经济本质上是商品经济,各经济主体通过市场形成一定的经济关系,等价交换是其遵循的最基本的规则。而进入市场的各经济主体,必须首先明确所有权主体及界区,才能建立真正的商品经济关系,如果某交易主体的产权关系本身具有不确定性,那么真正的商品交换就不可能出现。不仅如此,市场经济的运作机制是价格机制,而市场价格也只有在交易双方所有权主体、界区明确时才可能形成。最初在历史上出现的商品经济所要求的所有权主体、界区的明确,是以私有制为基本形式的。但是,随着古典商品经济向现代商品经济转化,所有权和经营权开始分离了,如何能使企业作为市场主体既具备商品经济交换的必要条件,又具备适应社会化大生产要求不断扩大规模的可能呢?公司制度提供了这两个要求都得到满足的企业组织形式。在公司法人制度下,原始所有权退化为股权。公司法人则获得了公司财产的法人所有权,公司法人可以像自然人一样支配交换对象,参与市场交易。由此可以看出,企业法人制度下的产权明晰化,使企业具备了一个对交换对象具有独占权的真正市场主体的身份。同时,公司制度的建立将有利于拓展筹资渠道和空间,如可以通过向社会公开发行股票、债券等来募集资金。

然而,要把现代企业制度成功地导入农村必须有农村土地制度的配套改革相适应,因为只有当农民在可以用所承包的土地折资入股,并且能够将其股权自由转让和继承的条件下,现代企业制度才有可能真正在农村得以贯彻实施。在当前中国农村土地集体所有制和家庭承包经营责任制不变的大前提下,应通过具体管理模式的创新,以适应社会主义市场经济发展的需要。

当然,农业基础设施的产权制度改革,涉及农民的切身利益,是农村改革和管理工作中的一件大事。在改革过程中,要处理好各种关系,坚持因地制宜、因工程制宜,宜售则售,宜股则股,宜租则租,宜包则包,不搞一刀切,任何形式都必须有利于工程长期效益的发挥,有利于国家和集体资产的保值增值;坚持规范操作,体现公开、公平、公正的原则,真正发挥竞争机制的优势;加强协调管理,正确处理所有者、投资者和农民的利益,既要保证投资者的合理收益,又要切实减轻农民负担,调动农民参与改革的积极性;加强集体资产管理,对改制回收的集体资产主要用于农业基础设施中的公益性工程建设。①

7.2 完善优化农业综合开发投入形成机制

针对农业综合开发存在的投入形成机制问题,笔者提出通过建立和健

---

① 王金安.关于农业综合开发组织管理机制变革的思考[J].经济体制改革,2004(3):51-55.

全农业公共财政制度,创新优化农业基础制度,创新农村金融制度,创新投资形成理念和思路等途径和措施,以形成中央、地方、企业和农民对投资农业综合开发的良好预期和意愿,并积极付诸投资行为的农业综合开发投入形成机制。

7.2.1 建立和健全农业公共财政制度

要确保农业综合开发投资中财政投资和财政补贴的稳步快速增长,最重要的是建立健全农业公共财政制度,把农业综合开发纳入其中,这是对农业综合开发的最有力支持,也是保证农业综合开发的长效投入机制。只有真正建立、健全了农业公共财政体制,我国农业综合开发才会获得持久的资金支持。农业综合开发属于农业公共产品,理应纳入农业公共财政的范围。国际经验表明,中央和地方不断增加农业综合开发的财政投资,能够增强农户、农业企业和金融机构的投资信心。中央财政投资和补贴是整个农业综合开发投资的龙头,其他投资主体对农业综合开发的投资都是以中央投资为依据的,故中央投资天然具有"乘数效应"。因此,要确保农业综合开发投资中财政投资和财政补贴的稳步快速增长,最重要的是建立健全农业公共财政制度,把农业综合开发纳入其中。第一,要根据《WTO农业协议》,把"绿箱政策"扩大到农业综合开发上,建立起与WTO规则和农业公共产品供给规律相适应的农业综合开发投资机制;第二,制定《农业综合开发投资法》和《农业投资法》,明确中央和地方保证农业综合开发投资增长速度高于社会固定资产增长速度的责任,根据各个省(区、市)的财政收入确定配套比例;第三,改革现行农业综合开发资金平均分配的方法,在农业公共财政转移支付制度框架下,根据其公共产品范围,增加对贫困地区的农业综合开发财政投资,对农业综合开发项目立项进行公开招标。[①]

7.2.2 创新优化农业基础制度

完善的农业基础制度是促使农民提高农业综合开发投入预期的保障。

---

① 鲁德银.农业综合开发投资不足的理性预期分析[J].农业开发与装备,2007(1):39-43.

农业基础制度包括土地产权制度、农业保险制度、农村社会保障制度和农民医疗保障制度等等。这些农业基础制度如果比较完善，就会很好地促使农民提高农业综合开发的投入预期信心。

首先，要按照"谁投资、谁所有、谁受益、谁承担风险"的原则合理界定投资产权。要根据发挥最大效用和方便服务农民的原则，通过租赁、承包、转让、拍卖、股份合作等多种产权形式，让项目区农民获得农业综合开发的经济效益，促进农民增收致富，最大限度地发挥农业综合开发效益。按照"政企分开、委托监管、授权运营"的思路，大胆试行"财政参股"的产权新形式。省级财政应按规定比例足额安排参股资金，中央和省级财政按其实际投入比例分享投资收益，承担投资风险。投入到经营项目中的财政资金只参股不控股，财政（农发）部门根据需要授权资产运营机构进行资本运营。

其次，要完善土地产权制度，提高地方政府保护农民投资产权的意识，让农民真正意识到农业综合开发是农民自己对土地的投资行为。增强农民和农业企业对农业综合开发投资预期的关键是在土地所有权公有制的基本制度框架下，从法律角度保护农民的权益。从土地依赖和改革成本来看，最优途径是在法律上保护土地使用权及其交易自由。例如可以制定《农业综合开发法》、《物权法》或修改《农业法》和《土地承包法》，规定凡是经过农业综合开发的土地，投资人在法定承包期内，允许将其作为财产转让，也应当允许农民个人死亡时有价转让他人，或者转让给指定的继承人；在承包期结束时应按照市场重置价值进行补偿；通过租赁、承包、转让、拍卖、股份合作等多种产权市场交易形式，让土地投资价值得到补偿。

最后，要健全农业保险制度和农村社会保障制度以及农业义务教育制度等等，把农民预防性储蓄预期引导到理性投资预期上来。

7.2.3 创新农村金融制度

农村"三农"融资难问题必须通过中央提出的改革创新来解决，要通过创新金融机构、创新金融服务、创新金融产品和创新融资机制来解决农村的金融功能建设问题。对农村金融制度的改革必须坚持市场化原则，充分尊重各类投资主体的投资意愿，由投资人自主决策、自主管理、自主经营、自担风险。除了扩大农村金融机构数量、增大农村金融市场的资金供给之外，对农村金融来讲,只有进行经营管理和业务上的创新,真正找到能够切合农村实际需求的银行管理机制,否则就难以取得理想的效果。

创新农村金融制度必须加快建立健全适应"三农"特点的多层次、广覆盖、可持续的农村金融体系。要继续放宽农村金融机构的准入门槛,降低监管标准,充分利用先进技术,加快推进农村金融机构信息化、网络化,使农村地区享受多层次、低成本的金融服务。在推进农村金融机构利率市场化改革的同时,要逐步培育金融机构产品创新和自主定价能力,不断提高盈利水平。要合理运用财政杠杆,引导和带动更多社会资金投向农村。财政补贴规则要明确,对市场透明,凡是具备条件的政策性金融机构和商业性金融机构均可通过竞争从事政策性业务。在加强农村金融市场竞争的同时也要鼓励农村金融机构之间展开多种合作,避免恶性竞争。农村金融机构应充分利用先进技术,加快建立科学的业务管理系统,降低经营风险。要加快建立存款保险制度,完善农村金融机构市场退出机制。

当前,我国总体上已进入加快改造传统农业、走中国特色农业现代化道路的关键时刻。改造传统农业的关键是人力和物资资本的投入,农业与金融业的依存度和相关性越来越大,因为发展现代农业需要大量长期资金的投入,这就需要金融发挥更大的作用。中央政策已提出"健全严格规范的农村土地管理制度",允许农民以多种形式流转土地承包经营权,发展适度规模经营,这为土地金融化的试点创造了条件。要逐步建立失地农民的社会保障体系,加速土地经营权的流转。要在试点中加强与农地金融有关的立法,不断完善土地承包经营权,延长农地承包期,创新土地抵押权制度,使土地真正成为农民的"聚宝盆"。[①]

在创新农村金融机构制度业务、扩大农村金融试点的同时,监管机制也需要做出相应的变化,不仅要坚持严格监管原则,严格准入标准,规范许可程序,还要强化资本约束,注重防范风险,以确保新机构安全稳健运行。[②]

---

① 高伟.农村现代金融制度怎么建[N].人民日报海外版,2008-10-21.
② 俞靓.农村金融制度创新激活市场[EB/OL].(2008-03-15)[2019-12-10].http://bank.hexun.com/2008-03-15/104480847.html? from=rss.

7.2.4 创新投资形成理念和思路

要有效解决农业综合开发资金不足问题,须在完善相关制度的基础上,进一步解放思想,大胆创新投资形成理念和思路。笔者就此提出如下几点创新投资形成思路。

7.2.4.1 发行农业综合开发彩票

农业综合开发具有与慈善福利和体育事业相类似的社会公益性特征,因此完全可以借鉴我国福彩与体彩的成功经验,发行具有中国特色的农彩,以有效筹集农业综合开发资金。近年来,国家通过发行福彩和体彩筹集了大量的公益资金,这些资金被专门安排用于赈灾、社会保障和老年活动场所、全民健身工程、体育场馆、青少年校外活动中心等社会公益项目建设,促进了社会福利事业和体育事业的发展,也促进了社会公众支持社会福利事业和体育事业发展的良好社会风尚的形成,促进了社会稳定。相信通过农彩的发行,也可以有效加快"三农"问题解决的进程,促进城乡协调发展,促进社会和谐。

7.2.4.2 发行农业综合开发地方政府债券

地方政府债券是指地方政府根据信用原则、以承担还本付息责任为前提而筹集资金的债务凭证,是指有财政收入的地方政府及地方公共机构发行的债券。地方政府债券一般用于地方性公共设施的建设,因此通过发行农业综合开发地方政府债券,以筹集地方农业综合开发资金,完全符合地方政府债券的性质和作用。相信通过发行农业综合开发地方政府债券对有效解决目前农业综合开发财政资金的不足的现实问题大有助益。

7.2.4.3 制定相应的政策,把农业综合开发看成是农民对土地的投资行为

笔者认为,拓宽农业综合开发筹资渠道的关键在于转变观念,把中低产田改造真正看作一种投资行为。市场经济下,要使社会对土地投资有积极性,就必须使投资人获得一定的利益。由于对土地的投资是一种长期投资,

如何根据土地所有制的特点,使投资人真正获得长期回报,就成了整个问题的关键。具体地说,国务院应制定相应的条例,规定凡是经过农业综合开发的土地,投资人在中央规定的承包期内,允许作为财产转让,也应当允许农民个人死亡时有价转让他人,或者转让给指定的继承人。

7.2.4.4 把财政有偿拨款改为委托银行贷款

在农业综合开发中,农民到期不归还有偿贷款的情况时有发生,出现这种现象的原因主要是农民认为这是政府的钱,不赖白不赖。此外,有偿资金的借贷主体问题也值得研究。财政本身作为贷款主体是不符合市场经济条件下商业行为要求的。农民筹资是一种商业行为,应该用商业方式解决。为此,宜把财政有偿拨款改为委托银行贷款。

7.2.4.5 通过农业综合开发项目的资本化运作来筹措资金

把开发好的项目,作为吸引、引导新增投入的"酵母",努力发掘再投入的潜力。通过租赁、承包、转让、拍卖、股份合作以及嫁接改造等多种形式,把土地几十年的经营权出让给企业、其他单位或个人,取得相应的投入,实现滚动开发,但是这种产权转让是有条件的,即企业只能用于农业开发,不得用于建设工厂、商店和住宅等,以吸引农民、农村合作经济组织、乡镇企业、国家经济技术职能部门以及大中型企业参与开发,尤其是鼓励大中城市企事业单位到农业综合开发项目区建立各种农产品基地。这样既可以增加投入,又能满足城市居民及大中型企业对农副产品和原材料的需求,实现城市资金、技术优势与农村资源、劳力优势的对接。

7.2.4.6 通过财政贴息的方式降低投资人的经营风险

鼓励农民对农业综合开发投资投劳,引导农村集体经济组织积极投入,努力把农村更多的国民收入增量和农民用于超前消费及不正当消费的支出引入农业综合开发领域,真正使农民群众成为农业综合开发的投入主体。

7.2.4.7 招商引资,探索建立开放式、经营式开发的新机制

在条件具备的地方,项目的实施可以试行投资股份制开发,中外合资开

发,与沿海发达地区和大企业联合开发,也可以创办股份合作农场。通过开发经营机制的创新,寻求广泛的资本替代,弥补开发资金的不足。

总之,要通过多层次、多渠道、多形式,对各种资金进行广泛动员、组织和引导,使农业综合开发投入不仅有财政投入,更有全社会、全方位的投入。[1]

7.3 完善优化农业综合开发科技服务机制

针对我国农业综合开发中科技服务机制存在的主要问题,笔者依据"强化公益性、放活经营性"原则,提出通过进一步强化科技服务意识,健全科技服务组织,建立多元化的服务主体;完善利益分配和价格等诱导机制;搞好科技示范,强化农民应用先进科技的培训;完善科技服务投入等途径和措施,以形成体系完备、主体多元、结构开放、功能齐全、机制灵活的适应社会主义新农村建设需要的农业综合开发科技服务机制。

7.3.1 进一步强化科技服务意识

经济发展的历史经验表明,科技成果的多少和转化的快慢,对一个国家经济实力的强弱起着至关重要的作用。在当前加快改革的前提下,我们首先要加强宣传教育和法制建设,提高认识,转变观念。一方面要强化各级领导和干部群众的科技意识,逐渐认识科学技术的重要作用,解决好先进的科学技术与落后的农民素质间的矛盾,推动生产部门转变经营观念,增强吸收新成果、新技术的自觉愿望。另一方面要克服科研单位自身存在的重科研、轻转化的现象,积极投身到经济建设的主战场,主动地将科技成果推广到生产单位和基层,使科研与生产密切结合,产生效益,形成双方(成果拥有者和生产单位)自觉自愿结合、相互受益的局面。

---

① 王金安.农业综合开发投入机制的创新及问题探讨[J].生产力研究,2003(4):40-42.

7.3.2　健全科技服务组织,建立多元化的服务主体

要使科技推广顺利进行,必须有组织上的保证。要把农业科技服务体系建立起来,改变科技推广体系线断、网破、人散的退化状况,架通科技进入千家万户的桥梁。农业综合开发项目要把扶持建设乡(镇)技术服务体系作为项目建设和竣工验收的重要内容,在开发区形成完整的科技网络。

为了切实抓好农业综合开发的科技服务工作,各级农业综合开发部门应自上而下建立起农业科技服务的组织机构,为做好农业科技服务工作提供可靠的组织保证。一是建立专门组织。如在省级农业综合开发厅,设立科技服务处,其职责是:组织中央、省农业科研及教学单位参加农业综合开发的技术咨询和推广工作;负责全省农业综合开发科技项目计划的制订、论证、审批和组织实施工作;组织农业综合开发科技进步奖的评审工作;负责农业综合开发的技术培训工作等。市级农业综合开发局成立科技科,明确一名副局长专抓。每个农业综合开发县都指定专人负责。二是成立专家咨询组。省、市、县各级农业综合开发机构均应成立由农业、林业、水利、畜牧、农机、财政、银行等部门科技负责人和具有中高级以上技术职称的专家组成的"农业综合开发专家咨询组",负责论证农业综合开发规划、年度计划,督查项目工程建设、筛选科技项目。三是在涉农高等院校和科研院所设立专门机构,专抓农业综合开发科技服务工作。四是加强省、市、县、乡四级农业科技服务机构的协作与配合,共同组织开展农业科技服务工作,以形成以国家、省、地科技单位为中心,以县农业服务站为骨干,以乡服务组织为基础,以民间组织为补充,上下贯通、左右联通的科技服务组织体系,使农业综合开发科技服务工作,形成专门机构、固定队伍、专职人员、专项经费,确保农业综合开发科技服务工作能卓有成效地开展起来。

需要明确的是,农村科技服务具有公益性、公共性和非营利性的特征,它提供的许多服务,诸如新技术、新品种引进、试验和示范,灾害的监测、预报、防治,质量检测、监测、强制性检验,国土绿化、森林防火、资源管理、野生动植物的保护,防汛、抗旱、救灾、水土保持,小型水电工程、机电提灌、中低产田土改造;农机新技术、新机具的示范、推广、安全监管等,为公共产品或准公共产品,属于是公益性的服务范畴,需要政府承担,因此,由政府部门牵

头,组建一个满足大众公共需求的新型农村科技服务机构势在必行。向生产者提供的非公共性服务,诸如个性化的技术提供,生产资料的生产、供应,农产品的精深加工、经营,植物病虫害的防治,畜禽疾病的诊疗,农产品供求信息提供、农机作业的有偿服务等,为非公共产品,属于经营性的服务范畴,因此,可由各类龙头企业、农村专业合作组织、生产大户和各类为基层服务的组织按市场化的运作方式提供相关服务。

因此,公益性的农村科技服务系统应由政府部门牵头组建一个全额拨款的事业单位——农村科技综合服务中心,可从原有的农业、林业、农机、畜牧水产、气象等部门抽调技术骨干组建形成,配备领导班子,也可按照国家政府机构改革组建大部委的思路,由以上部门合并组建,专门从事公益性的农村科技服务活动。根据现行的行政体制,可在中央、省(市、自治区)、市(州)、县、乡(镇)分别组建农村科技综合服务中心,形成五级农村科技服务体系,但重心应该放在县、乡镇两级,加强基层的农业科技力量。农村科技综合服务中心设部,分别履行相关职能,行政上直接归地方行政长官领导,业务上由上一级的农村科技综合服务中心指导。工作人员待遇从优,行政事业开支由财政全额拨付。村级可设农村科技服务指导员,是乡镇农村科技综合服务中心的延伸。

另外,应积极鼓励私人资本和社会资本进入农业科技服务行业,成立农业科技服务公司;支持和鼓励农业类科研机构整体或部分改制为科技型的龙头企业;引导和培育农民自己组建科技服务组织,以建立起多元化的科技服务主体。

7.3.3 完善利益分配和价格等诱导机制

要制定优惠政策,建立竞争机制,吸引和鼓励科技工作者到农业综合开发区传播和推广先进技术。要运用经济手段组织科技开发,把新科技成果推广的效益,切实与科技人员的利益挂钩。鼓励和支持科技单位和地方政府采取"政技结合,集团承包"等模式,按照"风险共担,利益均沾"的原则开展有偿服务,推广科技成果。

为吸引大批科技人员投身农业综合开发项目区,在强化竞争、激励机制上可采取以下措施:一是将科技推广项目纳入农业综合开发项目计划。省、地、县各级农业综合开发管理部门根据农业综合开发项目区实际需要提出所要推广的科技项目,经过严格筛选、专家论证、平衡汇总后列入各级农业综合开发项目计划。二是引入竞争机制。在选择重大科技示范项目时,首先采取竞争选点,对示范项目的选点,采取"公开条件、平等竞争、择优确立"的原则,哪些地方积极性高、领导重视、群众科技意识强、基础条件好、思路清晰,就选哪些地方;其次是竞争选择科技依托单位和科技人员,示范点确立后,示范点根据项目建设内容,选择技术依托单位和专业技术人员,科技人员根据自身技能及地方待遇,选择示范点。双方达成协议后,由农业综合开发管理部门作为鉴证单位,签订承包合同,明确双方责权利。三是对科技推广项目实行规范化管理。为使科技推广工作步入科学化、规范化、制度化的管理轨道,应制定相应的管理办法和措施,如对科技项目实施的范围及原则、申报程序、审批办法、项目实施、检查验收、科技经费的使用范围、拨付地点、科技人员蹲点时间和主持人负责制等进行明确规定和具体要求,使每个科技项目都做到有申报书、有实施方案、有甲乙双方合同书等。四是设立"农业综合开发科技进步奖"。五是表彰奖励有突出贡献的科技人员。对有突出贡献的科技人员,应采取不同方式给予表彰奖励。六是地方政府和科技单位,应将科技人员的实绩记入档案,作为评定职称、晋升职务的重要依据,并在安排住房、配偶就业、子女入学等方面优先考虑。①

　　由于受资源和其他条件的限制,农业在现代经济体系中处于弱势地位,需要政府的财政性支持和扶持,特别是在中国城乡发展不平衡的现实背景下,更需要"以工补农"来实现"以城带乡",最终达到全社会共同发展。而且,农业科技相当部分具有公益产品的性质,更需要政府的直接补贴。然而,经验证明,政府直接供养机构和人员,通过行政化的方式提供科技服务的模式由于难以形成有效的激励和约束机制,导致效率不高。因此,必须构建激励性的财政支持体系。这种财政支持体系,不再以办公经费和人员工资的形式对科技服务组织进行直接支付,而是需要科技服务组织用优质的服务进行交换,政府将有限的经费用于购买科技服务产品。具体实现方式

---

　　① 吴树兰.论坚持科技推广　搞好农业综合开发[J].中国沙漠,2000,V20(A2):88-91.

可以分为两种:一是重大的科技服务项目,政府公开招标,科技服务公司自由、公平竞争;二是将经费直接补贴给农业生产者,再由他们向科技服务公司购买服务。如此,既能保证公益性的科技服务得以推广,又能使财政经费效益发挥到最大限度。

此外,国家在实行保护价收购农产品时,应该通过"优质优价,劣质劣价"拉开差距,甚至将劣质农产品挤出保护价收购之列。使农民真正体会到应用先进科技,如选用良种、合理密植等的价值,从而产生对先进科技的内在需求动机,进而自觉应用先进科技。

7.3.4 搞好科技示范,强化农民应用先进科技的培训

国家农业综合管理部门应在每个大的区域,都建立起国家级科技示范区,各个省(区)应根据当地不同的自然条件建立省级科技示范区。所建立的示范区应是现代科技成果的集中体现,代表农业综合开发的方向和水平。通过示范区的建立,一方面,推广、应用各项先进的科技成果和新技术,鼓励科技人员到示范区推广新成果,集中培训农民,将技术手把手地教给农民,以降低农民应用先进科技的风险,解决农民和技术、市场的接轨问题;另一方面,带动周边和相同条件项目区农业生产的发展。

农业综合开发的主体是农民,每项新技术的推广和应用最终还是要由农民来落实。过去的开发实践告诉我们,资金的输入是一种较为简单的外力输入,而技术的引进到其作用的发挥,都要有一个吸收、积聚和发育的过程,从而导致资金输入与技术开发在时空上的不一致性。在农业综合开发过程中,任何超越科技开发度的资金输入,必然需要一个等待技术吸收、积聚和发育的过程,其结果是资金的沉淀、闲置、低效益甚至浪费。在农业综合开发的继续延伸中,普遍存在的问题是缺乏技术人才,尤其是开发主体的文化素质、技术素质、经营管理素质都较差,懂技术、会经营、善管理的人才十分欠缺。因此,必须强化对项目区农民的培训意识,选择适合项目区农民实际的培训方式,切实提高科技培训效果。

7.3.5 完善科技服务投入机制

加大科技方面的投入,使农业综合开发投资从主要用于农业基本建设、

改善农业生产条件的低层次开发,转移到改善农业生产条件和依靠科技并重的开发轨道上。

在科技推广工作中,应多渠道、多层次筹措资金,并切实加强管理。一是从计划中列一点,即从农业综合开发财政投入中拿出一定比率作为科技推广资金,列入年度计划。二是地方政府配一点,即每年省科技示范区选定在哪个地方,要求该市县级政府从财政中拿出一定数量的资金作为技术依托单位的科技经费。三是群众筹一点,即农业综合开发项目区农民群众对技术含量高、经济效益好的科技项目,自愿出资高薪聘请技术人员。四是从回收的财政有偿资金和专项贷款中安排一点。对于科研单位和科技人员组织实施的农业综合开发项目,在安排回收再放资金和专项贷款时优先考虑,支持搞一些效益好的多种经营及龙头项目。对于科技推广资金,应实行专人负责、专户储存、专款专用的管理方式。科技项目确定后,资金跟着项目走,实行项目负责人制,保证资金做到专款专用。

总之,农业综合开发区要把依靠科技进步作为项目区集约经营的重点来抓,通过强化科技服务意识,健全科技服务组织,建立多元化的服务主体,完善利益分配和价格等诱导机制,按照市场经济的内在规律,在完善的基础设施和政府支持体系下,自主地为农业提供充足的科技服务产品,加快科技成果向现实生产力的转化步伐,把农业综合开发区建设成为科技推广的先行区、普及区,使农业综合开发区真正成为高产、优质、高效的,能出经验、出人才的现代化农业示范区。[①]

7.4 完善优化农业综合开发产业化经营机制

针对农业综合开发产业化经营机制存在的主要问题,笔者提出通过完善农业产业化服务组织体系、利益联结机制、支持政策体系、法律支撑体系等途径和措施,以形成组织体系健全,利益联结合理,支持政策到位、法律支

---

① 王金安.构建农业综合开发科技激励机制的探讨[J].数量经济技术经济研究,2000(7):67-69.

撑有效的,较为理想的农业综合开发产业化经营机制。

7.4.1 完善农业产业化服务组织体系

农业产业化是一个长期持续发展的过程,农业产业化服务组织的形成和发展,是这个过程的基础。如果把农业产业化看作一个系统工程,那么农业产业化服务组织就是这个系统工程的基础设施。只有建立并不断发展农业产业化服务组织,这种组织才能发挥出它的组织功能。农业产业化服务组织建立起来之后,它的功能作用不是一次性的,而是持续性的。

30多年来,各地农业综合开发区在探索产业化经营的过程中,涌现出了许多农业产业化的组织形式,如公司加农户、加工企业加农户、合作经济组织加农户、市场加农户、能人加农户等。这些组织都体现了"市场牵龙头、龙头带基地、基地连农户"的共同特点。在农业产业化的初期,农业产业组织的形式,应该是因地制宜,多种形式并存。但从长期发展的趋势来看,根据发达国家的经验,农业产业组织应该尽可能以统一、规范、综合性的农业合作经济组织为主体,以其他形式为补充。

目前,我国农业综合开发部门十分重视公司加农户的形式。从当前来看,这的确是农民易于接受、比较简单易行又容易在短期内取得成效的一种农业产业组织形式。但我们必须注意,不能把这种形式的作用估计得过高。因为,其一,公司加农户的组织形式,有一定局限性,它不能大面积普及,能够加入到这种组织形式当中的农户十分有限;其二,这种组织形式只是在公司的原材料供求上形成的松散联盟,是很不稳定的,一旦出现市场风险,公司与农户的这种组织联系就可能中断;其三,在这种组织形式下,一边是实力强大的公司,另一边是弱小的农户,两者之间没有持久的制衡机制,农民的利益缺乏有效的保障;其四,这种组织形式的经济内容单一,无法承担对农民在其他方面如生产过程、产品流通、咨询、信贷、保险等的服务。因此,从长期来看,公司加农户不适宜成为我国占主导地位的农业产业组织形式。

以统一、规范、综合性的农业合作经济组织作为我国占主导地位的农业产业化组织形式,有如下优势:其一,可以简化农业产业组织,如果针对每一种农用生产资料的供应,每一种农产品的销售,以及农业技术的推广、咨询、信贷、保险等,都分别组建一套互相独立的组织,各种农业产业组织相互交叉、重叠,必然会增加管理费用,降低组织效率;其二,能够形成统一的集流通、技术服务、咨询等多功能于一体的服务网络,一套组织网络,发挥多种功能,自然会降低管理费用,极大地提高组织效率;其三,易于政府对产业组织进行指导和沟通,使之成为政府联系农民的桥梁和纽带。[①]

7.4.2 完善利益联结机制

有效的利益联结机制是农业产业化经营的核心和关键,因此如何构建参与农业产业化的各利益相关主体之间"利益均占、风险共担"的利益联结机制,使他们真正成为休戚与共的利益共同体,是推动农业产业化健康有序发展的重要课题。

笔者认为要建立和完善农业产业化的利益分配机制,必须重视以下几个方面。

7.4.2.1 因地制宜选择合适的利益分配联结方式

目前,农业产业化经营中利益分配形式多种多样,概括起来大致有以下几种方式:一是企业与农户通过签订合同,制定保护价及相关服务;二是企业与农户通过合作社、专业农协等中介服务组织建立稳定的产销关系,对农户实行利润返还;三是企业与农户按照股份制或股份合作制建立紧密的利益共同体。究竟采取哪种形式,必须因地制宜,从保护农民利益出发,不能一刀切,强求一律,甚至无视市场变化及主体的客观承受能力,用行政力量捏合"共同体"。

7.4.2.2 增强农民自我保护意识和能力

按照"民管、民办、民受益"的原则,大力发展专业农协、合作社等中介组织,以提高农民的组织化程度,进而增强农民自我保护意识和能力。

7.4.2.3 建立农业产业化风险基金

建立农业产业化风险基金,以丰补歉,滚动使用,可以抵御市场风险,最

---

① 王金安.农业综合开发经营问题探讨[J].商业研究,2000(11):112-114.

大限度地减少各方风险损失,是建立规范、合理的利益分配机制的重要保证。[①]

7.4.3 完善产业化支持政策体系

产业化支持政策是农业产业化经营的指南和导向,因此完善的产业化支持政策体系是农业产业化经营健康发展的重要保证。根据政府调控力度的不同,农业产业化支持政策可以分为控制性政策、协调性政策、引导性政策和扶持性政策。控制性政策是对农业产业化进程中的部分比例关系实行控制与调节的办法和措施,其政策目的是通过对农业生产资料生产与经营行为的控制,确保涉农企业收入的稳定和农业产业化的服务质量。协调性政策是对农业产业化运行中各种矛盾协调的有关原则和方法的规定,其目的是加强农业管理部门的协调职能,强化农业产业化的调控能力。引导性政策是按照国家农业政策,引导市场主体向农业产业化迈进的办法和措施,包括把非农产业资本引向农村,加速农业产业化进程。扶持性政策是政府在一定时期内将支持的重心向农业产业化某个领域或地区集中,使其得到优先发展的办法和措施,包括对相对落后地区农业产业化的扶持、对农业企业和合作社给予优惠性扶持政策等。

7.4.4 完善产业化法律支撑体系

保障农业产业化有序推进需要完善的法律支撑,因此应积极转变政府角色,完善农业产业化宏观调控体系,建立健全农业调控的法律支撑体系。政府要明确自身的真正职责,要明确自己服务的主体是农户,服务的目的是想方设法推动农业产业化的发展,想方设法增加农民的收入,要明确自己是扶持引导农业发展的服务机构,政府的根本职责是服务。农业发展应该重视市场配置资源的基础性作用,政府对老百姓的产种销不应直接插手,而应把对农业宏观调控的重点转向间接手段的运用,减少行政手段和经济手段,充分发挥法律手段在农业产业化中的作用,加强农业宏观调控的法律建设。

---

① 安徽省财政厅课题组.农业产业化面临的问题和对策:芜湖市农业产业化情况考察[J].农村财政与财务,2000(3):10-12.

必须以《农业法》为龙头,制定与之相配套的以规范和调控主要农业和农村经济关系的各项具体的农业宏观调控措施为基本内容的,门类齐全、相互配合、协调一致、操作可行的农业宏观调控法律体系。与农业产业化发展相配套的法律,应包括:农业产业政策法、农业产业促进法、农业投资法、农业信贷法、农业教育促进法、农业科技振兴法等各个方面切实可行的具有规范性、可操作性的法律。通过完善农业法律体系,为农业产业化发展提供有效的法律保障,为农业发展创造一个良好的法律环境。

建立完善的法律支撑体系,应在认真研究我国具体国情的基础上,积极借鉴国际先进经验。国外农业产业化法律支撑系统的构建,一般以一个"母法"或农业宪法为核心,形成一系列涵盖农业投入、扶持生产与完善农业基础、农业合作经济组织、农业用地与农民土地权益、农业金融与灾害保险、农产品市场流通和价格、农产品质量检查与农资的生产使用、自然资源保护和环境保护以及调整其他农业经济关系的相关法律体系,美国和日本就是其中的典型代表,值得我们借鉴。

美国是一个非常重视农业法律和政策的国家,其农业法律和农业政策制定的基本特点是:先制定农业法律,再根据农业法律制定农业政策。农业法律由国会制定,经总统签署生效,交由农业部实施,农业部根据农业法律的内容制定具体实施政策。所以,美国农业法律与农业政策的基本精神和内容是一致的。经过半个多世纪的演化,美国已形成以农业法为基础和中心,100多个重要法律为配套的比较完善的农业法律体系,美国农业已经走上了以法治农的轨道。

日本以《农业基本法》或农业宪法为"母法",制定了200多个配套的农业法律,形成了比较完善的具有日本特色的农业法律体系。日本农业基本法以1961年《农业基本法》为基础,现行农业基本法是1999年颁布的《食品、农业、农村基本法》。日本农业法包括农业基本法、农业基础法、农用土地法、市场流通法、农业主体法、农业金融法、灾害保险法和质量检查法等。

8 研究结论与存在的不足

8.1 研究结论

本书聚焦于我国现行的具体农业公共政策——农业综合开发政策的战略定位及其运行机制问题,从分析梳理农业综合开发相关理论,如经济增长源泉理论、公共产品和准公共产品理论、战略定位理论和系统运行机制理论等入手,试图为我国农业综合开发战略定位和运行机制设计寻找其理论依据;进而研究分析农业综合开发的国际定位趋势和规则空间,希望能从中获得启示;在此基础上,本书首先从事实和理论两个视角分析论证了我国农业综合开发政策所具有的独特制度优势,以证明农业综合开发确实是解决"三农"问题的有效途径,进而论证分析农业综合开发现行的计划强制推动型战略定位模式及其运行机制面临的现实问题,为调整和完善农业综合开发战略定位模式架构明确了主攻方向;最后,依据相关理论和存在的现实问题,提出了构建农业综合开发市场诱致服务型战略定位模式的创新设想,并进一步提出了建立健全与创新型农业综合开发战略定位模式相适应的运行机制的设想。本书主要的研究结论大体可概括为以下几个方面。

8.1.1 农业综合开发是解决我国"三农"问题的好政策

农业综合开发政策是一项符合习近平新时代中国特色社会主义思想发

展观,业已取得巨大实施成就,并与 WTO 规则空间相适应的解决我国"三农"问题的好政策。

首先,农业综合开发政策完全符合习近平新时代中国特色社会主义思想发展观之精髓。习近平新时代中国特色社会主义思想发展观的第一要义是发展,核心是以人为本,基本要求是全面协调可持续,根本方法是统筹兼顾。落实到"三农"工作上,就是要大力发展农业生产,促进农民持续增收,保护好生态环境,走人与自然和谐发展的道路。农业综合开发自 1988 年实施以来,始终把发展生产、农民增收作为基本任务,着力加强农业基础设施建设,改善农业生产条件,提高农业综合生产能力和保护农业生态环境;着力推进农业和农村经济结构战略性调整,提高农业综合效益,增加农民收入。

其次,农业综合开发战略的实施业已取得巨大的成就。30 多年来,农业综合开发在推动我国农业发展、促进粮食增产和农民增收、保持农村稳定以及支持整个国民经济持续、健康、快速发展中,发挥了重要作用,取得了显著成就。

最后,农业综合开发政策与 WTO 规则空间相适应,具有较大的国际规则空间。现行农业综合开发政策的重心主要放在改善我国粮食主产区农业基础设施和提高农业科技服务水平上,这些都属于 WTO 规则中的"绿箱"政策范畴,因此具有较大国际规则空间。

8.1.2 现行农业综合开发战略定位模式及其运行机制存在诸多不适应

现行农业综合开发计划强制推动型战略定位模式及其运行机制已严重不适应我国社会主义市场经济发展的现实和趋势。

由于我国农业综合开发战略是应特定时期国家粮食安全需要而开始实施的,其战略定位与运行机制先天带有浓重的计划经济体制烙印,而在我国社会主义市场经济体制日益完善的今天,就显出诸多的不适应,尤其是现行的计划强制推动型战略定位模式已严重不适应我国社会主义市场经济发展的现实和趋势,加之其组织规划机制、投入形成机制、科技服务机制、产业化经营机制等运行机制的不完善,严重制约了这一政策潜在优势的充分发挥。

因此,系统地审视和分析我国农业综合开发战略定位及其运行机制存在的问题,对于进一步健全和完善我国农业综合开发战略制度,充分发挥和利用其制度优势,以助力国家乡村振兴战略的有效实施,具有重要的理论和现实意义。

现行的计划强制推动型战略定位模式存在的问题主要有以下四个方面:

一是实际目标定位不够理想。虽然农业综合开发被表述的地位似乎并不低,但仔细分析审视农业综合开发的协调组织、项目重点、资金规模等,就不难发现农业综合开发战略的实际定位并不高,仅是作为解决"三农"问题或新农村建设的一项辅助性政策。显然,这极大地制约了农业综合开发这一优良战略制度优势发挥的广度和深度。

二是客体定位存在"缺位"或"越位"。从我国农业综合开发实践情况来看,财政资金供给在总量和结构上尚存在一些"缺位"或"越位"的问题,如农业基础设施项目财政资金供给不足且结构不甚合理,政府直接介入农业经营性项目不符合公共财政的要求,农业科技示范项目财政资金供给不足且结构不甚合理,农业生态环境保护项目财政资金供给不足等。

三是主导定位没有适时调整。从1988年我国开始实行农业综合开发政策以来,我们实行的一直是"中央政府主导,地方政府配合"的开发模式。应该说,在农业综合开发初期,采用这个模式是必要的,这有利于工作的初始推动,但农业综合开发实行了30多年,早已经由初期阶段开始进入正常运行阶段,开发的规模和地域范围越来越大,情况也越来越复杂,仍以中央政府为主导的开发模式,就自然显现出诸多弊端。

四是主体定位还没有得到真实体现。从目前我国农业综合开发的实际情况看,农民的开发主体地位还没有能够得到真实的体现。造成这种状况的原因是多方面的,首先是观念上的障碍,依据传统观念和标准,农民目前还不是农业综合开发的主要投资主体和产权主体,自然就无法成为真正的开发主体。

现行计划强制推动型运行机制的问题主要表现在以下四个方面:

一是组织规划机制不完善。在30多年的农业综合开发实践中,应该说,我们已经积累了丰富的实践经验,也建立了许多行之有效的管理规章,但我们应该看到,在当前市场经济体制日趋成熟的新形势下,要有效实施农业综合开发战略,现行农业综合开发组织规划机制已显现出诸多的不适应。具体表现为:组织架构体系不够合理、规划体系不够完善、项目管理不尽规范、产权不够明晰等。

二是投入形成机制不完善。尽管近年来农业综合开发投资不断快速增长,但这是低起点的快速增长,与其所要承担的提高农业综合生产能力、国际竞争力和可持续发展能力等历史重任相比,资金缺口很大。究其原因主要是现行的投入形成机制还难以有效增强各类投资者对农业综合开发的信心。从投入动机分析,投资者对投资回报的预期不高是主要根源。具体表现为低收益高风险使投资者信心不足;中央政府投资预期不足,中央财政投资不足;地方政府投资预期不足,配套资金不到位;农民投工投资预期不足,投工投资积极性下降;金融制度缺陷造成融资预期不足等。

三是科技服务机制不完善。30多年来,农业综合开发推广、应用先进科技成果显示出的巨大成效,使人们充分认识到科技兴农的重要性,但随着社会主义市场经济体制的逐步建立和完善,原来计划经济体制下建立起来的农村科技推广体系已经丧失了运行基础,而且与新形势的发展不相适应,尤其是无法满足建设现代农业的需要。具体表现为不少地方政府的科技服务意识还不够强;科技服务组织体系不完善,服务主体单一;管理体制不顺畅,激励机制不完善;农村劳动力科技文化素质低,农民合作组织综合实力弱;科技服务资金投入不足等。

四是产业化经营机制不完善。农业产业化经营是我国农村改革继实行家庭承包经营之后农村经营体制和组织制度的一个重大创新。发端于20世纪80年代中后期的农业产业化经营,取得了明显成效,产生了积极效果。但就目前我国农业产业化的总体水平来看,还处于发展的初级阶段,推进农业产业化进程还面临着诸多的问题和障碍。具体表现在产业化社会服务组织体系不健全,利益联结机制不完善,多元化投入机制尚未真正形成,政策激励机制缺失,法律支撑保障体系不健全等。

8.1.3 应构建起农业综合开发市场诱致服务型战略定位新模式

笔者认为,应将农业综合开发战略定位模式由现行的计划强制推动型模式向市场诱致服务型模式转变。

　　针对我国农业综合开发战略现实定位存在的问题，笔者依据经济增长源泉理论、战略定位理论、公共产品和准公共产品理论等，并结合我国市场经济发展情况和农业综合开发的现实状况，提出了应将农业综合开发战略定位模式由现行的计划强制推动型模式向市场诱致服务型模式转变的创新构想。

　　一是农业综合开发战略的目标定位应由现实的解决"三农"问题的辅助性政策转变为核心政策目标。之所以提出这一主张，主要是因为农业综合开发政策是一项符合习近平新时代中国特色社会主义思想发展观，业已取得巨大实施成就，并与WTO规则空间相适应的好政策。

　　二是农业综合开发的客体定位应由较多地关注竞争性农业私人产品转向农业准公共产品。之所以提出这一主张，是因为农业综合开发政策是一项公共财政政策，其政策的着力点理应落在具有社会公益性的公共产品和准公共产品上，同时农业综合开发又具有显著的区域性特征，符合准公共产品的构成要件。

　　三是农业综合开发的主体定位应由目前的中央政府主导，地方政府消极配套，农民被动参与的尴尬局面，转向中央政府引导，地方政府主导，农民真正成为开发主体的新格局。之所以提出这一主张，首先，农业综合开发的对象——农业准公共产品是直接与受益人有着密切联系，这就决定了它具有地方性特征；其次，按照多级政府的分工理论，中央政府应主要提供纯公共产品，地方政府提供准公共产品。因此，从上述两方面来看，以地方政府（在这里是指省、市、自治区政府）为主导的农业综合开发思路，是符合农业准公共产品供给规律的。具体来说，农业综合开发应当在立项、审批、施工、验收等方面扩大地方政府的自主权，中央政府则负责宏观调控和协调。再次，农业综合开发如果无法真正确立起农民的开发主体地位，那么农业综合开发就难以取得成功，问题的关键是如何促使农民真正成为农业综合开发的主体。笔者提出如下几点解决问题思路：突破传统框框，树立起农民是农业综合开发真正主体的观念；按照制度变迁理论要求，积极发挥财政投资在我国农业发展中的引领促进作用；以建立和完善新型的产业组织形式和生产经营方式为基础，培育强化农民的市场主体地位；增强农民自我发展能力,促使农民充分发挥主体作用。

8.1.4 应构建与创新型农业综合开发战略定位模式相适应的运行机制

农业综合开发创新型战略定位模式要成功地付诸实施,必须具备完善的与之相适应的运行机制,笔者依据组织管理理论、系统运行机制理论等相关理论和我国社会主义市场经济发展的现实和趋势,提出了构建市场诱致服务型运行机制的创新设想。

一是完善和优化农业综合开发组织规划机制。笔者提出通过创新设置和完善农业综合开发部组织架构体系,完善农业综合开发的规划和立项制度,完善农业综合开发的政府采购制度,完善农业综合开发工程设施的管理制度和产权制度等途径和措施,以推动组织架构体系与战略定位目标相适应,中央与地方规划体系紧密配套,产权和管理制度与社会主义市场经济体制相协调的较为理想的农业综合开发组织规划机制。

二是完善和优化农业综合开发投入形成机制。笔者提出通过健全农业公共财政制度,创新优化农业基础制度,创新农村金融制度,创新投资形成理念和思路等途径和措施,以形成中央、地方、企业和农民对投资农业综合开发的良好预期和意愿,并积极付诸投资行为的农业综合开发投入形成机制。

三是完善和优化农业综合开发科技服务机制。笔者依据"强化公益性、放活经营性"原则,提出通过进一步强化科技服务意识,健全科技服务组织,建立多元化的服务主体,完善利益分配和价格等诱导机制,搞好科技示范,强化农民应用先进科技的培训,完善科技服务投入机制等途径和措施,以形成体系完备、主体多元、结构开放、功能齐全、机制灵活的适应社会主义新农村建设需要的农业综合开发科技服务机制。

四是完善和优化农业综合开发产业化经营机制。笔者提出通过完善农业产业化服务组织体系,完善利益联结机制,完善农业产业化支持政策体系,完善产业化法律支撑体系等途径和措施,以形成组织体系健全、利益联结合理、支持政策到位、法律支撑有效的较为理想的农业综合开发产业化经营机制。

8.2　研究中存在的不足

选择农业综合开发这一创新支农政策,就其战略定位及其运行机制问题进行研究,无疑具有很强的现实意义,但同时也存在着一些不太容易解决的问题。

一是由于我国农业综合开发统计工作基础较差,存在不够系统、准确和全面的问题,致使大量研究所需要的准确数据难以获得,这必然会不同程度地影响到研究结论的准确性和权威性。

二是由于国内理论界对我国农业综合开发支农政策的理论研究还很薄弱,虽然笔者对这项政策已关注思考了多年,但由于自身专业学识和研究能力的限制,必然影响到研究问题的深入程度。

三是由于时间、精力和研究条件的限制,对某些问题还缺乏深入的研究,如农业综合开发所涉及的土地产权制度、流转制度,政府涉农部门的组织管理体制和机制等。

参考文献

[1] Cash J I. Building the information-age organization structure, control, and information technologies [M]. NewYork: McGraw-Hill Book Co. ,1994.

[2] David F R. Strategic management: concepts and cases[M]. New Jersey: Prentice Hall,Inc. ,1996.

[3] Harrod R F. Towards a dynamic economics: some recent developments of economic theory and their applications to policy[M]. London : Macmillan,1984.

[4] Kendrick J W. Productivity trends in the United States[J]. NBER Books, 1961, 126(1):148.

[5] Lucas R E. On the mechanics of economic development[J]. Journal of Monetary Economics, 1989,22(1):3-42.

[6] Romer P M. Growth based on increasing returns due to specialization [J]. American Economic Review, 1987(77):56-62.

[7] Romer P M. Increasing returns and long-run growth[J]. Journal of Political Economy, 1986(94):12-37.

[8] Romer P M. Endogenous technological change[J]. Journal of Political Economy, 1990, 98(5):71-102.

[9] Solow R M. A contribution to the theory of economic growth[J]. Quarterly Journal of Economics, 1956(1):1.

［10］ Thirlwall A P. Growth and development：with special reference to developing economies［J］. The Economic Journal，1973，83（330）.

［11］［德］马克斯・韦伯.新教伦理与资本主义精神［M］.于晓,陈维钢,等译.北京：生活・读书・新知三联书店,1987.

［12］［美］道格拉斯・诺思,罗伯特・托马斯.西方世界的兴起［M］.厉以平,蔡磊,译.北京：华夏出版社,1989.

［13］［美］丹尼森.美国经济增长核算 1929—1969［R］.布鲁金斯研究所,1974.

［14］［美］弗雷德・R.戴维.战略管理(第六版)［M］.李克宁,译.北京：经济科学出版社,1998.

［15］［美］霍利斯・钱纳里,莫尔塞斯・塞尔昆.发展的格局 1950—1970［M］.李小青,等译.北京：中国财政经济出版社,1989.

［16］［美］斯蒂芬・P.罗宾斯.管理学原理［M］.北京：中国人民大学出版社,1996.

［17］［美］西奥多・舒尔茨.人力资本投资：教育和研究的作用［M］.蒋斌,张蘅,译.北京：商务印书馆,1990.

［18］［英］安东尼・B.阿特金森,［美］约瑟夫・E.斯蒂格利茨.公共经济学［M］.蔡江南,许斌,邹华明,译.上海：上海三联书店,1994.

［19］［英］凯恩斯.就业、利息和货币通论［M］.徐毓枬,译.北京：商务印书馆,1999.

［20］ 2018 年农村居民人均可支配收入 14617 元 增速高于城镇居民［EB/OL］.（2019-02-20）［2019-12-10］. https：//baijiahao. baidu. com/s? id＝1625977960193707820&wfr＝spider&for＝p.

［21］安徽省财政厅课题组.农业产业化面临的问题和对策：芜湖市农业产业化情况考察［J］.农村财政与财务,2000(3)：10-12.

［22］曹宝明,李俊超,黄非.沿海发达地区农业综合开发投资的战略调整［J］.现代经济探讨,2002(12)：37-39.

［23］曹立赢.西方财政理论与政策［M］.北京：中国财政经济出版社,1995.

［24］曾令香,等.农业微观基础的组织创新研究［M］.北京：中国农业出版社,2001.

［25］陈锦辉.论市场经济条件下高等教育的运行机制［J］.云南师范大学学报（教育科学版），2000（5）：72-74.

［26］程惠芳.WTO 与中国经济［M］.杭州：浙江大学出版社，2003.

［27］崔永福，王俊风，陶佩君.中国农村科技服务体系良性运转的障碍因素分析［J］.中国农村小康科技，2008（1）：3-4，9.

［28］凡小忠，陆银，黄耀如，等.区域农业综合开发再认识［J］.中国农业资源与区划，2007（1）：22-25.

［29］范小建.加入 WTO 以后的中国农业政策调整［M］.北京：中国农业出版社，2002.

［30］方福前.当代西方经济学主要流派［M］.北京：中国人民大学出版社，2004.

［31］方炎.农业可持续发展的政策、技术与管理［M］.北京：中国农业出版社，2003.

［32］福建省财政厅课题组.农业产业化面临的问题和对策：漳州市农业产业化情况调查的经验［J］.农村财政与财务，1999（4）：7-10.

［33］高伟.农村现代金融制度怎么建［N］.人民日报海外版，2008-10-21.

［34］高英.新时期农业综合开发的基本思路［J］.中国农村经济，2000（10）：19-22.

［35］顾卫平，魏星，张弓女，等.WTO 框架下我国农业保护政策：依据、空间、调整［J］.上海经济研究，2005（9）：30-35.

［36］郭蕊.国内外项目管理研究的理论、框架及其进展［J］.现代管理科学，2006（5）：27-29.

［37］国家农业综合开发办公室.中国农业综合开发［M］.北京：中国财政经济出版社，2003.

［38］国家生态环境部.2017 中国生态环境状况公报［EB/OL］.（2019-04-09）［2019-12-10］.http://www.gov.cn/guoqing/2019-04/09/content_5380689.htm.

［39］韩洪云，赵连阁.节水农业经济分析［M］.北京：中国农业出版社，2001.

［40］韩连贵.农业综合开发的巨大潜力［J］.经济研究参考，2000（42）：20-25.

[41] 韩炜. 战略定位演化研究：基于价值活动网络视角[M]. 北京：经济科学出版社，2010.

[42] 韩延明，曹丞. 我国高校内部管理运行机制撷探[J]. 青岛化工学院学报（社会科学版），1999(4)：15-18.

[43] 杭州市统计局. 2007 年杭州市国民经济和社会发展统计公报[EB/OL]. （2008-02-28）[2019-12-10]. http://www. hzstats. gov. cn/webapp/ show_ news. aspx? id＝15149.

[44] 何利辉. 中美农业综合开发比较分析[J]. 世界农业，2005(1)：23-26.

[45] 胡德仁，刘亮. 我国财政支农政策的绩效分析及政策选择[J]. 云南财贸学院学报（社会科学版），2003(3)：88-89.

[46] 胡继连，西爱琴. 产业组织制度与中国农业发展研究[M]. 北京：中国农业出版社，2002.

[47] 胡雪良，金雄伟，吕律. 土地承包经营权可作价入股合作社. 人民网浙江视窗，2009 年 3 月 16 日.

[48] 黄季焜，胡瑞法，张林秀，等. 中国农业科技投资经济[M]. 北京：中国农业出版社，2000.

[49] 黄季焜，夏耕，张超超，等. 入世后中国农业综合开发的对策研究[J]. 农业经济问题，2001(3)：10-14.

[50] 黄劲松. 浅论公共政策绩效评估的新取向[J]. 辽宁行政学院学报，2004，6(1)：8-8.

[51] 黄连贵，张照新，张涛. 我国农业产业化发展现状、成效及未来发展思路[J]. 经济研究参考，2008(31)：23-33.

[52] 黄祖辉，林坚，张冬平，等. 农业现代化：理论、进程与途径[M]. 北京：中国农业出版社，2003.

[53] 季兴旺. 论经济政策的绩效、特征和影响因素[J]. 南开经济研究，1997(6)：38-42.

[54] 姜玉明. 美国农业综合开发及相关政策[J]. 世界农业，2003(8)：18-20.

[55] 姜长云. 农业综合开发的实践经验[J]. 经济研究参考，2001(40)：30-35.

［56］靳希斌.从滞后到超前:20世纪人力资本学说教育经济学［M］.济南:山东教育出版社,1995.

［57］李国祥.对农业综合开发的积极评价［EB/OL］.(2006-08-14)［2019-12-10］. http:// blog. china. com. cn/ sp1/ liguoxiang/ 124200386. shtml.

［58］李国祥.农业综合开发的模式与效果［J］.世界农业,2000(5):5-7.

［59］李建平,吴洪伟.农业综合开发(理论·实践·政策)［M］.北京:中国农业科学技术出版社,2016.

［60］李容.中国农业科研公共投资研究［M］.北京:中国农业出版社,2003.

［61］李文学.新世纪中国农村经济兴衰论［M］.北京:中国农业出版社,2002.

［62］李致学.完善农业综合开发投入机制的思考［J］.经济研究参考,2002(50):37-40.

［63］林茂松,王东亚.项目管理理论回顾和思考［J］.农村经济与科技,2008,19(7):34-35.

［64］刘丙申.农业综合开发投资的公共品属性分析与对策［J］.中国农村经济,2002(7):45-50.

［65］刘春英.农业综合开发可持续发展的制约因素与对策［J］.山东农业科学,2004(5):9-12.

［66］刘伦武,刘伟平.试论林业政策绩效评价［J］.林业经济问题,2004,24(6):347-350.

［67］刘希宋,夏志勇.基于全面建设小康社会的支柱产业组织政策研究［J］.经济经纬,2005(2):33-36.

［68］刘占军.发展经济学概论［M］.北京:中国物资出版社,1992.

［69］刘兆德.黄河三角洲农业综合开发研究［J］.经济地理,2000(2):74-78.

［70］柳适,张家恕,郝明工,等.诺贝尔经济学奖得主演讲集 1969—1997［M］.呼和浩特:内蒙古人民出版社,1998.

［71］鲁德银.农业综合开发投资不足的理性预期分析［J］.农业开发与装备,2007(1):39-43.

［72］鲁宓,黄志伟.停滞和衰落:农村不可逆转的宿命?［N］.亚太经济时

报，2006-7-20(A08).

[73] 陆龙泉.浙江省农业综合开发的发展方向与对策[J].浙江农业学报，2004(4):58-62.

[74] 雒鹏飞.公共财政框架下农业综合开发的理性思考[J].吉林农业大学学报，2004(2):233-236.

[75] 吕彤轩,杜爱玲,张砚秋.富国强农大战略:中国农业综合开发20年回顾[J].农村工作通讯,2008(5):54-56.

[76] 马国贤,王金安.准公共产品提供与农业综合开发政策优化思考[J].财政研究,2000(4):19-24.

[77] 马国贤.财政学原理[M].北京:中国财政经济出版社,1998.

[78] 马国贤.中国公共支出与预算政策[M].上海:上海财经大学出版社,2001.

[79] 马克思恩格斯选集[M].北京:人民出版社,1972.

[80] 裴中阳.战略定位[M].北京:中国经济出版社,2014.

[81] 郑平建,蔡运龙.中国西部农业综合开发的理性思考[J].农业经济问题,2001(3):15-18.

[82] 秦富,王秀清,辛贤,等.国外农业支持政策[M].北京:中国农业出版社,2003.

[83] 任保平.地方政府公共政策绩效评价与经济发展[J].天津行政学院学报,2002(4):18-21.

[84] 商务部.我国农产品出口迈上新台阶,呈现四特点[EB/OL].(2007-01-17)[2019-12-10].http://www.gov.cn/gzdt/2007-01/17/content_498539.htm.

[85] 邵建华,陈瑛.入世与我国农业保护的政策取向[J].农业经济问题,2001(11):17-21.

[86] 绍兴市统计局.2007年绍兴市国民经济和社会发展统计公报[EB/OL].(2008-06-19)[2019-12-10].http://www.sx.gov.cn/art/2008/6/19/art_1462885_16660647.htm.

[87] 世界银行.1998/99年世界发展报告:知识与发展[R].北京:中国财政经济出版社,1999.

[88] 水利部.中国每年因水土流失损失耕地约 100 万亩[EB/OL].(2009-03-18)[2019-12-10]. http://finance. people. com. cn/nc/GB/8983981. html.

[89] 宋圭武.中国乡村发展研究[M].北京:中国经济出版社,2004.

[90] 宋洪远,赵长保,等.中国农村经济分析和对策研究(2001—2003)[M].北京:中国农业出版社,2003.

[91] 谭长贵.论系统有序运动的普遍规则[J].湖南社会科学,2002(3):7-11.

[92] 陶传友.澳大利亚的农业综合开发与投资政策[J].世界农业,2003(10):21-23.

[93] 陶传友.以农业综合开发促进全面建设小康社会[J].经济研究参考,2003(84):30-33.

[94] 陶传友.以农业综合开发促进土地资源转变为土地资本[J].经济研究参考,2004(25):7-10.

[95] 陶传友.以农业综合开发促进县域经济发展[J].经济研究参考,2004(24):44-48.

[96] 田玉明.欧洲农业对我国农业综合开发的启示[J].农场经济管理,2003(2):14-16.

[97] 汪涛,万健华.西方战略管理理论的发展历程、演进规律及未来趋势[EB/OL].(2006-10-6)[2019-12-10]. http://www. 66wen. com/09glx/gongshangguanli/gongshangguanli/20061006/43838. html.

[98] 王冰.中国农业生产组织政策绩效分析与评价[J].经济评论,2004(4):63-68.

[99] 王锋.以合理的利益联结机制促进农民增收[J].农业经济,2006(10):36-37.

[100] 王建国.沿着中国特色农业现代化道路大力推进农业综合开发工作:在财政部司处级干部学习贯彻党的十七大精神轮训班上的交流发言[J].经济研究参考,2008(1):27-30.

[101] 王金安.构建农业综合开发科技激励机制的探讨[J].数量经济技术经济研究,2000(7):67-69.

［102］王金安.关于农业综合开发战略定位问题的思考［J］.农业经济问题，2005(4):58-61.

［103］王金安.农业综合开发经营问题探讨［J］.商业研究，2000(11):112-114.

［104］王金安.农业综合开发投入机制的创新及问题探讨［J］.生产力研究，2003(4):40-42.

［105］王金安.农业综合开发制度创新的理论透视［J］.中国农村经济，2000(2):21-25.

［106］王金安.中国农业综合开发战略定位的理论视角［J］.数量经济技术经济研究，2001(7):66-69.

［107］王俊豪.政府管制经济学导论［M］.北京:商务印书馆，2001.

［108］王学杰.建立健全支持新农村建设的公共财政体制［J］.湖南行政学院学报，2007(5):10-11.

［109］王征.农业综合开发扶持农业产业化的政策和措施［J］.农村实用工程技术:农业产业化，2004(4):43-46.

［110］王征兵.中国农业经营方式研究［M］.北京:中国科学文化出版社，2002.

［111］我国财政支农资金增长和政策绩效存在巨大反差［J］.领导决策信息，2003(40):28.

［112］我国水资源现状:人均仅为世界平均水平1/4［EB/OL］.(2004-03-04)［2019-12-10］.http://www.people.com.cn/GB/huanbao/1072/2401454.html.

［113］吴森，杨震林.现代农业的科技服务体系创新［J］.科技管理研究，2008(6):41-42.

［114］吴树兰.论坚持科技推广　搞好农业综合开发［J］.中国沙漠，2000，V20(A2):88-91.

［115］吴秀波，张舒华.日本、韩国R&D激励政策绩效比较述评［J］.科学学与科学技术管理，2005(5):54-59.

［116］吴易风.当代西方经济学流派与思潮.［M］.北京:首都经济贸易大学出版社，2005.

[117] 席克正,杨君昌.财政理论与政策选择[M].上海:上海财经大学出版社,1996.

[118] 晓清.主要发达国家农业补贴透析[EB/OL].(2002-02-25)[2019-12-10].http://lyzs.longyan.gov.cn/wtoandcn/200202250908.htm.

[119] 谢玉梅,刘晓玲.农业综合开发项目产权制度缺陷及其改进:以江苏农业综合开发项目小水利改革为例[J].江南大学学报(人文社会科学版),2005(1):67-70.

[120] 新华社.浙江农村土地流转问题的调查和思考.[EB/OL].(2002-06-27)[2019-12-10].http://www.china.com.cn/economic/txt/2002-06/27/content_5165617.htm.

[121] 亚当·斯密.国民财富的性质和原因的研究[M].北京:商务印书馆,1983.

[122] 杨丹芳.农业综合开发的财政思考[J].中央财经大学学报,2000(10):19-23.

[123] 叶兴庆.论农村公共产品供给体制的改革[J].经济研究,1997(6):57-62.

[124] 尤利群,王金安,蒋建华.现代管理学[M].杭州:浙江大学出版社,2003.

[125] 俞靓.农村金融制度创新激活市场[EB/OL].(2008-03-15)[2019-12-10].http://bank.hexun.com/2008-03-15/104480847.html?from=rss.

[126] 张军,蒋琳琦.中国农村公共品供给制度的变迁:理论视角[J].世界经济文汇,1997(5):3-14.

[127] 张佑才.实现农业综合开发的历史性转变[J].中国农村经济,2000(2):13-20.

[128] 赵冈.农业经济史论集:产权、人口与农业生产[M].北京:中国农业出版社,2001.

[129] 赵胜玉.中国荒漠化土地总面积达263.62万平方公里[EB/OL].(2008-01-25)[2019-12-10].http://www.china.com.cn/environment/2008-01/25/content_9585134.htm.

［130］赵永平.为现代农业打牢基础：我国农业综合开发实施二十年综述
　　　　［N］.人民日报，2007-09-22.

［131］中共中央国务院.关于推进社会主义新农村建设的若干意见（中发国
　　　　发〔2006〕1号）［Z］.2006年2月21日.

［132］中国社会科学院农村发展研究所.中国农村发展研究报告［M］.北京：
　　　　社会科学文献出版社，2002.

［133］周三多.管理学：原理与方法［M］.上海：复旦大学出版社，1997.

［134］朱铁辉.农业综合开发中农民的主体地位探讨［J］.农业经济问题，
　　　　2004（9）：48-51.

［135］朱志刚.深化公共财政体制改革的关键［N］.人民日报，2008-02-27.

附 录

国家乡村振兴战略规划(2018—2020)

（中共中央、国务院 2018 年 9 月 26 日）

前 言

　　党的十九大提出实施乡村振兴战略，是以习近平同志为核心的党中央着眼党和国家事业全局，深刻把握现代化建设规律和城乡关系变化特征，顺应亿万农民对美好生活的向往，对"三农"工作作出的重大决策部署，是决胜全面建成小康社会、全面建设社会主义现代化国家的重大历史任务，是新时代做好"三农"工作的总抓手。从党的十九大到二十大，是"两个一百年"奋斗目标的历史交汇期，既要全面建成小康社会、实现第一个百年奋斗目标，又要乘势而上开启全面建设社会主义现代化国家新征程，向第二个百年奋斗目标进军。为贯彻落实党的十九大、中央经济工作会议、中央农村工作会议精神和政府工作报告要求，描绘好战略蓝图，强化规划引领，科学有序推动乡村产业、人才、文化、生态和组织振兴，根据《中共中央、国务院关于实施乡村振兴战略的意见》，特编制《乡村振兴战略规划(2018－2022 年)》。

　　本规划以习近平总书记关于"三农"工作的重要论述为指导，按照产业兴旺、生态宜居、乡风文明、治理有效、生活富裕的总要求，对实施乡村振兴战略作出阶段性谋划，分别明确至 2020 年全面建成小康社会和 2022 年召开党的二十大时的目标任务，细化实化工作重点和政策措施，部署重大工程、重大计划、重大行动，确保乡村振兴战略落实落地，是指导各地区各部门分类有序推进乡村振兴的重要依据。

第一篇　规划背景

党的十九大作出中国特色社会主义进入新时代的科学论断,提出实施乡村振兴战略的重大历史任务,在我国"三农"发展进程中具有划时代的里程碑意义,必须深入贯彻习近平新时代中国特色社会主义思想和党的十九大精神,在认真总结农业农村发展历史性成就和历史性变革的基础上,准确研判经济社会发展趋势和乡村演变发展态势,切实抓住历史机遇,增强责任感、使命感、紧迫感,把乡村振兴战略实施好。

第一章　重大意义

乡村是具有自然、社会、经济特征的地域综合体,兼具生产、生活、生态、文化等多重功能,与城镇互促互进、共生共存,共同构成人类活动的主要空间。乡村兴则国家兴,乡村衰则国家衰。我国人民日益增长的美好生活需要和不平衡不充分的发展之间的矛盾在乡村最为突出,我国仍处于并将长期处于社会主义初级阶段的特征很大程度上表现在乡村。全面建成小康社会和全面建设社会主义现代化强国,最艰巨最繁重的任务在农村,最广泛最深厚的基础在农村,最大的潜力和后劲也在农村。实施乡村振兴战略,是解决新时代我国社会主要矛盾、实现"两个一百年"奋斗目标和中华民族伟大复兴中国梦的必然要求,具有重大现实意义和深远历史意义。

实施乡村振兴战略是建设现代化经济体系的重要基础。农业是国民经济的基础,农村经济是现代化经济体系的重要组成部分。乡村振兴,产业兴旺是重点。实施乡村振兴战略,深化农业供给侧结构性改革,构建现代农业产业体系、生产体系、经营体系,实现农村一二三产业深度融合发展,有利于推动农业从增产导向转向提质导向,增强我国农业创新力和竞争力,为建设现代化经济体系奠定坚实基础。

实施乡村振兴战略是建设美丽中国的关键举措。农业是生态产品的重要供给者,乡村是生态涵养的主体区,生态是乡村最大的发展优势。乡村振兴,生态宜居是关键。实施乡村振兴战略,统筹山水林田湖草系统治理,加快推行乡村绿色发展方式,加强农村人居环境整治,有利于构建人与自然和谐共生的乡村发展新格局,实现百姓富、生态美的统一。

实施乡村振兴战略是传承中华优秀传统文化的有效途径。中华文明根植于农耕文化,乡村是中华文明的基本载体。乡村振兴,乡风文明是保障。

实施乡村振兴战略,深入挖掘农耕文化蕴含的优秀思想观念、人文精神、道德规范,结合时代要求在保护传承的基础上创造性转化、创新性发展,有利于在新时代焕发出乡风文明的新气象,进一步丰富和传承中华优秀传统文化。

实施乡村振兴战略是健全现代社会治理格局的固本之策。社会治理的基础在基层,薄弱环节在乡村。乡村振兴,治理有效是基础。实施乡村振兴战略,加强农村基层基础工作,健全乡村治理体系,确保广大农民安居乐业、农村社会安定有序,有利于打造共建共治共享的现代社会治理格局,推进国家治理体系和治理能力现代化。

实施乡村振兴战略是实现全体人民共同富裕的必然选择。农业强不强、农村美不美、农民富不富,关乎亿万农民的获得感、幸福感、安全感,关乎全面建成小康社会全局。乡村振兴,生活富裕是根本。实施乡村振兴战略,不断拓宽农民增收渠道,全面改善农村生产生活条件,促进社会公平正义,有利于增进农民福祉,让亿万农民走上共同富裕的道路,汇聚起建设社会主义现代化强国的磅礴力量。

第二章　振兴基础

党的十八大以来,面对我国经济发展进入新常态带来的深刻变化,以习近平同志为核心的党中央推动"三农"工作理论创新、实践创新、制度创新,坚持把解决好"三农"问题作为全党工作重中之重,切实把农业农村优先发展落到实处;坚持立足国内保证自给的方针,牢牢把握国家粮食安全主动权;坚持不断深化农村改革,激发农村发展新活力;坚持把推进农业供给侧结构性改革作为主线,加快提高农业供给质量;坚持绿色生态导向,推动农业农村可持续发展;坚持在发展中保障和改善民生,让广大农民有更多获得感;坚持遵循乡村发展规律,扎实推进生态宜居的美丽乡村建设;坚持加强和改善党对农村工作的领导,为"三农"发展提供坚强政治保障。这些重大举措和开创性工作,推动农业农村发展取得历史性成就、发生历史性变革,为党和国家事业全面开创新局面提供了有力支撑。

农业供给侧结构性改革取得新进展,农业综合生产能力明显增强,全国粮食总产量连续 5 年保持在 1.2 万亿斤以上,农业结构不断优化,农村新产业新业态新模式蓬勃发展,农业生态环境恶化问题得到初步遏制,农业生产经营方式发生重大变化。农村改革取得新突破,农村土地制度、农村集体产权制度改革稳步推进,重要农产品收储制度改革取得实质性成效,农村创新创业和投资兴业蔚然成风,农村发展新动能加快成长。城乡发展一体化迈出新步伐,5年间8000多万农业转移人口成为城镇居民,城乡居民收入相对差距缩小,农村消费持续增长,农民收入和生活水平明显提高。脱贫攻坚开创新局面,贫困地区农民收入增速持续快于全国平均水平,集中连片特困地区内生发展动力明显增强,过去5年累计6800多万贫困人口脱贫。农村公共服务和社会事业达到新水平,农村基础设施建设不断加强,人居环境整治加快推进,教育、医疗卫生、文化等社会事业快速发展,农村社会焕发新气象。

同时,应当清醒地看到,当前我国农业农村基础差、底子薄、发展滞后的状况尚未根本改变,经济社会发展中最明显的短板仍然在"三农",现代化建设中最薄弱的环节仍然是农业农村。主要表现在:农产品阶段性供过于求和供给不足并存,农村一二三产业融合发展深度不够,农业供给质量和效益亟待提高;农民适应生产力发展和市场竞争的能力不足,农村人才匮乏;农村基础设施建设仍然滞后,农村环境和生态问题比较突出,乡村发展整体水平亟待提升;农村民生领域欠账较多,城乡基本公共服务和收入水平差距仍然较大,脱贫攻坚任务依然艰巨;国家支农体系相对薄弱,农村金融改革任务繁重,城乡之间要素合理流动机制亟待健全;农村基层基础工作存在薄弱环节,乡村治理体系和治理能力亟待强化。

第三章　发展态势

从2018年到2022年,是实施乡村振兴战略的第一个5年,既有难得机遇,又面临严峻挑战。从国际环境看,全球经济复苏态势有望延续,我国统筹利用国内国际两个市场两种资源的空间将进一步拓展,同时国际农产品贸易不稳定性不确定性仍然突出,提高我国农业竞争力、妥善应对国际市场风险任务紧迫。特别是我国作为人口大国,粮食及重要农产品需求仍将刚性增长,保障国家粮食安全始终是头等大事。从国内形势看,随着我国经济由高速增长阶段转向高质量发展阶段,以及工业化、城镇化、信息化深入推进,乡村发展将处于大变革、大转型的关键时期。居民消费结构加快升级,中高端、多元化、个性化消费需求将快速增长,加快推进农业由增产导向转向提质导向是必然要求。我国城镇化进入快速发展与质量提升的新阶段，城市辐射带动农村的能力进一步增强，但大量农民仍然生活在农村的国情不会改变，迫切需要重塑城乡关系。我国乡村差异显著，多样性分化的趋势仍将延续，乡村的独特价值和多元功能将进一步得到发掘和拓展，同时应对好村庄空心化和农村老龄化、延续乡村文化血脉、完善乡村治理体系的任务艰巨。

实施乡村振兴战略具备较好条件。有习近平总书记把舵定向，有党中央、国务院的高度重视、坚强领导、科学决策，实施乡村振兴战略写入党章，成为全党的共同意志，乡村振兴具有根本政治保障。社会主义制度能够集中力量办大事，强农惠农富农政策力度不断加大，农村土地集体所有制和双层经营体制不断完善，乡村振兴具有坚强制度保障。优秀农耕文明源远流长，寻根溯源的人文情怀和国人的乡村情结历久弥深，现代城市文明导入融汇，乡村振兴具有深厚文化土壤。国家经济实力和综合国力日益增强，对农业农村支持力度不断加大，农村生产生活条件加快改善，农民收入持续增长，乡村振兴具有雄厚物质基础。农业现代化和社会主义新农村建设取得历史性成就，各地积累了丰富的成功经验和做法，乡村振兴具有扎实工作基础。

实施乡村振兴战略，是党对"三农"工作一系列方针政策的继承和发展，是亿万农民的殷切期盼。必须抓住机遇，迎接挑战，发挥优势，顺势而为，努力开创农业农村发展新局面，推动农业全面升级、农村全面进步、农民全面发展，谱写新时代乡村全面振兴新篇章。

第二篇　总体要求

按照到 2020 年实现全面建成小康社会和分两个阶段实现第二个百年奋斗目标的战略部署，2018 年至 2022 年这 5 年间，既要在农村实现全面小康，又要为基本实现农业农村现代化开好局、起好步、打好基础。

第四章　指导思想和基本原则

第一节　指导思想

深入贯彻习近平新时代中国特色社会主义思想，深入贯彻党的十九大和十九届二中、三中全会精神，加强党对"三农"工作的全面领导，坚持稳中求进工作总基调，牢固树立新发展理念，落实高质量发展要求，紧紧围绕统筹推进"五位一体"总体布局和协调推进"四个全面"战略布局,坚持把解决好"三农"问题作为全党工作重中之重,坚持农业农村优先发展,按照产业兴旺、生态宜居、乡风文明、治理有效、生活富裕的总要求,建立健全城乡融合发展体制机制和政策体系,统筹推进农村经济建设、政治建设、文化建设、社会建设、生态文明建设和党的建设,加快推进乡村治理体系和治理能力现代化,加快推进农业农村现代化,走中国特色社会主义乡村振兴道路,让农业成为有奔头的产业,让农民成为有吸引力的职业,让农村成为安居乐业的美丽家园。

第二节 基本原则

——坚持党管农村工作。毫不动摇地坚持和加强党对农村工作的领导,健全党管农村工作方面的领导体制机制和党内法规,确保党在农村工作中始终总揽全局、协调各方,为乡村振兴提供坚强有力的政治保障。

——坚持农业农村优先发展。把实现乡村振兴作为全党的共同意志、共同行动,做到认识统一、步调一致,在干部配备上优先考虑,在要素配置上优先满足,在资金投入上优先保障,在公共服务上优先安排,加快补齐农业农村短板。

——坚持农民主体地位。充分尊重农民意愿,切实发挥农民在乡村振兴中的主体作用,调动亿万农民的积极性、主动性、创造性,把维护农民群众根本利益、促进农民共同富裕作为出发点和落脚点,促进农民持续增收,不断提升农民的获得感、幸福感、安全感。

——坚持乡村全面振兴。准确把握乡村振兴的科学内涵,挖掘乡村多种功能和价值,统筹谋划农村经济建设、政治建设、文化建设、社会建设、生态文明建设和党的建设,注重协同性、关联性,整体部署,协调推进。

——坚持城乡融合发展。坚决破除体制机制弊端,使市场在资源配置中起决定性作用,更好发挥政府作用,推动城乡要素自由流动、平等交换,推动新型工业化、信息化、城镇化、农业现代化同步发展,加快形成工农互促、城乡互补、全面融合、共同繁荣的新型工农城乡关系。

——坚持人与自然和谐共生。牢固树立和践行绿水青山就是金山银山的理念,落实节约优先、保护优先、自然恢复为主的方针,统筹山水林田湖草系统治理,严守生态保护红线,以绿色发展引领乡村振兴。

——坚持改革创新、激发活力。不断深化农村改革,扩大农业对外开放,激活主体、激活要素、激活市场,调动各方力量投身乡村振兴。以科技创新引领和支撑乡村振兴,以人才汇聚推动和保障乡村振兴,增强农业农村自我发展动力。

——坚持因地制宜、循序渐进。科学把握乡村的差异性和发展走势分化特征,做好顶层设计,注重规划先行、因势利导,分类施策、突出重点,体现特色、丰富多彩。既尽力而为,又量力而行,不搞层层加码,不搞一刀切,不搞形式主义和形象工程,久久为功,扎实推进。

第五章　发展目标

到 2020 年,乡村振兴的制度框架和政策体系基本形成,各地区各部门乡村振兴的思路举措得以确立,全面建成小康社会的目标如期实现。到 2022 年,乡村振兴的制度框架和政策体系初步健全。国家粮食安全保障水平进一步提高,现代农业体系初步构建,农业绿色发展全面推进;农村一、二、三产业融合发展格局初步形成,乡村产业加快发展,农民收入水平进一步提高,脱贫攻坚成果得到进一步巩固;农村基础设施条件持续改善,城乡统一的社会保障制度体系基本建立;农村人居环境显著改善,生态宜居的美丽乡村建设扎实推进;城乡融合发展体制机制初步建立,农村基本公共服务水平进一步提升;乡村优秀传统文化得以传承和发展,农民精神文化生活需求基本得到满足;以党组织为核心的农村基层组织建设明显加强,乡村治理能力进一步提升,现代乡村治理体系初步构建。探索形成一批各具特色的乡村振兴模式和经验,乡村振兴取得阶段性成果。

第六章　远景谋划

到 2035 年,乡村振兴取得决定性进展,农业农村现代化基本实现。农业结构得到根本性改善,农民就业质量显著提高,相对贫困进一步缓解,共同富裕迈出坚实步伐;城乡基本公共服务均等化基本实现,城乡融合发展体制机制更加完善;乡风文明达到新高度,乡村治理体系更加完善;农村生态环境根本好转,生态宜居的美丽乡村基本实现。

到 2050 年,乡村全面振兴,农业强、农村美、农民富全面实现。

第三篇　构建乡村振兴新格局

坚持乡村振兴和新型城镇化双轮驱动,统筹城乡国土空间开发格局,优化乡村生产生活生态空间,分类推进乡村振兴,打造各具特色的现代版"富春山居图"。

第七章　统筹城乡发展空间

按照主体功能定位,对国土空间的开发、保护和整治进行全面安排和总体布局,推进"多规合一",加快形成城乡融合发展的空间格局。

第一节　强化空间用途管制

强化国土空间规划对各专项规划的指导约束作用,统筹自然资源开发利用、保护和修复,按照不同主体功能定位和陆海统筹原则,开展资源环境承载能力和国土空间开发适宜性评价,科学划定生态、农业、城镇等空间和生态保护红线、永久基本农田、城镇开发边界及海洋生物资源保护线、围填海控制线等主要控制线,推动主体功能区战略格局在市县层面精准落地,健全不同主体功能区差异化协同发展长效机制,实现山水林田湖草整体保护、系统修复、综合治理。

第二节　完善城乡布局结构

以城市群为主体构建大中小城市和小城镇协调发展的城镇格局,增强城镇地区对乡村的带动能力。加快发展中小城市,完善县城综合服务功能,推动农业转移人口就地就近城镇化。因地制宜发展特色鲜明、产城融合、充满魅力的特色小镇和小城镇,加强以乡镇政府驻地为中心的农民生活圈建设,以镇带村、以村促镇,推动镇村联动发展。建设生态宜居的美丽乡村,发挥多重功能,提供优质产品,传承乡村文化,留住乡愁记忆,满足人民日益增长的美好生活需要。

第三节　推进城乡统一规划

通盘考虑城镇和乡村发展,统筹谋划产业发展、基础设施、公共服务、资源能源、生态环境保护等主要布局,形成田园乡村与现代城镇各具特色、交相辉映的城乡发展形态。强化县域空间规划和各类专项规划引导约束作用,科学安排县域乡村布局、资源利用、设施配置和村庄整治,推动村庄规划管理全覆盖。综合考虑村庄演变规律、集聚特点和现状分布,结合农民生产生活半径,合理确定县域村庄布局和规模,避免随意撤并村庄搞大社区、违背农民意愿大拆大建。加强乡村风貌整体管控,注重农房单体个性设计,建设立足乡土社会、富有地域特色、承载田园乡愁、体现现代文明的升级版乡村,避免千村一面,防止乡村景观城市化。

第八章 优化乡村发展布局

坚持人口资源环境相均衡、经济社会生态效益相统一,打造集约高效生产空间,营造宜居适度生活空间,保护山清水秀生态空间,延续人和自然有机融合的乡村空间关系。

第一节 统筹利用生产空间

乡村生产空间是以提供农产品为主体功能的国土空间,兼具生态功能。围绕保障国家粮食安全和重要农产品供给,充分发挥各地比较优势,重点建设以"七区二十三带"为主体的农产品主产区。落实农业功能区制度,科学合理划定粮食生产功能区、重要农产品生产保护区和特色农产品优势区,合理划定养殖业适养、限养、禁养区域,严格保护农业生产空间。适应农村现代产业发展需要,科学划分乡村经济发展片区,统筹推进农业产业园、科技园、创业园等各类园区建设。

第二节 合理布局生活空间

乡村生活空间是以农村居民点为主体、为农民提供生产生活服务的国土空间。坚持节约集约用地,遵循乡村传统肌理和格局,划定空间管控边界,明确用地规模和管控要求,确定基础设施用地位置、规模和建设标准,合理配置公共服务设施,引导生活空间尺度适宜、布局协调、功能齐全。充分维护原生态村居风貌,保留乡村景观特色,保护自然和人文环境,注重融入时代感、现代性,强化空间利用的人性化、多样化,着力构建便捷的生活圈、完善的服务圈、繁荣的商业圈,让乡村居民过上更舒适的生活。

第三节 严格保护生态空间

乡村生态空间是具有自然属性、以提供生态产品或生态服务为主体功能的国土空间。加快构建以"两屏三带"为骨架的国家生态安全屏障,全面加强国家重点生态功能区保护,建立以国家公园为主体的自然保护地体系。树立山水林田湖草是一个生命共同体的理念,加强对自然生态空间的整体保护,修复和改善乡村生态环境,提升生态功能和服务价值。全面实施产业准入负面清单制度,推动各地因地制宜制定禁止和限制发展产业目录,明确产业发展方向和开发强度,强化准入管理和底线约束。

第九章 分类推进乡村发展

顺应村庄发展规律和演变趋势,根据不同村庄的发展现状、区位条件、资源禀赋等,按照集聚提升、融入城镇、特色保护、搬迁撤并的思路,分类推进乡村振兴,不搞一刀切。

第一节　集聚提升类村庄

现有规模较大的中心村和其他仍将存续的一般村庄,占乡村类型的大多数,是乡村振兴的重点。科学确定村庄发展方向,在原有规模基础上有序推进改造提升,激活产业、优化环境、提振人气、增添活力,保护保留乡村风貌,建设宜居宜业的美丽村庄。鼓励发挥自身比较优势,强化主导产业支撑,支持农业、工贸、休闲服务等专业化村庄发展。加强海岛村庄、国有农场及林场规划建设,改善生产生活条件。

第二节　城郊融合类村庄

城市近郊区以及县城城关镇所在地的村庄,具备成为城市后花园的优势,也具有向城市转型的条件。综合考虑工业化、城镇化和村庄自身发展需要,加快城乡产业融合发展、基础设施互联互通、公共服务共建共享,在形态上保留乡村风貌,在治理上体现城市水平,逐步强化服务城市发展、承接城市功能外溢、满足城市消费需求能力,为城乡融合发展提供实践经验。

第三节　特色保护类村庄

历史文化名村、传统村落、少数民族特色村寨、特色景观旅游名村等自然历史文化特色资源丰富的村庄,是彰显和传承中华优秀传统文化的重要载体。统筹保护、利用与发展的关系,努力保持村庄的完整性、真实性和延续性。切实保护村庄的传统选址、格局、风貌以及自然和田园景观等整体空间形态与环境,全面保护文物古迹、历史建筑、传统民居等传统建筑。尊重原住居民生活形态和传统习惯,加快改善村庄基础设施和公共环境,合理利用村庄特色资源,发展乡村旅游和特色产业,形成特色资源保护与村庄发展的良性互促机制。

第四节　搬迁撤并类村庄

对位于生存条件恶劣、生态环境脆弱、自然灾害频发等地区的村庄,因重大项目建设需要搬迁的村庄,以及人口流失特别严重的村庄,可通过易地扶贫搬迁、生态宜居搬迁、农村集聚发展搬迁等方式,实施村庄搬迁撤并,统筹解决村民生计、生态保护等问题。拟搬迁撤并的村庄,严格限制新建、扩建活动,统筹考虑拟迁入或新建村庄的基础设施和公共服务设施建设。坚持村庄搬迁撤并与新型城镇化、农业现代化相结合,依托适宜区域进行安置,避免新建孤立的村落式移民社区。搬迁撤并后的村庄原址,因地制宜复垦或还绿,增加乡村生产生态空间。农村居民点迁建和村庄撤并,必须尊重农民意愿并经村民会议同意,不得强制农民搬迁和集中上楼。

第十章 坚决打好精准脱贫攻坚战

把打好精准脱贫攻坚战作为实施乡村振兴战略的优先任务,推动脱贫攻坚与乡村振兴有机结合相互促进,确保到2020年我国现行标准下农村贫困人口实现脱贫,贫困县全部摘帽,解决区域性整体贫困。

第一节 深入实施精准扶贫精准脱贫

健全精准扶贫精准脱贫工作机制,夯实精准扶贫精准脱贫基础性工作。因地制宜、因户施策,探索多渠道、多样化的精准扶贫精准脱贫路径,提高扶贫措施针对性和有效性。做好东西部扶贫协作和对口支援工作,着力推动县与县精准对接,推进东部产业向西部梯度转移,加大产业扶贫工作力度。加强和改进定点扶贫工作,健全驻村帮扶机制,落实扶贫责任。加大金融扶贫力度。健全社会力量参与机制,引导激励社会各界更加关注、支持和参与脱贫攻坚。

第二节 重点攻克深度贫困

实施深度贫困地区脱贫攻坚行动方案。以解决突出制约问题为重点,以重大扶贫工程和到村到户到人帮扶为抓手,加大政策倾斜和扶贫资金整合力度,着力改善深度贫困地区发展条件,增强贫困农户发展能力。推动新增脱贫攻坚资金、新增脱贫攻坚项目、新增脱贫攻坚举措主要用于"三区三州"等深度贫困地区。推进贫困村基础设施和公共服务设施建设,培育壮大集体经济,确保深度贫困地区和贫困群众同全国人民一道进入全面小康社会。

第三节 巩固脱贫攻坚成果

加快建立健全缓解相对贫困的政策体系和工作机制,持续改善欠发达地区和其他地区相对贫困人口的发展条件,完善公共服务体系,增强脱贫地区"造血"功能。结合实施乡村振兴战略,压茬推进实施生态宜居搬迁等工程,巩固易地扶贫搬迁成果。注重扶志扶智,引导贫困群众克服"等靠要"思想,逐步消除精神贫困。建立正向激励机制,将帮扶政策措施与贫困群众参与挂钩,培育提升贫困群众发展生产和务工经商的基本能力。加强宣传引导,讲好中国减贫故事。认真总结脱贫攻坚经验,研究建立促进群众稳定脱贫和防范返贫的长效机制,探索统筹解决城乡贫困的政策措施,确保贫困群众稳定脱贫。

第四篇　加快农业现代化步伐

坚持质量兴农、品牌强农,深化农业供给侧结构性改革,构建现代农业产业体系、生产体系、经营体系,推动农业发展质量变革、效率变革、动力变革,持续提高农业创新力、竞争力和全要素生产率。

第十一章　夯实农业生产能力基础

深入实施藏粮于地、藏粮于技战略,提高农业综合生产能力,保障国家粮食安全和重要农产品有效供给,把中国人的饭碗牢牢端在自己手中。

第一节　健全粮食安全保障机制

坚持以我为主、立足国内、确保产能、适度进口、科技支撑的国家粮食安全战略,建立全方位的粮食安全保障机制。按照"确保谷物基本自给、口粮绝对安全"的要求,持续巩固和提升粮食生产能力。深化中央储备粮管理体制改革,科学确定储备规模,强化中央储备粮监督管理,推进中央、地方两级储备协同运作。鼓励加工流通企业、新型经营主体开展自主储粮和经营。全面落实粮食安全省长责任制,完善监督考核机制。强化粮食质量安全保障。加快完善粮食现代物流体系,构建安全高效、一体化运作的粮食物流网络。

第二节　加强耕地保护和建设

严守耕地红线,全面落实永久基本农田特殊保护制度,完成永久基本农田控制线划定工作,确保到 2020 年永久基本农田保护面积不低于 15.46 亿亩。大规模推进高标准农田建设,确保到 2022 年建成 10 亿亩高标准农田,所有高标准农田实现统一上图入库,形成完善的管护监督和考核机制。加快将粮食生产功能区和重要农产品生产保护区细化落实到具体地块,实现精准化管理。加强农田水利基础设施建设,实施耕地质量保护和提升行动,到 2022 年农田有效灌溉面积达到 10.4 亿亩,耕地质量平均提升 0.5 个等级(别)以上。

第三节　提升农业装备和信息化水平

推进我国农机装备和农业机械化转型升级,加快高端农机装备和丘陵山区、果菜茶生产、畜禽水产养殖等农机装备的生产研发、推广应用,提升渔业船舶装备水平。促进农机农艺融合,积极推进作物品种、栽培技术和机械装备集成配套,加快主要作物生产全程机械化,提高农机装备智能化水平。加强农业信息化建设,积极推进信息进村入户,鼓励互联网企业建立产销衔接的农业服务平台,加强农业信息监测预警和发布,提高农业综合信息服务水平。大力发展数字农业,实施智慧农业工程和"互联网+"现代农业行动,鼓励对农业生产进行数字化改造,加强农业遥感、物联网应用,提高农业精准化水平。发展智慧气象,提升气象为农服务能力。

<h2 style="text-align:center">第十二章　加快农业转型升级</h2>

按照建设现代化经济体系的要求,加快农业结构调整步伐,着力推动农业由增产导向转向提质导向,提高农业供给体系的整体质量和效率,加快实现由农业大国向农业强国转变。

第一节　优化农业生产力布局

以全国主体功能区划确定的农产品主产区为主体,立足各地农业资源禀赋和比较优势,构建优势区域布局和专业化生产格局,打造农业优化发展区和农业现代化先行区。东北地区重点提升粮食生产能力,依托"大粮仓"打造粮肉奶综合供应基地。华北地区着力稳定粮油和蔬菜、畜产品生产保障能力,发展节水型农业。长江中下游地区切实稳定粮油生产能力,优化水网地带生猪养殖布局,大力发展名优水产品生产。华南地区加快发展现代畜禽水产和特色园艺产品,发展具有出口优势的水产品养殖。西北、西南地区和北方农牧交错区加快调整产品结构,限制资源消耗大的产业规模,壮大区域特色产业。青海、西藏等生态脆弱区域坚持保护优先、限制开发,发展高原特色农牧业。

第二节　推进农业结构调整

加快发展粮经饲统筹、种养加一体、农牧渔结合的现代农业,促进农业结构不断优化升级。统筹调整种植业生产结构,稳定水稻、小麦生产,有序调减非优势区籽粒玉米,进一步扩大大豆生产规模,巩固主产区棉油糖胶生产,确保一定的自给水平。大力发展优质饲料牧草,合理利用退耕地、南方草山草坡和冬闲田拓展饲草发展空间。推进畜牧业区域布局调整,合理布局规模化养殖场,大力发展种养结合循环农业,促进养殖废弃物就近资源化利用。优化畜牧业生产结构,大力发展草食畜牧业,做大做强民族奶业。加强渔港经济区建设,推进渔港渔区振兴。合理确定内陆水域养殖规模,发展集约化、工厂化水产养殖和深远海养殖,降低江河湖泊和近海渔业捕捞强度,规范有序发展远洋渔业。

第三节　壮大特色优势产业

以各地资源禀赋和独特的历史文化为基础,有序开发优势特色资源,做大做强优势特色产业。创建特色鲜明、优势集聚、市场竞争力强的特色农产品优势区,支持特色农产品优势区建设标准化生产基地、加工基地、仓储物流基地,完善科技支撑体系、品牌与市场营销体系、质量控制体系,建立利益联结紧密的建设运行机制,形成特色农业产业集群。按照与国际标准接轨的目标,支持建立生产精细化管理与产品品质控制体系,采用国际通行的良好农业规范,塑造现代顶级农产品品牌。实施产业兴村强县行动,培育农业产业强镇,打造一乡一业、一村一品的发展格局。

第四节　保障农产品质量安全

实施食品安全战略,加快完善农产品质量和食品安全标准、监管体系,加快建立农产品质量分级及产地准出、市场准入制度。完善农兽药残留限量标准体系,推进农产品生产投入品使用规范化。建立健全农产品质量安全风险评估、监测预警和应急处置机制。实施动植物保护能力提升工程,实现全国动植物检疫防疫联防联控。完善农产品认证体系和农产品质量安全监管追溯系统,着力提高基层监管能力。落实生产经营者主体责任,强化农产品生产经营者的质量安全意识。建立农资和农产品生产企业信用信息系统,对失信市场主体开展联合惩戒。

第五节　培育提升农业品牌

实施农业品牌提升行动,加快形成以区域公用品牌、企业品牌、大宗农产品品牌、特色农产品品牌为核心的农业品牌格局。推进区域农产品公共品牌建设,擦亮老品牌,塑强新品牌,引入现代要素改造提升传统名优品牌,努力打造一批国际知名的农业品牌和国际品牌展会。做好品牌宣传推介,借助农产品博览会、展销会等渠道,充分利用电商、"互联网＋"等新兴手段,加强品牌市场营销。加强农产品商标及地理标志商标的注册和保护,构建我国农产品品牌保护体系,打击各种冒用、滥用公用品牌行为,建立区域公用品牌的授权使用机制以及品牌危机预警、风险规避和紧急事件应对机制。

第六节　构建农业对外开放新格局

建立健全农产品贸易政策体系。实施特色优势农产品出口提升行动,扩大高附加值农产品出口。积极参与全球粮农治理。加强与"一带一路"沿线国家合作,积极支持有条件的农业企业走出去。建立农业对外合作公共信息服务平台和信用评价体系。放宽农业外资准入,促进引资引技引智相结合。

第十三章　建立现代农业经营体系

坚持家庭经营在农业中的基础性地位,构建家庭经营、集体经营、合作经营、企业经营等共同发展的新型农业经营体系,发展多种形式适度规模经营,发展壮大农村集体经济,提高农业的集约化、专业化、组织化、社会化水平,有效带动小农户发展。

第一节　巩固和完善农村基本经营制度

落实农村土地承包关系稳定并长久不变政策,衔接落实好第二轮土地承包到期后再延长 30 年的政策,让农民吃上长效"定心丸"。全面完成土地承包经营权确权登记颁证工作,完善农村承包地"三权分置"制度,在依法保护集体所有权和农户承包权前提下,平等保护土地经营权。建立农村产权交易平台,加强土地经营权流转和规模经营的管理服务。加强农用地用途管制。完善集体林权制度,引导规范有序流转,鼓励发展家庭林场、股份合作林场。发展壮大农垦国有农业经济,培育一批具有国际竞争力的农垦企业集团。

第二节　壮大新型农业经营主体

实施新型农业经营主体培育工程,鼓励通过多种形式开展适度规模经营。培育发展家庭农场,提升农民专业合作社规范化水平,鼓励发展农民专业合作社联合社。不断壮大农林产业化龙头企业,鼓励建立现代企业制度。鼓励工商资本到农村投资适合产业化、规模化经营的农业项目,提供区域性、系统性解决方案,与当地农户形成互惠共赢的产业共同体。加快建立新型经营主体支持政策体系和信用评价体系,落实财政、税收、土地、信贷、保险等支持政策,扩大新型经营主体承担涉农项目规模。

第三节　发展新型农村集体经济

深入推进农村集体产权制度改革,推动资源变资产、资金变股金、农民变股东,发展多种形式的股份合作。完善农民对集体资产股份的占有、收益、有偿退出及抵押、担保、继承等权能和管理办法。研究制定农村集体经济组织法,充实农村集体产权权能。鼓励经济实力强的农村集体组织辐射带动周边村庄共同发展。发挥村党组织对集体经济组织的领导核心作用,防止内部少数人控制和外部资本侵占集体资产。

第四节　促进小农户生产和现代农业发展有机衔接

改善小农户生产设施条件,提高个体农户抵御自然风险能力。发展多样化的联合与合作,提升小农户组织化程度。鼓励新型经营主体与小农户建立契约型、股权型利益联结机制,带动小农户专业化生产,提高小农户自我发展能力。健全农业社会化服务体系,大力培育新型服务主体,加快发展"一站式"农业生产性服务业。加强工商企业租赁农户承包地的用途监管和风险防范,健全资格审查、项目审核、风险保障金制度,维护小农户权益。

第十四章　强化农业科技支撑

深入实施创新驱动发展战略,加快农业科技进步,提高农业科技自主创新水平、成果转化水平,为农业发展拓展新空间、增添新动能,引领支撑农业转型升级和提质增效。

第一节　提升农业科技创新水平

培育符合现代农业发展要求的创新主体,建立健全各类创新主体协调互动和创新要素高效配置的国家农业科技创新体系。强化农业基础研究,实现前瞻性基础研究和原创性重大成果突破。加强种业创新、现代食品、农机装备、农业污染防治、农村环境整治等方面的科研工作。深化农业科技体制改革,改进科研项目评审、人才评价和机构评估工作,建立差别化评价制度。深入实施现代种业提升工程,开展良种重大科研联合攻关,培育具有国际竞争力的种业龙头企业,推动建设种业科技强国。

第二节　打造农业科技创新平台基地

建设国家农业高新技术产业示范区、国家农业科技园区、省级农业科技园区,吸引更多的农业高新技术企业到科技园区落户,培育国际领先的农业高新技术企业,形成具有国际竞争力的农业高新技术产业。新建一批科技创新联盟,支持农业高新技术企业建立高水平研发机构。利用现有资源建设农业领域国家技术创新中心,加强重大共性关键技术和产品研发与应用示范。建设农业科技资源开放共享与服务平台,充分发挥重要公共科技资源优势,推动面向科技界开放共享,整合和完善科技资源共享服务平台。

第三节　加快农业科技成果转化应用

鼓励高校、科研院所建立一批专业化的技术转移机构和面向企业的技术服务网络,通过研发合作、技术转让、技术许可、作价投资等多种形式,实现科技成果市场价值。健全省市县三级科技成果转化工作网络,支持地方大力发展技术交易市场。面向绿色兴农重大需求,加大绿色技术供给,加强集成应用和示范推广。健全基层农业技术推广体系,创新公益性农村科技推广服务方式,支持各类社会力量参与农村科技推广,全面实施农村科技推广服务特聘计划,加强农业重大技术协同推广。健全农业科技领域分配政策,落实科研成果转化及农业科技创新激励相关政策。

第十五章　完善农业支持保护制度

以提升农业质量效益和竞争力为目标,强化绿色生态导向,创新完善政策工具和手段,加快建立新型农业支持保护政策体系。

第一节　加大支农投入力度

建立健全国家农业投入增长机制,政府固定资产投资继续向农业倾斜,优化投入结构,实施一批打基础、管长远、影响全局的重大工程,加快改变农业基础设施薄弱状况。建立以绿色生态为导向的农业补贴制度,提高农业补贴政策的指向性和精准性。落实和完善对农民直接补贴制度。完善粮食主产区利益补偿机制。继续支持粮改饲、粮豆轮作和畜禽水产标准化健康养殖,改革完善渔业油价补贴政策。完善农机购置补贴政策,鼓励对绿色农业发展机具、高性能机具以及保证粮食等主要农产品生产机具实行敞开补贴。

第二节　深化重要农产品收储制度改革

深化玉米收储制度改革,完善市场化收购加补贴机制。合理制定大豆补贴政策。完善稻谷、小麦最低收购价政策,增强政策灵活性和弹性,合理调整最低收购价水平,加快建立健全支持保护政策。深化国有粮食企业改革,培育壮大骨干粮食企业,引导多元市场主体入市收购,防止出现卖粮难。

深化棉花目标价格改革,研究完善食糖(糖料)、油料支持政策,促进价格合理形成,激发企业活力,提高国内产业竞争力。

第三节 提高农业风险保障能力

完善农业保险政策体系,设计多层次、可选择、不同保障水平的保险产品。积极开发适应新型农业经营主体需求的保险品种,探索开展水稻、小麦、玉米三大主粮作物完全成本保险和收入保险试点,鼓励开展天气指数保险、价格指数保险、贷款保证保险等试点。健全农业保险大灾风险分散机制。发展农产品期权期货市场,扩大"保险+期货"试点,探索"订单农业+保险+期货(权)"试点。健全国门生物安全查验机制,推进口岸动植物检疫规范化建设。强化边境管理,打击农产品走私。完善农业风险管理和预警体系。

第五篇 发展壮大乡村产业

以完善利益联结机制为核心,以制度、技术和商业模式创新为动力,推进农村一二三产业交叉融合,加快发展根植于农业农村、由当地农民主办、彰显地域特色和乡村价值的产业体系,推动乡村产业全面振兴。

第十六章 推动农村产业深度融合

把握城乡发展格局发生重要变化的机遇,培育农业农村新产业新业态,打造农村产业融合发展新载体新模式,推动要素跨界配置和产业有机融合,让农村一二三产业在融合发展中同步升级、同步增值、同步受益。

第一节 发掘新功能新价值

顺应城乡居民消费拓展升级趋势,结合各地资源禀赋,深入发掘农业农村的生态涵养、休闲观光、文化体验、健康养老等多种功能和多重价值。遵循市场规律,推动乡村资源全域化整合、多元化增值,增强地方特色产品时代感和竞争力,形成新的消费热点,增加乡村生态产品和服务供给。实施农产品加工业提升行动,支持开展农产品生产加工、综合利用关键技术研究与示范,推动初加工、精深加工、综合利用加工和主食加工协调发展,实现农产品多层次、多环节转化增值。

第二节 培育新产业新业态

深入实施电子商务进农村综合示范,建设具有广泛性的农村电子商务发展基础设施,加快建立健全适应农产品电商发展的标准体系。研发绿色智能农产品供应链核心技术,加快培育农业现代供应链主体。加强农商互联,密切产销衔接,发展农超、农社、农企、农校等产销对接的新型流通业态。实施休闲农业和乡村旅游精品工程,发展乡村共享经济等新业态,推动科技、人文等元素融入农业。强化农业生产性服务业对现代农业产业链的引领支撑作用,构建全程覆盖、区域集成、配套完备的新型农业社会化服务体系。清理规范制约农业农村新产业新业态发展的行政审批事项。着力优化农村消费环境,不断优化农村消费结构,提升农村消费层次。

第三节　打造新载体新模式

依托现代农业产业园、农业科技园区、农产品加工园、农村产业融合发展示范园等,打造农村产业融合发展的平台载体,促进农业内部融合、延伸农业产业链、拓展农业多种功能、发展农业新型业态等多模式融合发展。加快培育农商产业联盟、农业产业化联合体等新型产业链主体,打造一批产加销一体的全产业链企业集群。推进农业循环经济试点示范和田园综合体试点建设。加快培育一批"农字号"特色小镇,在有条件的地区建设培育特色商贸小镇,推动农村产业发展与新型城镇化相结合。

第十七章　完善紧密型利益联结机制

始终坚持把农民更多分享增值收益作为基本出发点,着力增强农民参与融合能力,创新收益分享模式,健全联农带农有效激励机制,让农民更多分享产业融合发展的增值收益。

第一节　提高农民参与程度

鼓励农民以土地、林权、资金、劳动、技术、产品为纽带,开展多种形式的合作与联合,依法组建农民专业合作社联合社,强化农民作为市场主体的平等地位。引导农村集体经济组织挖掘集体土地、房屋、设施等资源和资产潜力,依法通过股份制、合作制、股份合作制、租赁等形式,积极参与产业融合发展。积极培育社会化服务组织,加强农村科技指导、信用评价、保险推广、市场预测、产品营销等服务,为农民参与产业融合创造良好条件。

第二节　创新收益分享模式

加快推广"订单收购＋分红"、"土地流转＋优先雇用＋社会保障"、"农民入股＋保底收益＋按股分红"等多种利益联结方式,让农户分享加工、销售环节收益。鼓励行业协会或龙头企业与合作社、家庭农场、普通农户等组织共同营销,开展农产品销售推介和品牌运作,让农户更多分享产业链增值收益。鼓励农业产业化龙头企业通过设立风险资金、为农户提供信贷担保、领办或参办农民合作组织等多种形式,与农民建立稳定的订单和契约关系。完善涉农股份合作制企业利润分配机制,明确资本参与利润分配比例上限。

第三节　强化政策扶持引导

更好发挥政府扶持资金作用,强化龙头企业、合作组织联农带农激励机制,探索将新型农业经营主体带动农户数量和成效作为安排财政支持资金的重要参考依据。以土地、林权为基础的各种形式合作,凡是享受财政投入或政策支持的承包经营者均应成为股东方。鼓励将符合条件的财政资金特别是扶贫资金量化到农村集体经济组织和农户后,以自愿入股方式投入新型农业经营主体,对农户土地经营权入股部分采取特殊保护,探索实行农民负盈不负亏的分配机制。

第十八章　激发农村创新创业活力

坚持市场化方向,优化农村创新创业环境,放开搞活农村经济,合理引导工商资本下乡,推动乡村大众创业万众创新,培育新动能。

第一节　培育壮大创新创业群体

推进产学研合作,加强科研机构、高校、企业、返乡下乡人员等主体协同,推动农村创新创业群体更加多元。培育以企业为主导的农业产业技术创新战略联盟,加速资金、技术和服务扩散,带动和支持返乡创业人员依托相关产业链创业发展。整合政府、企业、社会等多方资源,推动政策、技术、资本等各类要素向农村创新创业集聚。鼓励农民就地创业、返乡创业,加大各方资源支持本地农民兴业创业力度。深入推行科技特派员制度,引导科技、信息、资金、管理等现代生产要素向乡村集聚。

第二节　完善创新创业服务体系

发展多种形式的创新创业支撑服务平台,健全服务功能,开展政策、资金、法律、知识产权、财务、商标等专业化服务。建立农村创新创业园区(基地),鼓励农业企业建立创新创业实训基地。鼓励有条件的县级政府设立"绿色通道",为返乡下乡人员创新创业提供便利服务。建设一批众创空间、"星创天地",降低创业门槛。依托基层就业和社会保障服务平台,做好返乡人员创业服务、社保关系转移接续等工作。

第三节　建立创新创业激励机制

加快将现有支持"双创"相关财政政策措施向返乡下乡人员创新创业拓展,把返乡下乡人员开展农业适度规模经营所需贷款按规定纳入全国农业信贷担保体系支持范围。适当放宽返乡创业园用电用水用地标准,吸引更多返乡人员入园创业。各地年度新增建设用地计划指标,要确定一定比例用于支持农村新产业新业态发展。落实好减税降费政策,支持农村创新创业。

第六篇　建设生态宜居的美丽乡村

牢固树立和践行绿水青山就是金山银山的理念,坚持尊重自然、顺应自然、保护自然,统筹山水林田湖草系统治理,加快转变生产生活方式,推动乡村生态振兴,建设生活环境整洁优美、生态系统稳定健康、人与自然和谐共生的生态宜居美丽乡村。

第十九章　推进农业绿色发展

以生态环境友好和资源永续利用为导向,推动形成农业绿色生产方式,实现投入品减量化、生产清洁化、废弃物资源化、产业模式生态化,提高农业可持续发展能力。

第一节　强化资源保护与节约利用

实施国家农业节水行动,建设节水型乡村。深入推进农业灌溉用水总量控制和定额管理,建立健全农业节水长效机制和政策体系。逐步明晰农业水权,推进农业水价综合改革,建立精准补贴和节水奖励机制。严格控制未利用地开垦,落实和完善耕地占补平衡制度。实施农用地分类管理,切实加大优先保护类耕地保护力度。降低耕地开发利用强度,扩大轮作休耕制度试点,制定轮作休耕规划。全面普查动植物种质资源,推进种质资源收集保存、鉴定和利用。强化渔业资源管控与养护,实施海洋渔业资源总量管理、海洋渔船"双控"和休禁渔制度,科学划定江河湖海限捕、禁捕区域,建设水生生物保护区、海洋牧场。

第二节　推进农业清洁生产

加强农业投入品规范化管理,健全投入品追溯系统,推进化肥农药减量施用,完善农药风险评估技术标准体系,严格饲料质量安全管理。加快推进种养循环一体化,建立农村有机废弃物收集、转化、利用网络体系,推进农林产品加工剩余物资源化利用,深入实施秸秆禁烧制度和综合利用,开展整县推进畜禽粪污资源化利用试点。推进废旧地膜和包装废弃物等回收处理。推行水产健康养殖,加大近海滩涂养殖环境治理力度,严格控制河流湖库、近岸海域投饵网箱养殖。探索农林牧渔融合循环发展模式,修复和完善生态廊道,恢复田间生物群落和生态链,建设健康稳定田园生态系统。

第三节　集中治理农业环境突出问题

深入实施土壤污染防治行动计划,开展土壤污染状况详查,积极推进重金属污染耕地等受污染耕地分类管理和安全利用,有序推进治理与修复。加强重有色金属矿区污染综合整治。加强农业面源污染综合防治。加大地下水超采治理,控制地下水漏斗区、地表水过度利用区用水总量。严格工业和城镇污染处理、达标排放,建立监测体系,强化经常性执法监管制度建设,推动环境监测、执法向农村延伸,严禁未经达标处理的城镇污水和其他污染物进入农业农村。

第二十章　持续改善农村人居环境

以建设美丽宜居村庄为导向,以农村垃圾、污水治理和村容村貌提升为主攻方向,开展农村人居环境整治行动,全面提升农村人居环境质量。

第一节　加快补齐突出短板

推进农村生活垃圾治理,建立健全符合农村实际、方式多样的生活垃圾收运处置体系,有条件的地区推行垃圾就地分类和资源化利用。开展非正规垃圾堆放点排查整治。实施"厕所革命",结合各地实际普及不同类型的卫生厕所,推进厕所粪污无害化处理和资源化利用。梯次推进农村生活污水治理,有条件的地区推动城镇污水管网向周边村庄延伸覆盖。逐步消除农村黑臭水体,加强农村饮用水水源地保护。

第二节　着力提升村容村貌

科学规划村庄建筑布局,大力提升农房设计水平,突出乡土特色和地域民族特点。加快推进通村组道路、入户道路建设,基本解决村内道路泥泞、村民出行不便等问题。全面推进乡村绿化,建设具有乡村特色的绿化景观。完善村庄公共照明设施。整治公共空间和庭院环境,消除私搭乱建、乱堆乱放。继续推进城乡环境卫生整洁行动,加大卫生乡镇创建工作力度。鼓励具备条件的地区集中连片建设生态宜居的美丽乡村,综合提升田水路林村风貌,促进村庄形态与自然环境相得益彰。

第三节　建立健全整治长效机制

全面完成县域乡村建设规划编制或修编,推进实用性村庄规划编制实施,加强乡村建设规划许可管理。建立农村人居环境建设和管护长效机制,发挥村民主体作用,鼓励专业化、市场化建设和运行管护。推行环境治理依效付费制度,健全服务绩效评价考核机制。探索建立垃圾污水处理农户付费制度,完善财政补贴和农户付费合理分担机制。依法简化农村人居环境整治建设项目审批程序和招投标程序。完善农村人居环境标准体系。

第二十一章　加强乡村生态保护与修复

大力实施乡村生态保护与修复重大工程,完善重要生态系统保护制度,促进乡村生产生活环境稳步改善,自然生态系统功能和稳定性全面提升,生态产品供给能力进一步增强。

第一节　实施重要生态系统保护和修复重大工程

统筹山水林田湖草系统治理,优化生态安全屏障体系。大力实施大规模国土绿化行动,全面建设三北、长江等重点防护林体系,扩大退耕还林还草,巩固退耕还林还草成果,推动森林质量精准提升,加强有害生物防治。稳定扩大退牧还草实施范围,继续推进草原防灾减灾、鼠虫草害防治、严重退化沙化草原治理等工程。

保护和恢复乡村河湖、湿地生态系统,积极开展农村水生态修复,连通河湖水系,恢复河塘行蓄能力,推进退田还湖还湿、退圩退垸还湖。大力推进荒漠化、石漠化、水土流失综合治理,实施生态清洁小流域建设,推进绿色小水电改造。加快国土综合整治,实施农村土地综合整治重大行动,推进农用地和低效建设用地整理以及历史遗留损毁土地复垦。加强矿产资源开发集中地区特别是重有色金属矿区地质环境和生态修复,以及损毁山体、矿山废弃地修复。加快近岸海域综合治理,实施蓝色海湾整治行动和自然岸线修复。实施生物多样性保护重大工程,提升各类重要保护地保护管理能力。加强野生动植物保护,强化外来入侵物种风险评估、监测预警与综合防控。开展重大生态修复工程气象保障服务,探索实施生态修复型人工增雨工程。

第二节　健全重要生态系统保护制度

完善天然林和公益林保护制度,进一步细化各类森林和林地的管控措施或经营制度。完善草原生态监管和定期调查制度,严格实施草原禁牧和草畜平衡制度,全面落实草原经营者生态保护主体责任。完善荒漠生态保护制度,加强沙区天然植被和绿洲保护。全面推行河长制湖长制,鼓励将河长湖长体系延伸至村一级。推进河湖饮用水水源保护区划定和立界工作,加强对水源涵养区、蓄洪滞涝区、滨河滨湖带的保护。严格落实自然保护区、风景名胜区、地质遗迹等各类保护地保护制度,支持有条件的地方结合国家公园体制试点,探索对居住在核心区域的农牧民实施生态搬迁试点。

第三节　健全生态保护补偿机制

加大重点生态功能区转移支付力度,建立省以下生态保护补偿资金投入机制。完善重点领域生态保护补偿机制,鼓励地方因地制宜探索通过赎买、租赁、置换、协议、混合所有制等方式加强重点区位森林保护,落实草原生态保护补助奖励政策,建立长江流域重点水域禁捕补偿制度,鼓励各地建立流域上下游等横向补偿机制。推动市场化多元化生态补偿,建立健全用水权、排污权、碳排放权交易制度,形成森林、草原、湿地等生态修复工程参与碳汇交易的有效途径,探索实物补偿、服务补偿、设施补偿、对口支援、干部支持、共建园区、飞地经济等方式,提高补偿的针对性。

第四节　发挥自然资源多重效益

大力发展生态旅游、生态种养等产业,打造乡村生态产业链。进一步盘活森林、草原、湿地等自然资源,允许集体经济组织灵活利用现有生产服务设施用地开展相关经营活动。鼓励各类社会主体参与生态保护修复,对集中连片开展生态修复达到一定规模的经营主体,允许在符合土地管理法律法规和土地利用总体规划、依法办理建设用地审批手续、坚持节约集约用地的前提下,利用1－3％治理面积从事旅游、康养、体育、设施农业等产业开发。深化集体林权制度改革,全面开展森林经营方案编制工作,扩大商品林经营自主权,鼓励多种形式的适度规模经营,支持开展林权收储担保服务。完善生态资源管护机制,设立生态管护员工作岗位,鼓励当地群众参与生态管护和管理服务。进一步健全自然资源有偿使用制度,研究探索生态资源价值评估方法并开展试点。

第七篇　繁荣发展乡村文化

坚持以社会主义核心价值观为引领,以传承发展中华优秀传统文化为核心,以乡村公共文化服务体系建设为载体,培育文明乡风、良好家风、淳朴民风,推动乡村文化振兴,建设邻里守望、诚信重礼、勤俭节约的文明乡村。

第二十二章　加强农村思想道德建设

持续推进农村精神文明建设,提升农民精神风貌,倡导科学文明生活,不断提高乡村社会文明程度。

第一节　践行社会主义核心价值观

坚持教育引导、实践养成、制度保障三管齐下,采取符合农村特点的方式方法和载体,深化中国特色社会主义和中国梦宣传教育,大力弘扬民族精神和时代精神。加强爱国主义、集体主义、社会主义教育,深化民族团结进步教育。注重典型示范,深入实施时代新人培育工程,推出一批新时代农民的先进模范人物。把社会主义核心价值观融入法治建设,推动公正文明执法司法,彰显社会主流价值。强化公共政策价值导向,探索建立重大公共政策道德风险评估和纠偏机制。

第二节　巩固农村思想文化阵地

推动基层党组织、基层单位、农村社区有针对性地加强农村群众性思想政治工作。加强对农村社会热点难点问题的应对解读,合理引导社会预期。健全人文关怀和心理疏导机制,培育自尊自信、理性平和、积极向上的农村社会心态。深化文明村镇创建活动,进一步提高县级及以上文明村和文明乡镇的占比。广泛开展星级文明户、文明家庭等群众性精神文明创建活动。深入开展"扫黄打非"进基层。重视发挥社区教育作用,做好家庭教育,传承良好家风家训。完善文化科技卫生"三下乡"长效机制。

第三节　倡导诚信道德规范

深入实施公民道德建设工程,推进社会公德、职业道德、家庭美德、个人品德建设。推进诚信建设,强化农民的社会责任意识、规则意识、集体意识和主人翁意识。建立健全农村信用体系,完善守信激励和失信惩戒机制。弘扬劳动最光荣、劳动者最伟大的观念。弘扬中华孝道,强化孝敬父母、尊敬长辈的社会风尚。广泛开展好媳妇、好儿女、好公婆等评选表彰活动,开展寻找最美乡村教师、医生、村官、人民调解员等活动。深入宣传道德模范、身边好人的典型事迹,建立健全先进模范发挥作用的长效机制。

第二十三章　弘扬中华优秀传统文化

立足乡村文明,吸取城市文明及外来文化优秀成果,在保护传承的基础上，创造性转化、创新性发展，不断赋予时代内涵、丰富表现形式，为增强文化自信提供优质载体。

第一节　保护利用乡村传统文化

实施农耕文化传承保护工程，深入挖掘农耕文化中蕴含的优秀思想观念、人文精神、道德规范，充分发挥其在凝聚人心、教化群众、淳化民风中的重要作用。划定乡村建设的历史文化保护线，保护好文物古迹、传统村落、民族村寨、传统建筑、农业遗迹、灌溉工程遗产。传承传统建筑文化，使历史记忆、地域特色、民族特点融入乡村建设与维护。支持农村地区优秀戏曲曲艺、少数民族文化、民间文化等传承发展。完善非物质文化遗产保护制度，实施非物质文化遗产传承发展工程。实施乡村经济社会变迁物证征藏工程，鼓励乡村史志修编。

第二节　重塑乡村文化生态

紧密结合特色小镇、美丽乡村建设，深入挖掘乡村特色文化符号，盘活地方和民族特色文化资源，走特色化、差异化发展之路。以形神兼备为导向，保护乡村原有建筑风貌和村落格局，把民族民间文化元素融入乡村建设，深挖历史古韵，弘扬人文之美，重塑诗意闲适的人文环境和田绿草青的居住环境，重现原生田园风光和原本乡情乡愁。引导企业家、文化工作者、退休人员、文化志愿者等投身乡村文化建设，丰富农村文化业态。

第三节　发展乡村特色文化产业

加强规划引导、典型示范，挖掘培养乡土文化本土人才，建设一批特色鲜明、优势突出的农耕文化产业展示区，打造一批特色文化产业乡镇、文化产业特色村和文化产业群。大力推动农村地区实施传统工艺振兴计划，培育形成具有民族和地域特色的传统工艺产品，促进传统工艺提高品质、形成品牌、带动就业。积极开发传统节日文化用品和武术、戏曲、舞龙、舞狮、锣鼓等民间艺术、民俗表演项目，促进文化资源与现代消费需求有效对接。推动文化、旅游与其他产业深度融合、创新发展。

第二十四章　丰富乡村文化生活

推动城乡公共文化服务体系融合发展，增加优秀乡村文化产品和服务供给，活跃繁荣农村文化市场，为广大农民提供高质量的精神营养。

第一节　健全公共文化服务体系

按照有标准、有网络、有内容、有人才的要求,健全乡村公共文化服务体系。推动县级图书馆、文化馆总分馆制,发挥县级公共文化机构辐射作用,加强基层综合性文化服务中心建设,实现乡村两级公共文化服务全覆盖,提升服务效能。完善农村新闻出版广播电视公共服务覆盖体系,推进数字广播电视户户通,探索农村电影放映的新方法新模式,推进农家书屋延伸服务和提质增效。继续实施公共数字文化工程,积极发挥新媒体作用,使农民群众能便捷获取优质数字文化资源。完善乡村公共体育服务体系,推动村健身设施全覆盖。

第二节　增加公共文化产品和服务供给

深入推进文化惠民,为农村地区提供更多更好的公共文化产品和服务。建立农民群众文化需求反馈机制,推动政府向社会购买公共文化服务,开展"菜单式"、"订单式"服务。加强公共文化服务品牌建设,推动形成具有鲜明特色和社会影响力的农村公共文化服务项目。开展文化结对帮扶。支持"三农"题材文艺创作生产,鼓励文艺工作者推出反映农民生产生活尤其是乡村振兴实践的优秀文艺作品。鼓励各级文艺组织深入农村地区开展惠民演出活动。加强农村科普工作,推动全民阅读进家庭、进农村,提高农民科学文化素养。

第三节　广泛开展群众文化活动

完善群众文艺扶持机制,鼓励农村地区自办文化。培育挖掘乡土文化本土人才,支持乡村文化能人。加强基层文化队伍培训,培养一支懂文艺爱农村爱农民、专兼职相结合的农村文化工作队伍。传承和发展民族民间传统体育,广泛开展形式多样的农民群众性体育活动。鼓励开展群众性节日民俗活动,支持文化志愿者深入农村开展丰富多彩的文化志愿服务活动。活跃繁荣农村文化市场,推动农村文化市场转型升级,加强农村文化市场监管。

第八篇　健全现代乡村治理体系

把夯实基层基础作为固本之策,建立健全党委领导、政府负责、社会协同、公众参与、法治保障的现代乡村社会治理体制,推动乡村组织振兴,打造充满活力、和谐有序的善治乡村。

第二十五章　加强农村基层党组织对乡村振兴的全面领导

以农村基层党组织建设为主线,突出政治功能,提升组织力,把农村基层党组织建成宣传党的主张、贯彻党的决定、领导基层治理、团结动员群众、推动改革发展的坚强战斗堡垒。

第一节　健全以党组织为核心的组织体系

坚持农村基层党组织领导核心地位,大力推进村党组织书记通过法定程序担任村民委员会主任和集体经济组织、农民合作组织负责人,推行村"两委"班子成员交叉任职;提倡由非村民委员会成员的村党组织班子成员或党员担任村务监督委员会主任;村民委员会成员、村民代表中党员应当占一定比例。在以建制村为基本单元设置党组织的基础上,创新党组织设置。推动农村基层党组织和党员在脱贫攻坚和乡村振兴中提高威信、提升影响。加强农村新型经济组织和社会组织的党建工作,引导其始终坚持为农民服务的正确方向。

第二节　加强农村基层党组织带头人队伍建设

实施村党组织带头人整体优化提升行动。加大从本村致富能手、外出务工经商人员、本乡本土大学毕业生、复员退伍军人中培养选拔力度。以县为单位,逐村摸排分析,对村党组织书记集中调整优化,全面实行县级备案管理。健全从优秀村党组织书记中选拔乡镇领导干部、考录乡镇公务员、招聘乡镇事业编制人员机制。通过本土人才回引、院校定向培养、县乡统筹招聘等渠道,每个村储备一定数量的村级后备干部。全面向贫困村、软弱涣散村和集体经济薄弱村党组织派出第一书记,建立长效机制。

第三节　加强农村党员队伍建设

加强农村党员教育、管理、监督,推进"两学一做"学习教育常态化制度化,教育引导广大党员自觉用习近平新时代中国特色社会主义思想武装头脑。严格党的组织生活,全面落实"三会一课"、主题党日、谈心谈话、民主评议党员、党员联系农户等制度。加强农村流动党员管理。注重发挥无职党员作用。扩大党内基层民主,推进党务公开。加强党内激励关怀帮扶,定期走访慰问农村老党员、生活困难党员,帮助解决实际困难。稳妥有序开展不合格党员组织处置工作。加大在青年农民、外出务工人员、妇女中发展党员力度。

第四节　强化农村基层党组织建设责任与保障

推动全面从严治党向纵深发展、向基层延伸,严格落实各级党委尤其是县级党委主体责任,进一步压实县乡纪委监督责任,将抓党建促脱贫攻坚、促乡村振兴情况作为每年市县乡党委书记抓基层党建述职评议考核的重要内容,纳入巡视、巡察工作内容,作为领导班子综合评价和选拔任用领导干部的重要依据。坚持抓乡促村,整乡推进、整县提升,加强基本组织、基本队伍、基本制度、基本活动、基本保障建设,持续整顿软弱涣散村党组织。加强农村基层党风廉政建设,强化农村基层干部和党员的日常教育管理监督,加强对《农村基层干部廉洁履行职责若干规定(试行)》执行情况的监督检查,弘扬新风正气,抵制歪风邪气。充分发挥纪检监察机关在督促相关职能部门抓好中央政策落实方面的作用,加强对落实情况特别是涉农资金拨付、物资调配等工作的监督,开展扶贫领域腐败和作风问题专项治理,严厉打击农村基层黑恶势力和涉黑涉恶腐败及"保护伞",严肃查处发生在惠农资金、征地拆迁、生态环保和农村"三资"管理领域的违纪违法问题,坚决纠正损害农民利益的行为,严厉整治群众身边腐败问题。全面执行以财政投入为主的稳定的村级组织运转经费保障政策。满怀热情关心关爱农村基层干部,政治上激励、工作上支持、待遇上保障、心理上关怀。重视发现和树立优秀农村基层干部典型,彰显榜样力量。

第二十六章　促进自治法治德治有机结合

坚持自治为基、法治为本、德治为先,健全和创新村党组织领导的充满活力的村民自治机制,强化法律权威地位,以德治滋养法治、涵养自治,让德治贯穿乡村治理全过程。

第一节　深化村民自治实践

加强农村群众性自治组织建设。完善农村民主选举、民主协商、民主决策、民主管理、民主监督制度。规范村民委员会等自治组织选举办法,健全民主决策程序。依托村民会议、村民代表会议、村民议事会、村民理事会等,形成民事民议、民事民办、民事民管的多层次基层协商格局。创新村民议事形式,完善议事决策主体和程序,落实群众知情权和决策权。全面建立健全村务监督委员会,健全务实管用的村务监督机制,推行村级事务阳光工程。充分发挥自治章程、村规民约在农村基层治理中的独特功能,弘扬公序良俗。继续开展以村民小组或自然村为基本单元的村民自治试点工作。加强基层纪委监委对村民委员会的联系和指导。

第二节 推进乡村法治建设

深入开展"法律进乡村"宣传教育活动,提高农民法治素养,引导干部群众尊法学法守法用法。增强基层干部法治观念、法治为民意识,把政府各项涉农工作纳入法治化轨道。维护村民委员会、农村集体经济组织、农村合作经济组织的特别法人地位和权利。深入推进综合行政执法改革向基层延伸,创新监管方式,推动执法队伍整合、执法力量下沉,提高执法能力和水平。加强乡村人民调解组织建设,建立健全乡村调解、县市仲裁、司法保障的农村土地承包经营纠纷调处机制。健全农村公共法律服务体系,加强对农民的法律援助、司法救助和公益法律服务。深入开展法治县(市、区)、民主法治示范村等法治创建活动,深化农村基层组织依法治理。

第三节 提升乡村德治水平

深入挖掘乡村熟人社会蕴含的道德规范,结合时代要求进行创新,强化道德教化作用,引导农民向上向善、孝老爱亲、重义守信、勤俭持家。建立道德激励约束机制,引导农民自我管理、自我教育、自我服务、自我提高,实现家庭和睦、邻里和谐、干群融洽。积极发挥新乡贤作用。深入推进移风易俗,开展专项文明行动,遏制大操大办、相互攀比、"天价彩礼"、厚葬薄养等陈规陋习。加强无神论宣传教育,抵制封建迷信活动。深化农村殡葬改革。

第四节 建设平安乡村

健全落实社会治安综合治理领导责任制,健全农村社会治安防控体系,推动社会治安防控力量下沉,加强农村群防群治队伍建设。深入开展扫黑除恶专项斗争。依法加大对农村非法宗教、邪教活动打击力度,严防境外渗透,继续整治农村乱建宗教活动场所、滥塑宗教造像。完善县乡村三级综治中心功能和运行机制。健全农村公共安全体系,持续开展农村安全隐患治理。加强农村警务、消防、安全生产工作,坚决遏制重特大安全事故。健全矛盾纠纷多元化解机制,深入排查化解各类矛盾纠纷,全面推广"枫桥经验",做到小事不出村、大事不出乡(镇)。落实乡镇政府农村道路交通安全监督管理责任,探索实施"路长制"。探索以网格化管理为抓手,推动基层服务和管理精细化精准化。推进农村"雪亮工程"建设。

第二十七章　夯实基层政权

科学设置乡镇机构,构建简约高效的基层管理体制,健全农村基层服务体系,夯实乡村治理基础。

第一节　加强基层政权建设

面向服务人民群众合理设置基层政权机构、调配人力资源,不简单照搬上级机关设置模式。根据工作需要,整合基层审批、服务、执法等方面力量,统筹机构编制资源,整合相关职能设立综合性机构,实行扁平化和网格化管理。推动乡村治理重心下移,尽可能把资源、服务、管理下放到基层。加强乡镇领导班子建设,有计划地选派省市县机关部门有发展潜力的年轻干部到乡镇任职。加大从优秀选调生、乡镇事业编制人员、优秀村干部、大学生村官中选拔乡镇领导班子成员力度。加强边境地区、民族地区农村基层政权建设相关工作。

第二节　创新基层管理体制机制

明确县乡财政事权和支出责任划分,改进乡镇财政预算管理制度。推进乡镇协商制度化、规范化建设,创新联系服务群众工作方法。推进直接服务民生的公共事业部门改革,改进服务方式,最大限度方便群众。推动乡镇政务服务事项一窗式办理、部门信息系统一平台整合、社会服务管理大数据一口径汇集,不断提高乡村治理智能化水平。健全监督体系,规范乡镇管理行为。改革创新考评体系,强化以群众满意度为重点的考核导向。严格控制对乡镇设立不切实际的“一票否决”事项。

第三节　健全农村基层服务体系

制定基层政府在村(农村社区)治理方面的权责清单,推进农村基层服务规范化标准化。整合优化公共服务和行政审批职责,打造“一门式办理”、“一站式服务”的综合服务平台。在村庄普遍建立网上服务站点,逐步形成完善的乡村便民服务体系。大力培育服务性、公益性、互助性农村社会组织,积极发展农村社会工作和志愿服务。开展农村基层减负工作,集中清理对村级组织考核评比多、创建达标多、检查督查多等突出问题。

第九篇　保障和改善农村民生

坚持人人尽责、人人享有,围绕农民群众最关心最直接最现实的利益问题,加快补齐农村民生短板,提高农村美好生活保障水平,让农民群众有更多实实在在的获得感、幸福感、安全感。

第二十八章　加强农村基础设施建设

继续把基础设施建设重点放在农村,持续加大投入力度,加快补齐农村基础设施短板,促进城乡基础设施互联互通,推动农村基础设施提挡升级。

第一节　改善农村交通物流设施条件

以示范县为载体全面推进"四好农村路"建设,深化农村公路管理养护体制改革,健全管理养护长效机制,完善安全防护设施,保障农村地区基本出行条件。推动城市公共交通线路向城市周边延伸,鼓励发展镇村公交,实现具备条件的建制村全部通客车。加大对革命老区、民族地区、边疆地区、贫困地区铁路公益性运输的支持力度,继续开好"慢火车"。加快构建农村物流基础设施骨干网络,鼓励商贸、邮政、快递、供销、运输等企业加大在农村地区的设施网络布局。加快完善农村物流基础设施末端网络,鼓励有条件的地区建设面向农村地区的共同配送中心。

第二节　加强农村水利基础设施网络建设

构建大中小微结合、骨干和田间衔接、长期发挥效益的农村水利基础设施网络,着力提高节水供水和防洪减灾能力。科学有序推进重大水利工程建设,加强灾后水利薄弱环节建设,统筹推进中小型水源工程和抗旱应急能力建设。巩固提升农村饮水安全保障水平,开展大中型灌区续建配套节水改造与现代化建设,有序新建一批节水型、生态型灌区,实施大中型灌排泵站更新改造。推进小型农田水利设施达标提质,实施水系连通和河塘清淤整治等工程建设。推进智慧水利建设。深化农村水利工程产权制度与管理体制改革,健全基层水利服务体系,促进工程长期良性运行。

第三节　构建农村现代能源体系

优化农村能源供给结构,大力发展太阳能、浅层地热能、生物质能等,因地制宜开发利用水能和风能。完善农村能源基础设施网络,加快新一轮农村电网升级改造,推动供气设施向农村延伸。加快推进生物质热电联产、生物质供热、规模化生物质天然气和规模化大型沼气等燃料清洁化工程。推进农村能源消费升级,大幅提高电能在农村能源消费中的比重,加快实施北方农村地区冬季清洁取暖,积极稳妥推进散煤替代。推广农村绿色节能建筑和农用节能技术、产品。大力发展"互联网＋"智慧能源,探索建设农村能源革命示范区。

第四节　夯实乡村信息化基础

深化电信普遍服务,加快农村地区宽带网络和第四代移动通信网络覆盖步伐。实施新一代信息基础设施建设工程。实施数字乡村战略,加快物联网、地理信息、智能设备等现代信息技术与农村生产生活的全面深度融合,深化农业农村大数据创新应用,推广远程教育、远程医疗、金融服务进村等信息服务,建立空间化、智能化的新型农村统计信息系统。在乡村信息化基础设施建设过程中,同步规划、同步建设、同步实施网络安全工作。

第二十九章　提升农村劳动力就业质量

坚持就业优先战略和积极就业政策,健全城乡均等的公共就业服务体系,不断提升农村劳动者素质,拓展农民外出就业和就地就近就业空间,实现更高质量和更充分就业。

第一节　拓宽转移就业渠道

增强经济发展创造就业岗位能力,拓宽农村劳动力转移就业渠道,引导农村劳动力外出就业,更加积极地支持就地就近就业。发展壮大县域经济,加快培育区域特色产业,拓宽农民就业空间。大力发展吸纳就业能力强的产业和企业,结合新型城镇化建设合理引导产业梯度转移,创造更多适合农村劳动力转移就业的机会,推进农村劳动力转移就业示范基地建设。加强劳务协作,积极开展有组织的劳务输出。实施乡村就业促进行动,大力发展乡村特色产业,推进乡村经济多元化,提供更多就业岗位。结合农村基础设施等工程建设,鼓励采取以工代赈方式就近吸纳农村劳动力务工。

第二节　强化乡村就业服务

健全覆盖城乡的公共就业服务体系,提供全方位公共就业服务。加强乡镇、行政村基层平台建设,扩大就业服务覆盖面,提升服务水平。开展农村劳动力资源调查统计,建立农村劳动力资源信息库并实行动态管理。加快公共就业服务信息化建设,打造线上线下一体的服务模式。推动建立覆盖城乡全体劳动者、贯穿劳动者学习工作终身、适应就业和人才成长需要的职业技能培训制度,增强职业培训的针对性和有效性。在整合资源基础上,合理布局建设一批公共实训基地。

第三节　完善制度保障体系

推动形成平等竞争、规范有序、城乡统一的人力资源市场,建立健全城乡劳动者平等就业、同工同酬制度,提高就业稳定性和收入水平。健全人力资源市场法律法规体系,依法保障农村劳动者和用人单位合法权益。完善政府、工会、企业共同参与的协调协商机制,构建和谐劳动关系。落实就业服务、人才激励、教育培训、资金奖补、金融支持、社会保险等就业扶持相关政策。加强就业援助,对就业困难农民实行分类帮扶。

第三十章　增加农村公共服务供给

继续把国家社会事业发展的重点放在农村,促进公共教育、医疗卫生、社会保障等资源向农村倾斜,逐步建立健全全民覆盖、普惠共享、城乡一体的基本公共服务体系,推进城乡基本公共服务均等化。

第一节　优先发展农村教育事业

统筹规划布局农村基础教育学校,保障学生就近享有有质量的教育。科学推进义务教育公办学校标准化建设,全面改善贫困地区义务教育薄弱学校基本办学条件,加强寄宿制学校建设,提升乡村教育质量,实现县域校际资源均衡配置。发展农村学前教育,每个乡镇至少办好 1 所公办中心幼儿园,完善县乡村学前教育公共服务网络。继续实施特殊教育提升计划。科学稳妥推行民族地区乡村中小学双语教育,坚定不移推行国家通用语言文字教育。实施高中阶段教育普及攻坚计划,提高高中阶段教育普及水平。大力发展面向农村的职业教育,加快推进职业院校布局结构调整,加强县级职业教育中心建设,有针对性地设置专业和课程,满足乡村产业发展和振兴需要。推动优质学校辐射农村薄弱学校常态化,加强城乡教师交流轮岗。积极发展"互联网＋教育",推进乡村学校信息化基础设施建设,优化数字教育资源公共服务体系。落实好乡村教师支持计划,继续实施农村义务教育学校教师特设岗位计划,加强乡村学校紧缺学科教师和民族地区双语教师培训,落实乡村教师生活补助政策,建好建强乡村教师队伍。

第二节　推进健康乡村建设

深入实施国家基本公共卫生服务项目,完善基本公共卫生服务项目补助政策,提供基础性全方位全周期的健康管理服务。加强慢性病、地方病综合防控,大力推进农村地区精神卫生、职业病和重大传染病防治。深化农村计划生育管理服务改革,落实全面两孩政策。增强妇幼健康服务能力,倡导优生优育。加强基层医疗卫生服务体系建设,基本实现每个乡镇都有1所政府举办的乡镇卫生院,每个行政村都有1所卫生室,每个乡镇卫生院都有全科医生,支持中西部地区基层医疗卫生机构标准化建设和设备提挡升级。切实加强乡村医生队伍建设,支持并推动乡村医生申请执业(助理)医师资格。全面建立分级诊疗制度,实行差别化的医保支付和价格政策。深入推进基层卫生综合改革,完善基层医疗卫生机构绩效工资制度。开展和规范家庭医生签约服务。树立大卫生大健康理念,广泛开展健康教育活动,倡导科学文明健康的生活方式,养成良好卫生习惯,提升居民文明卫生素质。

第三节 加强农村社会保障体系建设

按照兜底线、织密网、建机制的要求,全面建成覆盖全民、城乡统筹、权责清晰、保障适度、可持续的多层次社会保障体系。进一步完善城乡居民基本养老保险制度,加快建立城乡居民基本养老保险待遇确定和基础养老金标准正常调整机制。完善统一的城乡居民基本医疗保险制度和大病保险制度,做好农民重特大疾病救助工作,健全医疗救助与基本医疗保险、城乡居民大病保险及相关保障制度的衔接机制,巩固城乡居民医保全国异地就医联网直接结算。推进低保制度城乡统筹发展,健全低保标准动态调整机制。全面实施特困人员救助供养制度,提升托底保障能力和服务质量。推动各地通过政府购买服务、设置基层公共管理和社会服务岗位、引入社会工作专业人才和志愿者等方式,为农村留守儿童和妇女、老年人以及困境儿童提供关爱服务。加强和改善农村残疾人服务,将残疾人普遍纳入社会保障体系予以保障和扶持。

第四节 提升农村养老服务能力

适应农村人口老龄化加剧形势,加快建立以居家为基础、社区为依托、机构为补充的多层次农村养老服务体系。以乡镇为中心,建立具有综合服务功能、医养相结合的养老机构,与农村基本公共服务、农村特困供养服务、农村互助养老服务相互配合,形成农村基本养老服务网络。提高乡村卫生服务机构为老年人提供医疗保健服务的能力。支持主要面向失能、半失能老年人的农村养老服务设施建设,推进农村幸福院等互助型养老服务发展,建立健全农村留守老年人关爱服务体系。开发农村康养产业项目。鼓励村集体建设用地优先用于发展养老服务。

第五节　加强农村防灾减灾救灾能力建设

坚持以防为主、防抗救相结合,坚持常态减灾与非常态救灾相统一,全面提高抵御各类灾害综合防范能力。加强农村自然灾害监测预报预警,解决农村预警信息发布"最后一公里"问题。加强防灾减灾工程建设,推进实施自然灾害高风险区农村困难群众危房改造。全面深化森林、草原火灾防控治理。大力推进农村公共消防设施、消防力量和消防安全管理组织建设,改善农村消防安全条件。推进自然灾害救助物资储备体系建设。开展灾害救助应急预案编制和演练,完善应对灾害的政策支持体系和灾后重建工作机制。在农村广泛开展防灾减灾宣传教育。

第十篇　完善城乡融合发展政策体系

顺应城乡融合发展趋势,重塑城乡关系,更好激发农村内部发展活力、优化农村外部发展环境,推动人才、土地、资本等要素双向流动,为乡村振兴注入新动能。

第三十一章　加快农业转移人口市民化

加快推进户籍制度改革,全面实行居住证制度,促进有能力在城镇稳定就业和生活的农业转移人口有序实现市民化。

第一节　健全落户制度

鼓励各地进一步放宽落户条件,除极少数超大城市外,允许农业转移人口在就业地落户,优先解决农村学生升学和参军进入城镇的人口、在城镇就业居住 5 年以上和举家迁徙的农业转移人口以及新生代农民工落户问题。区分超大城市和特大城市主城区、郊区、新区等区域,分类制定落户政策,重点解决符合条件的普通劳动者落户问题。全面实行居住证制度,确保各地居住证申领门槛不高于国家标准、享受的各项基本公共服务和办事便利不低于国家标准,推进居住证制度覆盖全部未落户城镇常住人口。

第二节　保障享有权益

不断扩大城镇基本公共服务覆盖面,保障符合条件的未落户农民工在流入地平等享受城镇基本公共服务。通过多种方式增加学位供给,保障农民工随迁子女以流入地公办学校为主接受义务教育,以普惠性幼儿园为主接受学前教育。完善就业失业登记管理制度,面向农业转移人口全面提供政府补贴职业技能培训服务。将农业转移人口纳入社区卫生和计划生育服务体系,提供基本医疗卫生服务。把进城落户农民完全纳入城镇社会保障体系,在农村参加的养老保险和医疗保险规范接入城镇社会保障体系,做好基本医疗保险关系转移接续和异地就医结算工作。把进城落户农民完全纳入城镇住房保障体系,对符合条件的采取多种方式满足基本住房需求。

第三节 完善激励机制

维护进城落户农民土地承包权、宅基地使用权、集体收益分配权,引导进城落户农民依法自愿有偿转让上述权益。加快户籍变动与农村"三权"脱钩,不得以退出"三权"作为农民进城落户的条件,促使有条件的农业转移人口放心落户城镇。落实支持农业转移人口市民化财政政策,以及城镇建设用地增加规模与吸纳农业转移人口落户数量挂钩政策,健全由政府、企业、个人共同参与的市民化成本分担机制。

第三十二章 强化乡村振兴人才支撑

实行更加积极、更加开放、更加有效的人才政策,推动乡村人才振兴,让各类人才在乡村大施所能、大展才华、大显身手。

第一节 培育新型职业农民

全面建立职业农民制度,培养新一代爱农业、懂技术、善经营的新型职业农民,优化农业从业者结构。实施新型职业农民培育工程,支持新型职业农民通过弹性学制参加中高等农业职业教育。创新培训组织形式,探索田间课堂、网络教室等培训方式,支持农民专业合作社、专业技术协会、龙头企业等主体承担培训。鼓励各地开展职业农民职称评定试点。引导符合条件的新型职业农民参加城镇职工养老、医疗等社会保障制度。

第二节 加强农村专业人才队伍建设

加大"三农"领域实用专业人才培育力度,提高农村专业人才服务保障能力。加强农村科技推广人才队伍建设,探索公益性和经营性农村科技推广融合发展机制,允许农村科技人员通过提供增值服务合理取酬,全面实施农村科技推广服务特聘计划。加强涉农院校和学科专业建设,大力培育农业科技、科普人才,深入实施农业科研杰出人才计划和杰出青年农业科学家项目,深化农业系列职称制度改革。

第三节 鼓励社会人才投身乡村建设

建立健全激励机制,研究制定完善相关政策措施和管理办法,鼓励社会人才投身乡村建设。以乡情乡愁为纽带,引导和支持企业家、党政干部、专家学者、医生教师、规划师、建筑师、律师、技能人才等,通过下乡担任志愿者、投资兴业、行医办学、捐资捐物、法律服务等方式服务乡村振兴事业,允许符合要求的公职人员回乡任职。落实和完善融资贷款、配套设施建设补助、税费减免等扶持政策,引导工商资本积极投入乡村振兴事业。继续实施"三区"(边远贫困地区、边疆民族地区和革命老区)人才支持计划,深入推进大学生村官工作,因地制宜实施"三支一扶"、高校毕业生基层成长等计划,开展乡村振兴"巾帼行动"、青春建功行动。建立城乡、区域、校地之间人才培养合作与交流机制。全面建立城市医生教师、科技文化人员等定期服务乡村机制。

第三十三章　加强乡村振兴用地保障

完善农村土地利用管理政策体系,盘活存量,用好流量,辅以增量,激活农村土地资源资产,保障乡村振兴用地需求。

第一节　健全农村土地管理制度

总结农村土地征收、集体经营性建设用地入市、宅基地制度改革试点经验,逐步扩大试点,加快土地管理法修改。探索具体用地项目公共利益认定机制,完善征地补偿标准,建立被征地农民长远生计的多元保障机制。建立健全依法公平取得、节约集约使用、自愿有偿退出的宅基地管理制度。在符合规划和用途管制前提下,赋予农村集体经营性建设用地出让、租赁、入股权能,明确入市范围和途径。建立集体经营性建设用地增值收益分配机制。

第二节　完善农村新增用地保障机制

统筹农业农村各项土地利用活动,乡镇土地利用总体规划可以预留一定比例的规划建设用地指标,用于农业农村发展。根据规划确定的用地结构和布局,年度土地利用计划分配中可安排一定比例新增建设用地指标专项支持农业农村发展。对于农业生产过程中所需各类生产设施和附属设施用地,以及由于农业规模经营必须兴建的配套设施,在不占用永久基本农田的前提下,纳入设施农用地管理,实行县级备案。鼓励农业生产与村庄建设用地复合利用,发展农村新产业新业态,拓展土地使用功能。

第三节　盘活农村存量建设用地

完善农民闲置宅基地和闲置农房政策,探索宅基地所有权、资格权、使用权"三权分置",落实宅基地集体所有权,保障宅基地农户资格权和农民房屋财产权,适度放活宅基地和农民房屋使用权,不得违规违法买卖宅基地,严格实行土地用途管制,严格禁止下乡利用农村宅基地建设别墅大院和私人会馆。在符合土地利用总体规划前提下,允许县级政府通过村土地利用规划调整优化村庄用地布局,有效利用农村零星分散的存量建设用地。对利用收储农村闲置建设用地发展农村新产业新业态的,给予新增建设用地指标奖励。

<h3 style="text-align:center">第三十四章　健全多元投入保障机制</h3>

健全投入保障制度,完善政府投资体制,充分激发社会投资的动力和活力,加快形成财政优先保障、社会积极参与的多元投入格局。

第一节　继续坚持财政优先保障

建立健全实施乡村振兴战略财政投入保障制度,明确和强化各级政府"三农"投入责任,公共财政更大力度向"三农"倾斜,确保财政投入与乡村振兴目标任务相适应。规范地方政府举债融资行为,支持地方政府发行一般债券用于支持乡村振兴领域公益性项目,鼓励地方政府试点发行项目融资和收益自平衡的专项债券,支持符合条件、有一定收益的乡村公益性建设项目。加大政府投资对农业绿色生产、可持续发展、农村人居环境、基本公共服务等重点领域和薄弱环节支持力度,充分发挥投资对优化供给结构的关键性作用。充分发挥规划的引领作用,推进行业内资金整合与行业间资金统筹相互衔接配合,加快建立涉农资金统筹整合长效机制。强化支农资金监督管理,提高财政支农资金使用效益。

第二节　提高土地出让收益用于农业农村比例

开拓投融资渠道,健全乡村振兴投入保障制度,为实施乡村振兴战略提供稳定可靠资金来源。坚持取之于地,主要用之于农的原则,制定调整完善土地出让收入使用范围、提高农业农村投入比例的政策性意见,所筹集资金用于支持实施乡村振兴战略。改进耕地占补平衡管理办法,建立高标准农田建设等新增耕地指标和城乡建设用地增减挂钩节余指标跨省域调剂机制,将所得收益通过支出预算全部用于巩固脱贫攻坚成果和支持实施乡村振兴战略。

第三节　引导和撬动社会资本投向农村

优化乡村营商环境,加大农村基础设施和公用事业领域开放力度,吸引社会资本参与乡村振兴。规范有序盘活农业农村基础设施存量资产,回收资金主要用于补短板项目建设。继续深化"放管服"改革,鼓励工商资本投入农业农村,为乡村振兴提供综合性解决方案。鼓励利用外资开展现代农业、产业融合、生态修复、人居环境整治和农村基础设施等建设。推广一事一议、以奖代补等方式,鼓励农民对直接受益的乡村基础设施建设投工投劳,让农民更多参与建设管护。

第三十五章　加大金融支农力度

健全适合农业农村特点的农村金融体系,把更多金融资源配置到农村经济社会发展的重点领域和薄弱环节,更好满足乡村振兴多样化金融需求。

第一节　健全金融支农组织体系

发展乡村普惠金融。深入推进银行业金融机构专业化体制机制建设,形成多样化农村金融服务主体。指导大型商业银行立足普惠金融事业部等专营机制建设,完善专业化的"三农"金融服务供给机制。完善中国农业银行、中国邮政储蓄银行"三农"金融事业部运营体系,明确国家开发银行、中国农业发展银行在乡村振兴中的职责定位,加大对乡村振兴信贷支持。支持中小型银行优化网点渠道建设,下沉服务重心。推动农村信用社省联社改革,保持农村信用社县域法人地位和数量总体稳定,完善村镇银行准入条件。引导农民合作金融健康有序发展。鼓励证券、保险、担保、基金、期货、租赁、信托等金融资源聚焦服务乡村振兴。

第二节　创新金融支农产品和服务

加快农村金融产品和服务方式创新,持续深入推进农村支付环境建设,全面激活农村金融服务链条。稳妥有序推进农村承包土地经营权、农民住房财产权、集体经营性建设用地使用权抵押贷款试点。探索县级土地储备公司参与农村承包土地经营权和农民住房财产权"两权"抵押试点工作。充分发挥全国信用信息共享平台和金融信用信息基础数据库的作用,探索开发新型信用类金融支农产品和服务。结合农村集体产权制度改革,探索利用量化的农村集体资产股权的融资方式。提高直接融资比重,支持农业企业依托多层次资本市场发展壮大。创新服务模式,引导持牌金融机构通过互联网和移动终端提供普惠金融服务,促进金融科技与农村金融规范发展。

第三节　完善金融支农激励政策

继续通过奖励、补贴、税收优惠等政策工具支持"三农"金融服务。抓紧出台金融服务乡村振兴的指导意见。发挥再贷款、再贴现等货币政策工具的引导作用,将乡村振兴作为信贷政策结构性调整的重要方向。落实县域金融机构涉农贷款增量奖励政策,完善涉农贴息贷款政策,降低农户和新型农业经营主体的融资成本。健全农村金融风险缓释机制,加快完善"三农"融资担保体系。充分发挥好国家融资担保基金的作用,强化担保融资增信功能,引导更多金融资源支持乡村振兴。制定金融机构服务乡村振兴考核评估办法。改进农村金融差异化监管体系,合理确定金融机构发起设立和业务拓展的准入门槛。守住不发生系统性金融风险底线,强化地方政府金融风险防范处置责任。

第十一篇　规划实施

实行中央统筹、省负总责、市县抓落实的乡村振兴工作机制,坚持党的领导,更好履行各级政府职责,凝聚全社会力量,扎实有序推进乡村振兴。

第三十六章　加强组织领导

坚持党总揽全局、协调各方,强化党组织的领导核心作用,提高领导能力和水平,为实现乡村振兴提供坚强保证。

第一节　落实各方责任

强化地方各级党委和政府在实施乡村振兴战略中的主体责任,推动各级干部主动担当作为。坚持工业农业一起抓、城市农村一起抓,把农业农村优先发展原则体现到各个方面。坚持乡村振兴重大事项、重要问题、重要工作由党组织讨论决定的机制,落实党政一把手是第一责任人、五级书记抓乡村振兴的工作要求。县委书记要当好乡村振兴"一线总指挥",下大力气抓好"三农"工作。各地区要依照国家规划科学编制乡村振兴地方规划或方案,科学制定配套政策和配置公共资源,明确目标任务,细化实化政策措施,增强可操作性。各部门要各司其职、密切配合,抓紧制定专项规划或指导意见,细化落实并指导地方完成国家规划提出的主要目标任务。建立健全规划实施和工作推进机制,加强政策衔接和工作协调。培养造就一支懂农业、爱农村、爱农民的"三农"工作队伍,带领群众投身乡村振兴伟大事业。

第二节　强化法治保障

各级党委和政府要善于运用法治思维和法治方式推进乡村振兴工作，严格执行现行涉农法律法规，在规划编制、项目安排、资金使用、监督管理等方面，提高规范化、制度化、法治化水平。完善乡村振兴法律法规和标准体系，充分发挥立法在乡村振兴中的保障和推动作用。推动各类组织和个人依法依规实施和参与乡村振兴。加强基层执法队伍建设，强化市场监管，规范乡村市场秩序，有效促进社会公平正义，维护人民群众合法权益。

第三节　动员社会参与

搭建社会参与平台，加强组织动员，构建政府、市场、社会协同推进的乡村振兴参与机制。创新宣传形式，广泛宣传乡村振兴相关政策和生动实践，营造良好社会氛围。发挥工会、共青团、妇联、科协、残联等群团组织的优势和力量，发挥各民主党派、工商联、无党派人士等积极作用，凝聚乡村振兴强大合力。建立乡村振兴专家决策咨询制度，组织智库加强理论研究。促进乡村振兴国际交流合作，讲好乡村振兴的中国故事，为世界贡献中国智慧和中国方案。

第四节　开展评估考核

加强乡村振兴战略规划实施考核监督和激励约束。将规划实施成效纳入地方各级党委和政府及有关部门的年度绩效考评内容，考核结果作为有关领导干部年度考核、选拔任用的重要依据，确保完成各项目标任务。本规划确定的约束性指标以及重大工程、重大项目、重大政策和重要改革任务，要明确责任主体和进度要求，确保质量和效果。加强乡村统计工作，因地制宜建立客观反映乡村振兴进展的指标和统计体系。建立规划实施督促检查机制，适时开展规划中期评估和总结评估。

第三十七章　有序实现乡村振兴

充分认识乡村振兴任务的长期性、艰巨性，保持历史耐心，避免超越发展阶段，统筹谋划，典型带动，有序推进，不搞齐步走。

第一节　准确聚焦阶段任务

在全面建成小康社会决胜期，重点抓好防范化解重大风险、精准脱贫、污染防治三大攻坚战，加快补齐农业现代化短腿和乡村建设短板。在开启全面建设社会主义现代化国家新征程时期，重点加快城乡融合发展制度设计和政策创新，推动城乡公共资源均衡配置和基本公共服务均等化，推进乡村治理体系和治理能力现代化,全面提升农民精神风貌,为乡村振兴这盘大棋布好局。

第二节　科学把握节奏力度

合理设定阶段性目标任务和工作重点,分步实施,形成统筹推进的工作机制。加强主体、资源、政策和城乡协同发力,避免代替农民选择,引导农民摒弃"等靠要"思想,激发农村各类主体活力,激活乡村振兴内生动力,形成系统高效的运行机制。立足当前发展阶段,科学评估财政承受能力、集体经济实力和社会资本动力,依法合规谋划乡村振兴筹资渠道,避免负债搞建设,防止刮风搞运动,合理确定乡村基础设施、公共产品、制度保障等供给水平,形成可持续发展的长效机制。

第三节　梯次推进乡村振兴

科学把握我国乡村区域差异,尊重并发挥基层首创精神,发掘和总结典型经验,推动不同地区、不同发展阶段的乡村有序实现农业农村现代化。发挥引领区示范作用,东部沿海发达地区、人口净流入城市的郊区、集体经济实力强以及其他具备条件的乡村,到2022年率先基本实现农业农村现代化。推动重点区加速发展,中小城市和小城镇周边以及广大平原、丘陵地区的乡村,涵盖我国大部分村庄,是乡村振兴的主战场,到2035年基本实现农业农村现代化。聚焦攻坚区精准发力,革命老区、民族地区、边疆地区、集中连片特困地区的乡村,到2050年如期实现农业农村现代化。

关于农业综合开发的若干意见

（财政部　2002 年 2 月 7 日）

农业综合开发是国家支持农业发展的重要手段,是巩固和加强农业基础地位、提高农业综合生产能力的有效措施,是支持我国农业参与国际竞争、推进农业现代化的重要途径。为了总结农业综合开发经验,适应新阶段农业发展需要,进一步提高农业综合开发水平,现就农业综合开发提出以下意见。

一、农业综合开发的指导思想和目标任务

（一）农业综合开发的指导思想。适应新阶段农业发展的要求,以农业主产区为重点,着力加强农业基础设施建设,改善农业生产条件,提高农业综合生产能力和保护农业生态环境;着力推进农业和农村经济结构战略性调整,提高农业综合效益,增加农民收入。

（二）农业综合开发的目标任务。坚持以改造中低产田为重点,加强农田水利基本建设,建设优质、高产、稳产、节水、高效农田,增强农业抗御自然灾害的能力,提高我国基本农田的生产能力,特别是主产区粮食生产能力;以市场为导向,发挥农业区域比较优势,积极培育农村支柱产业,发展产业化经营,推进农业和农村经济结构战略性调整,全面提高农产品质量、农业生产组织化程度和农业抗御市场风险的能力;实行山水田林路综合治理,加强农田林网建设,推进退耕还林,加大生态工程和生态项目支持力度,治理水土流失,有效地改善生态环境,促进农业可持续发展;积极推动农业科技革命,加强农民技术培训,加大农业新品种、新技术的推广力度,促进农业信息化和农业生产标准化建设,推进项目区农业现代化进程,提高农业国际竞争力。

二、农业综合开发扶持范围和建设内容

(一)农业综合开发的扶持范围。一是土地资源开发治理项目,包括中低产田改造、草场改良和工矿废弃地复垦,发展节水农业、生态农业,建设优质粮食基地、优质饲料作物基地等;二是多种经营项目,包括种植业、养殖业,农产品储运、保鲜、加工和批发市场建设等;三是示范项目,包括高新科技示范、科技推广综合示范、农业现代化示范等。

(二)农业综合开发的建设内容。主要包括小型水库、拦河坝、排灌站、机电井、灌排渠系(5个流量以下)、改良土壤、机耕路、农牧机械、草场围栏、畜禽棚舍、水产养殖池与设备、农田防护林、完善农业支持服务体系、农产品加工生产厂房与设备、农产品产地批发市场等。

三、农业综合开发应遵循的原则

(一)突出重点。以农业主产区,特别是粮食主产区为开发重点。

(二)择优立项。把农业资源条件优越、开发潜力大、农民群众自愿开发、资金配套能力强的地方或项目,优先纳入农业综合开发的扶持范围。

(三)综合开发。因地制宜,实行农林牧副渔综合开发,山水田林路综合治理。

(四)统筹规划。开发区和项目应经过科学评估和论证,精心设计和实施。

(五)连片开发。土地开发应遵循土地利用总体规划,按流域或灌区统一规划,集中投入,连片开发治理,努力提高土地产出率和水资源利用率。重点搞好基本农田保护区范围内的中低产田改造,并对改造过的耕地依法进行保护。

(六)产业化经营。发展多种经营应充分发挥区域资源优势和比较优势,培育支柱产业和主导产品,重点扶持产业化"龙头"项目,提高农业产业化水平。

(七)科技与体制创新。依靠农业科技进步,推进农业综合开发机制创新。

(八)开发与保护结合。农业资源开发与农业生态环境保护相结合。

四、农业综合开发的投入机制

农民群众是农业综合开发的直接受益者。要坚持和完善"国家引导、配套投入、民办公助、滚动开发"的农业综合开发投入机制。除中央财政专项安排农业综合开发资金外,地方各级财政要相应落实配套资金,农民筹资投劳要符合有关政策规定。对部分财政资金实行有偿投入,按照"谁受益,谁还款"的原则落实还款责任,确保及时足额偿还。回收的财政有偿资金继续用于农业综合开发。

五、农业综合开发的投入政策

(一)各级财政要逐步加大农业综合开发资金投入。"十五"及今后一段时期内,用于农业综合开发投入的财政资金增长幅度应高于"九五"水平。

(二)采取综合因素法分配中央财政农业综合开发资金。对农业综合开发潜力大、开发效果好的地方,相应增加中央财政农业综合开发资金的投入。

(三)明确中央财政资金与地方财政资金的投入比例。依据各省、自治区、直辖市和计划单列市的财力状况分类确定各地财政资金配套比例(另行规定)。原则上财力状况好的地区多配套,财力困难的地区少配套。省级财政承担的配套资金不低于全部配套资金的70%。地方财政配套资金不落实的,要适当调减下一年度的中央财政资金投入。

(四)保证农业综合开发的投入重点。原则上财政资金的70%用于土地治理项目,30%用于多种经营项目。根据各项目区不同的资源状况,可适当调整投入比例。

(五)加大科技投入力度。逐步将财政资金中科技投入比例提高到10%。

(六)合理确定财政资金无偿与有偿投入比例,以及财政有偿资金还款期限。原则上投入公益性的财政资金实行无偿使用,投入非公益性的财政资金实行有偿使用。切实加强财政有偿资金管理工作,防止形成债务风险。

(七)多层次、多渠道筹集开发资金。通过安排贷款贴息资金,引导银行增加农业综合开发贷款投入。积极探索开放性开发、经营性开发和股份制开发方式,广泛吸引各类社会投资和外资,加大农业综合开发投入力度。

六、农业综合开发项目和资金管理

(一)实行项目和资金管理有机结合。以资金投入确定项目规模,按项目管理资金。

（二）项目实行统一组织，分级管理。农业综合开发项目应自下而上逐级申报，由国家农业综合开发办事机构（或授权省级农业综合开发办事机构）组织评估、审定和审批。

（三）完善项目监督管理制度。强化项目前期科学立项、中期监督检查、后期项目验收和监测评价。全面推行专家评审制、项目法人制、招投标制和工程监理制。

（四）加强项目的运行与管理。对已建成的项目，农业综合开发办事机构要负责明晰产权归属，落实管护主体，建立必要的运行管理制度，保证项目正常运转。

（五）建立健全资金管理和监督制度。农业综合开发资金实行专人管理，专账核算，专款专用。全面推行财政无偿资金县级报账制、财政有偿资金委托银行放款制和项目资金公告（公示）制。加强财务检查和审计监督，严禁挤占挪用农业综合开发资金；对违反规定的，要予以纠正并严肃查处。

（六）提高项目和资金管理水平。建立健全权责结合的管理责任制和奖优罚劣办法，不断提高农业综合开发管理水平。

七、农业综合开发工作的组织领导

地方各级人民政府要切实加强对农业综合开发工作的领导，把这项工作放在整个农业和农村经济工作的重要位置。加强和充实农业综合开发办事机构。农业综合开发办事机构要制定规划，做好综合协调，引导择优选项，指导和管理农业综合开发项目实施。各有关部门要相互支持，密切配合，形成合力，创造性地做好新阶段农业综合开发工作。

本意见自发布之日起施行。其他农业综合开发管理办法或规定与本意见不一致的，以本意见为准。

国家农业综合开发资金和项目管理办法

（中华人民共和国财政部令第 29 号）

第一章　总　则

第一条　为了促进国家农业综合开发资金和项目管理科学化、制度化、规范化，确保资金安全运行和有效使用，保证项目顺利实施，根据国家有关法律、行政法规，制定本办法。

第二条　本办法所称农业综合开发是指中央政府为保护、支持农业发展，改善农业生产基本条件，优化农业和农村经济结构，提高农业综合生产能力和综合效益，设立专项资金对农业资源进行综合开发利用的活动。

第三条　农业综合开发的任务是加强农业基础设施和生态建设，提高农业综合生产能力，保证国家粮食安全；推进农业和农村经济结构的战略性调整，推进农业产业化经营，提高农业综合效益，促进农民增收。

第四条　农业综合开发项目包括土地治理项目和产业化经营项目。

土地治理项目，包括稳产高产基本农田建设、粮棉油等大宗优势农产品基地建设、良种繁育、土地复垦等中低产田改造项目，草场改良、小流域治理、土地沙化治理、生态林建设等生态综合治理项目，中型灌区节水配套改造项目。

产业化经营项目，包括经济林及设施农业种植、畜牧水产养殖等种植养殖基地项目，农产品加工项目，储藏保鲜、产地批发市场等流通设施项目。

第五条　农业综合开发应创新机制，强化管理，实行与社会主义市场经济、公共财政相适应的管理机制和投资政策。

第六条 农业综合开发实行"国家引导、配套投入、民办公助、滚动开发"的投入机制。

农业综合开发资金安排应遵循以下原则：

（一）效益优先，兼顾公平；

（二）突出重点，兼顾一般；

（三）集中投入，不留缺口；

（四）奖优罚劣，激励竞争。

农业综合开发以资金投入控制项目规模，按项目管理资金。

第七条 农业综合开发项目管理应遵循以下原则：

（一）因地制宜，统筹规划；

（二）规模开发，产业化经营；

（三）依靠科技，注重效益；

（四）公平竞争，择优立项。

农业综合开发项目实行自下而上申报。

第八条 依照统一组织、分级管理的原则，合理划分国家农业综合开发办公室（以下简称国家农发办）和省、自治区、直辖市、计划单列市、新疆生产建设兵团、黑龙江农垦总局（以下简称省）农业综合开发办事机构（以下简称农发机构）的管理权限和职责。

第二章　扶持重点

第九条 农业综合开发主要扶持农业主产区，重点扶持粮食主产区。农业主产区按主要农产品产量和商品量以省为单位确定。

非农业主产区的省应确定本地区重点扶持的农业主产县（包括不设区的市、市辖区、旗及农场，下同）。

第十条 土地治理项目以中低产田改造为重点，结合优势农产品产业带建设，建设旱涝保收、稳产高产基本农田。坚持山水田林路综合治理，农业、林业、水利措施综合配套，实现经济、社会、生态效益的统一。

第十一条 产业化经营项目应参照国家制定的优势农产品区域布局规划，根据当地资源优势和经济发展状况，确定重点扶持的优势农产品产业。通过加强优势农产品基地建设，扶持产业化龙头企业，提高农业生产组织化程度和农业产业化经营水平。

第十二条　土地治理项目扶持对象应以农民为重点。

产业化经营项目扶持的对象包括国家级和省级农业产业化龙头企业（含省级农发机构审定的龙头企业）以及农民专业合作组织等。

第十三条　由国家农发办确定纳入扶持范围的农业综合开发县，并按照"总量控制、适度进出、奖优罚劣、分级管理"的原则进行管理。

第三章　资金管理

第十四条　中央财政根据财力可能逐年增加用于农业综合开发的资金。

第十五条　财政部依据各地财力状况分别确定各省地方财政资金与中央财政资金的配套比例。

省级财政承担的配套资金总体上不低于地方财政配套资金的80％。省级财政可以在确保地方财政配套资金的前提下根据地（包括设区的市、自治州、盟，下同）、县财力状况确定不同的配套比例。

地方各级财政配套资金应列入同级财政年度预算。

国家扶贫开发工作重点县以及乡级财政不承担资金配套任务。

第十六条　农业综合开发的扶持对象应有必要的投入。

土地治理项目的农村集体和农民筹资（含以物折资）投劳，要严格按照"农民自愿，量力而行，民主决策，数量控制"和"谁受益、谁负担"的原则进行筹集，并纳入村内"一事一议"范畴，实行专项管理。

产业化经营项目的自筹资金应不低于财政投资的50％。

第十七条　农业综合开发可以采取补贴、贴息、有偿扶持等多种形式，吸引金融资金、民间资本、工商资本以及外资，逐步扩大农业综合开发资金投入。

第十八条　中央财政农业综合开发资金的分配以综合因素法为主，按资源条件和工作质量测算各省中央财政资金投资指标。

各省产业化经营项目中央财政资金投资规模根据项目申报情况确定。

第十九条　每年新增中央财政农业综合开发资金重点用于农业主产区。各省农业综合开发财政资金应对农业主产县进行重点投入。

第二十条　农业综合开发财政资金原则上70％以上用于土地治理项目，30％以下用于产业化经营项目，具体投入比例根据各省资源状况和经济发展要求确定。

农业综合开发应逐步加大科技投入力度,提高财政资金中科技投入所占比重。

第二十一条 用于土地治理项目的中央财政资金全部无偿投入。

用于产业化经营项目的中央财政资金实行有偿和无偿扶持相结合,以有偿扶持为主。财政资金可以投资参股产业化经营项目,具体办法由财政部另行制定。

第二十二条 用于土地治理项目的农业综合开发资金的使用范围:

(一)总库容在 1000 万立方米以下的小型水库、塘坝及拦河坝的改建、扩建、加固、新建;总装机容量在 50kW 以下的机电排灌站的改造、续建、新建及其配套的 35KV 以下输变电设备;新打、修复机电井及配套的机、泵和 10KV 以下的输变电设备;灌排渠道开挖、疏浚、衬砌及配套建筑物;发展节水灌溉所需的建材、管材及喷滴灌设备。中型灌区节水配套改造项目资金的使用范围及其管理办法由国家农发办另行制定。

(二)修建农田机耕路所需沙石料、改良土壤所需绿肥种子及秸秆还田机械设备、机械平整土地的施工;优良品种的购置、繁育及加工所需的工程设施、配套设备;推广优良品种和先进实用技术所需的小型仪器设备及示范、培训;购置农业机械及配套农机具的补助等。

(三)营造农田防护林、防风固沙林、水源涵养林、水土保持林等所需的苗木购置(或苗圃建设)及工程设施;牧区改良草场所需种子购置、灌溉设施、草场围栏、青贮窖、饲料加工、牲畜棚圈等。

第二十三条 用于产业化经营项目的农业综合开发资金的使用范围:

(一)经济林及设施农业种植基地所需的灌排设施、农用道路、输变电设备及温室大棚,品种改良、种苗繁育设施,产品整理、分级、清洗、包装等采后处理设施,质量检测设施,新品种、新技术的引进、示范及培训等。

(二)养殖基地建设所需的灌排设施、农用道路及输变电设备等,种苗繁育、品种改良设施,养殖基地生产设施,专用饲料小型生产设施,疫病防疫设施,废弃物处理及隔离环保设施,质量检测设施,新品种、新技术的引进、示范及培训等。

(三)农产品加工项目所需的生产车间、辅助车间、包装车间、成品库、原料库、低温库、加工设备、辅助设备及配套的供水、供电、道路设施；质量检验设施，废弃物处理等环保设施，卫生防疫及动植物检疫设施，引进新品种、新技术，对基地的农户进行技术培训等。

（四）农产品产地批发市场、储藏保鲜项目所需的气调库、预冷库、低温库、设备购置安装及配套的供水、供电、道路设施，产品质量检测设施，卫生防疫与动植物检疫设施，废弃物配套处理设施，农产品产地批发市场的交易场所建设等。

产业化经营项目的财政无偿资金应用于：项目可行性研究、初步设计或实施方案（以下简称初步设计）所需费用，新品种、新技术的引进、示范及培训所发生的费用，部分必要的公益性基础设施建设投入补助。

第二十四条　农业综合开发资金的其他使用范围：

（一）贷款贴息。从中央财政农业综合开发资金中单独安排资金，专项用于符合农业综合开发扶持范围的贷款项目的贴息。贴息资金管理办法由财政部另行制定。

（二）县级农发机构项目管理费。按土地治理项目财政投资的一定比例提取使用：财政投资 500 万元以下的按 3.5％ 提取，1000 万元以下的其超过 500 万元的部分按 1.5％ 提取，超过 1000 万元的其超过部分按 0.5％ 提取。项目管理费从地方财政配套资金中列支，主要用于项目实地考察、检查验收、业务培训、项目及工程招标、资金和项目公示以及土地治理项目可行性研究、土地治理项目一般工程初步设计等方面的支出，不得用于人员工资、补贴、购置车辆等行政经费开支。地、省级农发机构和国家农发办由本级财政预算单独安排事业费用于项目管理各项支出，不得另提项目管理费。

（三）土地治理项目主要单项工程监理费及其勘察设计费。从地方财政配套资金中列支，按实际支出数计入项目工程成本。具体办法由国家农发办参照国家有关规定制定。

第二十五条　农业综合开发财政资金实行专人管理、专账核算、专款专用，严格按照农业综合开发财务、会计制度进行管理，按规定范围使用资金，严禁挤占挪用。

第二十六条　财政无偿资金通过财政部门，按有关规定及时、足额拨付。有偿资金通过财政部门履行承借手续，按规定程序支付，逐级统一归还。

各级财政部门应根据已批准的项目计划、初步设计、工程建设进度及时拨借资金。

第二十七条 财政无偿资金的使用实行县级报账制。项目实施单位要严格按照规定的程序和手续及时办理报账。报账资金的拨付实行转账结算,严格控制现金支出,严禁白条入账。

县级农发机构借出财政有偿资金,要落实还款责任,借款单位或个人须有担保。对确实难以偿还的财政有偿资金实行呆账核销,具体办法由财政部制定。

第二十八条 各级农发机构应采取自查、委托社会中介机构等方式,加强对资金拨借、使用情况的监督检查。

各级农发机构应积极配合审计和财政监督机构等部门的审计和监督检查工作。

第二十九条 国家农发办对经查明的挤占、挪用农业综合开发资金及虚报农业综合开发项目等违规违纪问题,应责令改正,追回资金,并追究有关单位和责任人的相关责任。

第四章 项目管理

第三十条 农业综合开发项目的前期准备是指项目正式申报前的准备工作,包括制定开发规划、建立项目库、编制项目可行性研究报告等。前期准备工作应做到经常化、制度化。

第三十一条 各级农发机构应依据农业发展中长期规划和国家农业综合开发政策,制定本地区农业综合开发总体规划及阶段性开发方案,并在此基础上,建立土地治理项目库和产业化经营项目库。

第三十二条 存入项目库的项目应达到项目建议书的要求。项目建议书的主要内容包括:

(一)土地治理项目:开发的必要性及条件,建设范围、规模及主要治理措施,投资估算及来源(含农民筹资投劳计划),效益预测。

(二)产业化经营项目:建设条件,建设单位基本情况,市场分析与销售方案,项目建设方案,投资估算与资金筹措,财务评价。

项目建议书经省级或地级农发机构实地考察合格,可存入项目库,拟扶持项目从项目库中择优选择。

第三十三条 农业综合开发项目可行性研究报告应由具备相应资质的单位编制或组织有关专家编制。

可行性研究报告的主要内容包括：

（一）土地治理项目：项目背景，包括自然、社会、经济等现状；水土资源评价；项目建设的必要性及可行性；治理范围、地点、规模；工程量及主要工程、农艺措施；项目区现状及工程平面布置图；投资估算及筹资方案；经三分之二以上农户签字同意或村民代表大会通过的农民筹资投劳计划及自愿开发证明材料；综合效益评价；组织实施和运行管理。

（二）产业化经营项目：项目背景及必要性，建设条件，建设单位基本情况，市场分析与销售方案，项目建设方案，投资估算与资金筹措，财务评价，环境影响评价，农业产业化经营与农民增收效果评价，项目组织与管理。

第三十四条 农业综合开发项目申报单位一般应在上年度申报下年度的农业综合开发项目。

各级农发机构应区别各类项目不同情况，积极推行项目招商或项目招投标，发布项目申报指南，在较大范围内择优选项。

第三十五条 国家农发办和省级农发机构应按职责分工组织项目评估，对拟建项目可行性研究报告采取定量分析和定性分析相结合，动态分析和静态分析相结合的方法，对项目建设的必要性、技术可行性、经济合理性、资金配套与偿还能力的可靠性进行审查和综合评价，为项目确立提供决策依据。

国家农发办和省级农发机构应对产业化经营项目申报单位附报的社会中介机构出具的审计报告、城郊新建项目征用土地的批准文件以及干旱地区中低产田改造项目申报单位附报的水利部门出具的水资源条件鉴定意见等进行审查和评价。

项目评估采取专家评议、现场答辩、实地考察等形式。对虚报材料或财务经营状况不清的，实行一票否决。

项目评估应建立责任制，明确专业评估人员的评估责任。评估人员应对评估项目的技术可行性、经济合理性等作出客观真实的评价。因评估结论失实影响项目正确决策的，评估人员及其所属评估机构应当承担相应责任。

第三十六条 土地治理项目立项应符合以下条件：

(一)中低产田改造项目应符合土地利用规划,有明确的区域范围,按流域或灌区统一规划;项目区水源有保证,防洪有保障,排水有出路,灌排骨干工程基本具备;开发治理的地块集中连片,具有较大的增产潜力。年度单个项目相对连片开发面积,原则上平原地区不低于1万亩、丘陵山区不低于5000亩。

(二)生态综合治理项目应有明确的区域范围,治理区面积集中连片,具有一定开发治理条件,对改善农业生产条件和生态环境具有明显的效果。年度单个项目相对连片治理面积,天然草场5000亩以上,人工草场1000亩以上,小流域治理和土地沙化治理5000亩以上。

(三)中型灌区节水配套改造项目应符合区域水资源利用总体规划和节水灌溉发展规划;直接为农业综合开发项目区提供水利灌排条件;灌区设计灌溉面积一般不低于5万亩、不超过30万亩。

第三十七条 产业化经营项目立项应符合以下条件：

(一)项目申报单位或其控股单位具有独立的法人资格;经营期在两年以上,有一定的经营规模和经济实力,有较强的自筹资金能力,能保证资金安全运行;近两年资产负债率小于70%,银行信用等级A级以上(含A级,未向银行贷款的除外);开发产品科技含量高,市场潜力大,竞争优势明显;带动能力强,与农户建立了紧密、合理的利益联结机制;建立了符合市场经济要求的经营管理机制;项目安排一般限于农业综合开发县。

(二)除具备前项规定的条件外,种植养殖基地项目须有明显的资源优势和特色;农产品加工项目须有优势农产品基地作依托,向农户采购的原料占所需原料的70%以上;储藏保鲜、产地批发市场项目须为项目区提供与生产和加工相关的服务。

(三)以省为单位,产业化经营项目年度中央财政资金的50%以上用于中央财政投资300万元(重庆除外的直辖市和计划单列市不低于200万元,下同)以上的单个产业化经营项目,其他产业化经营项目的单个项目年度中央财政投资一般不低于100万元。

第三十八条 中型灌区节水配套改造项目及中央财政年度投资或分年

投资合计在 500 万元以上的其他土地治理项目和中央财政年度投资在 300 万元以上的产业化经营项目由国家农发办组织评估、审定。

其他农业综合开发项目一般由省级农发机构组织评估、审定,部分项目可以委托地级农发机构组织评估、审定,国家农发办进行指导、监督和抽查。

第三十九条 在项目评估可行的基础上,按照项目管理权责,由国家农发办或省级农发机构根据财力可能,遵循合理布局的原则,择优确定所扶持项目并编入项目计划。

第四十条 农业综合开发项目计划原则上实行一年一定的办法。国家农发办逐年下达中央财政投资控制指标,作为省级农发机构编制年度项目实施计划的依据。

第四十一条 农业综合开发项目初步设计应由具备相应资质或能力的单位编制,其内容包括:项目总体设计,主要建筑物设计,机械、设备及仪器购置计划,配套设施设计,主要工程概算,项目区现状图和工程设计图等。

初步设计由省级或地级农发机构组织审定,或委托相关技术部门审定。

第四十二条 地方农发机构应逐级编制、汇总年度项目实施计划。年度项目实施计划的主要内容包括:

(一)编制说明书。包括开发范围及变更情况、区域布局与开发重点、投资规模及资金来源构成、开发任务与项目安排、主要治理措施及投资构成、预期效益目标等。

(二)项目计划表。各类项目计划表的格式由国家农发办统一制发。

(三)附件:省级财政对承担配套资金、按期归还财政有偿资金的承诺意见。

第四十三条 国家农发办主要批复土地治理项目年度实施计划的开发范围、任务及投资额等。省级农发机构根据国家农发办的批复向下批复项目年度实施计划,并报国家农发办备案。

产业化经营项目年度实施计划 300 万元以上的由国家农发办批复,其他项目年度实施计划由省级农发机构批复。

省级农发机构应按照国家农发办规定的时间向国家农发办申报项目年度实施计划或备案其批复的项目年度实施计划,国家农发办应及时批复或核查。国家农发办对省级农发机构报送备案的项目年度实施计划在一个月内未提出异议的,视为同意。批复或备案的年度项目实施计划,作为拨借中央财政资金和进行检查验收的依据。

第四十四条 年度项目实施计划进行调整、变更和终止的,应按照以下规定进行。

(一)凡建设内容调整涉及财政资金额度达到 100 万元以上的,应在项目初步设计重新审定后逐级报经国家农发办批准;低于 100 万元的,应由组织审定该项目初步设计的省级或地级农发机构批准。

(二)项目变更(指项目性质、建设地点、项目实施单位的任何一项变更)或终止,须逐级报经组织该项目评估审定的国家农发办或省级农发机构批准。由省级农发机构批准变更或终止的项目,需报国家农发办备案。因项目变更而实施的新项目需按本办法第三十二条第二款的规定附报新建单位相关证明材料。

(三)项目变更、终止经国家农发办或省级农发机构批准后,县级农发机构应及时将项目变更或终止的决定正式通知项目实施单位或农民,并说明变更或终止的理由。

(四)经批准终止的项目的中央财政资金,县级农发机构须在收到项目终止正式通知一个月内逐级上缴国家农发办。

(五)终止项目及因项目变更取消的项目,其已发生的有关费用支出,原则上由项目实施单位自行负担。

(六)所有项目的调整、变更或终止,应在项目立项当年年底或次年 6 月底之前集中申报,逾期由国家农发办逐级收回资金。

第四十五条 农业综合开发项目建设期为 1—2 年。凡纳入计划的项目,应如期建成,并达到国家规定的建设标准。

第四十六条 农业综合开发项目应当推行项目法人制、招投标制、工程监理制、资金和项目公示制。

土地治理项目主要单项工程的勘察设计、施工、监理、主要设备和材料的采购,实行公开招标。主要单项工程的施工,由具备相应资质或能力的单位进行监理。

农业综合开发财政资金及农村集体、农民自筹资金使用情况,项目建设主要内容,应推行公示制。

第四十七条　项目实施单位应按照经批准的初步设计组织实施,施工单位应严格按照设计图纸施工,不得擅自变更建设地点、规模、标准和主要建设内容。

第四十八条　各级农发机构要加强项目实施过程中的检查监督,进行定期检查或专项检查,发现问题及时纠正,确保工程质量和资金使用效益。

第四十九条　省级农发机构应在每年 3 月底前向国家农发办报送上年度项目实施计划完成情况统计表。

第五十条　农业综合开发竣工项目验收的主要依据包括国家制定的农业综合开发方针政策、规章制度及工程建设标准,项目年度实施计划批复、调整及资金拨借文件以及经批准的项目初步设计。

第五十一条　农业综合开发竣工项目验收的主要内容包括执行国家农业综合开发政策的情况,项目建设任务与主要经济技术指标完成情况,主要工程建设的质量情况,资金到位及农民筹资投劳情况、资金使用和回收落实情况,工程运行管理和文档管理情况等。

第五十二条　农业综合开发竣工项目一般由省级农发机构进行验收,部分竣工项目可以委托地级农发机构验收。

县级农发机构和项目实施单位应做好项目竣工验收前的准备工作,由地级农发机构进行督查。

第五十三条　国家农发办对项目竣工验收每 3 年进行一次考评。省级农发机构在对竣工项目组织验收的基础上向国家农发办提交验收考评申请并附验收总结报告。国家农发办按一定比例随机抽样确定考评县或项目的数量和名单,采取直接组织和委托的方式进行考评。

国家农发办对竣工验收项目考评后,按考评标准作出是否合格的综合评价。

第五十四条　农业综合开发项目竣工验收后,应当明确管护主体,及时办理移交手续。

管护主体应建立健全各项运行管护制度,保证项目正常运转,长期发挥效益。

各级农发机构应做好后期项目监测评价工作,为改进项目管理提供依据。

第五十五条 农业综合开发项目区应按照"谁受益谁负担"、"以工程养工程"的原则筹集项目运行管护费用；推行建立自主管理灌排区的投资、养护管理机制；采取拍卖、租赁、承包等方式对形成的资产实行有效管理。

第五十六条 对因自然灾害造成的农业综合开发项目区损毁工程，其修复所需资金原则上由各省自行解决。遇有特大灾情，国家农发办视财力情况予以适当补助。

第五十七条 实行农业综合开发县末位暂停制度。对存在严重违规违纪问题的农业综合开发县，国家农发办应当暂停或取消其开发县资格。

第五章　附　则

第五十八条 本办法所称"以上"、"以下"均含本数。

第五十九条 省级农发机构可根据本办法，结合本地区的实际情况，制订具体实施办法，报财政部备案。

第六十条 中央农口部门农业综合开发项目管理办法由财政部另行制定。

第六十一条 本办法自 2005 年 10 月 1 日起施行，原《国家农业综合开发项目和资金管理暂行办法》同时废止。

农业综合开发资金若干投入比例的规定

（财发〔2008〕52 号）

为进一步完善农业综合开发投入政策，创新开发机制，不断提高农业综合开发水平，现对农业综合开发资金若干投入比例规定如下：

一、中央财政资金用于土地治理、产业化经营项目投入比例

（一）粮食主产区

河北、内蒙古、辽宁、吉林、黑龙江、江苏、安徽、江西、山东、河南、湖北、湖南、四川 13 省（自治区），中央财政资金 75％以上（含本数，下同）用于土地治理项目，25％以下（不含本数，下同）用于产业化经营项目。

（二）非粮食主产区

1.北京、天津、上海、大连、青岛、宁波 6 市，中央财政资金 50％以上用于土地治理项目，50％以下用于产业化经营项目。

2.浙江、福建、广东 3 省，中央财政资金 70％以上用于土地治理项目，30％以下用于产业化经营项目。

3.山西、海南 2 省，中央财政资金 75％以上用于土地治理项目，25％以下用于产业化经营项目。

4.广西、云南、贵州、重庆、西藏、陕西、甘肃、青海、宁夏、新疆 10 省（自治区、直辖市），中央财政资金 80％以上用于土地治理项目，20％以下用于产业化经营项目。

（三）其他地区

新疆生产建设兵团和黑龙江省农垦总局，中央财政资金 85％以上用于土地治理项目,15％以下用于产业化经营项目;广东省农垦总局中央财政资金100％用于土地治理项目。

二、中央财政资金与地方财政资金配套比例

(一)分省配套比例

1.北京、天津、上海、大连、青岛、宁波 6 市为 1∶2。

2.江苏、山东、浙江、福建、广东 5 省为 1∶1。

3.辽宁、重庆 2 省(市)为 1∶0.6。

4.河北、吉林、黑龙江、安徽、江西、河南、湖北、湖南、四川、山西、广西、云南、陕西 13 省(自治区)为 1∶0.5。

5.内蒙古、贵州、海南、甘肃、青海、宁夏、新疆 7 省(自治区)为 1∶0.4。

6.西藏自治区为 1∶0.3。

7.新疆生产建设兵团、黑龙江省农垦总局以及广东省农垦总局,中央财政资金与自筹资金(项目团、场和群众筹集的现金、以物折资和投劳折资)配套比例为 1∶0.5。

(二)地方财政分级配套比例

1.天津、青岛、宁波 3 市,市本级总体上承担地方财政配套资金的 60％以上,县(市、区)级承担 40％以下。

2.大连、上海、山东、福建 4 省(市),省(市)本级总体上承担地方财政配套资金的 70％以上,地(市)、县(市、区)级承担 30％以下。

3. 其他省(自治区、直辖市),省(自治区、直辖市)本级总体上承担地方财政配套资金的 80％以上,地(市、州、盟)、县(市、区、旗)级承担 20％以下。

4.地(市、州、盟)、县(市、区、旗)级财政配套资金具体分担比例由各省(自治区、直辖市)自定,其中国家扶贫开发工作重点县和财政困难县不承担财政资金配套任务,由此减少的配套资金由省(自治区、直辖市)本级财政承担。

三、中央财政资金无偿、有偿投入比例

(一)土地治理项目 100％无偿投入。其中用于农业机械、配套农机具以及苗圃建设等经营性措施的补贴限额,原则上不得超过土地治理项目财政资金的 5％;确需超过 5％的,须报经国家农业综合开发办公室同意。

(二)产业化经营项目无偿、有偿资金的投入比例按照项目类型及项目

申报、实施主体分别确定:

1.种植业、养殖业项目以及由农民专业合作社申报并实施的产业化经营项目100％无偿投入。

2.其他农产品加工项目和流通设施建设项目无偿、有偿投入比例调整为30∶70。

对于无偿、有偿投入相结合扶持的产业化经营项目,其无偿资金的使用范围包括:项目可行性研究、初步设计或实施方案所需费用,新品种、新技术的引进、示范及培训所发生的费用,农产品加工项目基地设施、动植物防疫检疫设施、废弃物处理及隔离环保设施、产品质量检测设施以及其他公益性设施建设投入补助等。对有偿资金的管理,按照财政部《农业综合开发财政有偿资金管理办法》(财发〔2008〕4号)的有关规定执行。

四、部门项目资金投入比例

国土资源部、水利部、农业部、林业局等中央部门组织实施的农业综合开发项目,中央财政资金与地方财政资金、自筹资金配套投入比例,执行与所在省(自治区、直辖市、计划单列市)地方项目相同的投入比例;中央财政无偿、有偿资金投入比例,执行与地方同类项目相同的投入比例。

本规定从2009年起执行。过去有关规定与本规定不一致的,以本规定为准。

关于加强农业综合开发土地治理项目科技推广费管理工作的指导意见

（国农办〔2006〕13 号）

为提高农业综合开发土地治理项目科技推广费（以下简称科技推广费）的使用效益，根据《中华人民共和国农业技术推广法》、《国家农业综合开发资金和项目管理办法》及《农业综合开发财务管理办法》的有关规定，现就加强科技推广费管理和使用工作提出如下指导意见。

一、管好用好科技推广费的重要性

科技推广是农业综合开发土地治理项目的一项重要措施。农业综合开发土地治理项目科技推广措施，是指通过示范、培训、指导以及咨询服务等，把优良品种和先进适用技术普及应用于项目区农业生产的过程。

加强土地治理项目科技推广工作，是将农业、林业、水利等措施形成的生产能力转化为产品的重要途径。改善农田基本生产条件能解决粮食由低产到中产，由中产到高产，关键要靠良种、良法的推广和应用。同时，加强农业综合开发科技推广工作，也是推进农业生产节本增效，转变农业增长方式，建设节约型农业，减少农业生产污染，改善农村生活环境，培养新型农民的一项重要措施。

管好用好科技推广费，对于提高科技推广工作的效率，增加土地治理项目科技含量，发挥科技进步对农业特别是粮食生产的支撑作用，增强农业综合开发为社会主义新农村建设服务的能力，都具有十分重要的意义。

二、科技推广费的安排和使用原则

（一）坚持专款专用，专项用于土地治理项目的原则。

（二）坚持集中投入，突出解决关键技术和品种推广的原则。

（三）坚持普及应用，扶持先进、适用、成熟的新品种和综合配套技术推广的原则。

（四）坚持主要用于大宗农产品新品种和综合配套种植技术的推广的原则。

（五）坚持面向项目区广大群众，提高农民科技素质的原则。

（六）坚持促进农业结构调整的原则。

三、科技推广费的安排比例

（一）以省（自治区、直辖市、计划单列市、兵团、农垦，下同）为单位，当年安排的科技推广费按，不超过当年土地治理项目财政资金投入总额8％。根据推广工作的进度，当年未支出的科技推广费，可以结转到下一年度使用。如果没有明确的推广内容，没有具备条件的技术依托单位和推广服务机构，或项目区有其他渠道的科技投入，有关各地农发办事机构可以不安排或少安排科技推广费。

（二）以省为单位计算，省级、地（市）级集中安排的科技推广费应控制在全省当年按比例安排科技推广费总额的30％以内，并且要以省级集中安排为主，省级和地（市）级分别集中安排的比例，由各省自定。

（三）以省为单位计算，随项目下达到县的科技推广费不能低于全省当年按比例安排科技推广费总额的70％。

四、科技推广费扶持的推广内容

（一）粮、棉、油、糖、蔬菜、瓜果、牧草新品种和良种繁育技术；

（二）测土配方和科学施肥技术；

（三）作物栽培技术；

（四）土壤改良和培肥地力技术；

（五）农作物病虫害防治技术；

（六）旱作节水农业技术；

（七）牧区草地种植和改良技术；

（八）生态农业技术。

五、科技推广费的开支范围

(一)科技推广费主要用于示范、培训、指导以及咨询服务等推广工作环节中发生的下列费用:

1.生产资料费:(1)用于购买建设示范田块所需的种子、种苗、肥料、农药、薄膜的费用;(2)用于建设示范田块租用耕地当年的租赁费用的补助;(3)用于项目区内较大面积推广种植新品种的种子、种苗补贴;

2.培训费:用于培训项目区农民或县级农村科技人员的讲课费、教材资料费、场地租用费、培训设备租赁费及必要的食宿费;

3.检测化验费:用于测土配方施肥中土样采集、化验分析、数据处理、印制施肥配方等方面的费用;

4.小型仪器设备费:用于购置或租赁推广工作必需的小型仪器设备的费用;

5.差旅费:用于科技人员到项目区开展推广工作的交通、食宿等费用;

6.劳务费:用于推广工作中发生的专家咨询费和雇用人工费。

上述各类费用的开支标准,由各省自定。

(二)科技推广费不能用于下列支出:

1.各级农发办事机构的事业费支出;

2.科技成果转让费、购买专利费;

3.推广多年生林果、畜牧水产养殖品种和技术的费用;

4.进行基础性农业科学研究以及非成熟品种、技术的试验的费用;

5.示范田块农田基础设施、大棚设施等的建设费用;

6.农民接受培训时的误工费;

7.其他与土地治理项目科技推广措施无关的费用。

六、科技推广费的使用单位

(一)农业院校、农业科研院所。省级、地(市)级集中安排科技推广费,主要用于选择农业院校、农业科研院所为技术依托单位,支持这些单位的科技人员到项目区开展科技推广工作,工作重点是培训县级农村科技推广人员、建立示范田块和技术咨询服务。

(二)各类农村科技推广服务机构。随项目下达到县的科技推广费,主要用于支持地(市)、县(市)级农村科技推广服务机构开展技术推广工作,工作重点是培训项目区农民,推动良种、良法进村入户。

(三)农民专业合作组织。在有条件的地区,农发办事机构可以优先选择农民专业合作组织,扶持其通过各种形式向项目区内成员农户开展科技推广服务。

(四)科技推广示范农户。有关农业院校、科研院所、农村科技推广服务机构、合作经济组织,应当对承担农业综合开发土地治理项目科技推广示范任务的农户,进行适当的补贴。具体补贴标准,由各省自定。

七、科技推广费的管理

(一)纳入计划管理。各省在编制土地治理项目年度实施计划时,先按比例测算省、地(市)、县(市)可安排科技推广费控制额度,再根据控制额度确定科技推广内容,统一编入全省土地治理项目年度计划报国家农发办审批。省级、地(市)级集中安排的科技推广费,必须在计划中用单独的文字和表格,说明和列出资金安排的数额、推广内容、实施单位和地点等。当年安排的科技推广费,主要用于当年安排的土地治理项目区,也可以安排少部分资金用于以前年度的土地治理项目区,具体比例,由各省自定。

(二)制定推广方案。各级农发办事机构,安排单项金额在10万元以上的科技推广费支出,事先必须制定推广工作方案,主要的内容包括:

1.拟推广的品种和技术内容;

2.拟选择的推广单位应具备的资质或推广能力;

3.拟推广的地点、范围;

4.预期经济、生态效益;

6.经费支出预算;

7.验收考核指标。

(三)择优选择推广单位。各级农发办事机构,安排单项金额在10万元以上的科技推广费支出,都采取多方比较的方法,引入竞争机制,择优选择推广单位。

(四)实行合同管理。推广单位确定后,有关农发办事机构要根据事先拟定的推广方案,与推广单位、项目区乡镇三方签订合同,明确三方的权利、责任、义务及考核办法,对科技推广费的使用实行合同管理。

(五)实行报账制管理。随项目下达到县的科技推广费,实行县级报账制管理。省级、地(市)级集中安排的科技推广费,原则上实行同级财政核报管理,不能以拨代报,具体的报账方式,由各省自定。报账时要执行会计核算凭证管理的有关规定,并以推广方案、合同、项目区乡镇政府签署同意报账的意见为依据。培训费支出,可以采取由农发机构向项目区农民发放培训券,推广单位凭收取的培训券报账的方式。

(六)加强监督检查。各地财政(农发)部门要加强对科技推广费使用情况的监督和工作。在土地项目竣工验及验收考评工作中,要将科技推广费使用情况作为一项重要核查内容,对查出的违规、违纪问题,要及时纠正,并按照《农业综合开发资金违规违纪处理暂行办法》的有关规定严肃处理。

农业综合开发财务管理办法

（财发〔2018〕2 号）

第一章 总 则

第一条 为规范农业综合开发财务行为，提高农业综合开发财务管理水平和资金使用效益，依据《国家农业综合开发资金和项目管理办法》（财政部令第 84 号）及相关财务规则，制定本办法。

第二条 本办法适用于各级农业综合开发机构（含机构分设地区的财政部门，以下简称农发机构）的农业综合开发财务活动。

第三条 农业综合开发财务管理的原则是：以资金投入控制项目规模、按项目管理资金；专人管理、专账核算、专款专用；节约成本、注重绩效、奖优罚劣。

第四条 农业综合开发财务管理的主要任务是：建立健全财务管理制度；依法依规筹集和使用农业综合开发资金；加强资金预决算、会计核算和资产管理工作，定期编制财务报告，强化全过程预算绩效管理；加强财务监督检查。

第五条 各级农发机构应当设置财务管理岗位，配备具有相应专业能力的人员，做好农业综合开发资金财务管理工作。

第二章 资金筹集和计划管理

第六条 农业综合开发资金是指为满足农业综合开发项目建设需要筹集和使用的资金，包括财政资金、自筹资金，以及投入项目建设的其他资金。

第七条 中央财政与地方财政分别承担农业综合开发支出责任。不同地区中央财政与地方财政投入的分担比例按照有关规定执行。

第八条 农业综合开发项目自筹资金的投入政策,由国家农业综合开发办公室根据不同项目类型和扶持对象分别确定。

鼓励土地治理项目所在地的农村集体和农民以筹资投劳的形式进行投入。

第九条 农业综合开发项目的资金筹集计划应当纳入年度项目实施计划,按照承担的开发任务、投资标准和投入政策确定,不得留有缺口,不得擅自调整。

第三章 资金使用和支出管理

第十条 农业综合开发资金必须严格按照《国家农业综合开发资金和项目管理办法》规定的范围使用。

第十一条 工程监理费、科技推广费、土地治理项目工程管护费的使用和管理按照农业综合开发的有关规定执行。

第十二条 项目管理费具体支出内容包括:县级农发机构开展相关项目管理工作时所发生的差旅费、会议费、培训费、交通费、租赁费、印刷费、项目及工程招标费、信息化建设费、资金和项目公示费、专家咨询费、委托业务费等。项目管理费不得用于人员工资福利、公务招待、因公出国(境)经费以及购置车辆等开支。

第十三条 贷款贴息是指对项目实施单位符合条件的贷款利息给予的补贴。农发机构对项目实施单位提交的贷款贴息申报材料审核无误并按照规定程序批复备案后,直接将贴息资金拨付至项目实施单位。

第十四条 农业综合开发项目财政资金支付实行县级报账制,按照国库集中支付制度的有关规定执行。县级报账办法另行制定。

第十五条 农业综合开发资金支出涉及政府采购的,按照国家有关政府采购的规定执行。

第四章 工程成本管理

第十六条 县级农发机构对土地治理项目所形成实体工程发生的全部支出应当进行成本核算(实行先建后补的项目除外)。

第十七条 农业综合开发工程成本分为农业工程成本、水利工程成本、林业工程成本。

农业工程成本包括土地平整和土壤改良、修建田间道路、种子繁育基地建设、设施农业建设、草场建设等发生的费用;水利工程成本包括修建渠道工程、渠系建筑物工程、水源工程、小型水利水保工程、农田输配电工程等发生的费用;林业工程成本包括封禁治理,营造农田防护林、防风固沙林、水土保持林、水源涵养林、经果林及苗圃建设等发生的费用。

第十八条　农业综合开发实体工程建设所发生的费用分为直接费用和间接费用。

直接费用是形成实体工程发生的费用。包括材料费、机械设备费、普工和技工及机械施工费、林木种苗费等。

间接费用是不形成实体工程,但对形成实体工程有紧密联系所必须发生的共同费用。包括土地治理项目可行性研究报告和初步设计(实施方案)编制费、工程监理费、勘察设计费、工程预决算审计费、材料损耗等。

第十九条　县级农发机构应当严格控制土地治理项目工程成本范围,不得将项目实施计划之外的支出,以及与实体工程建设无关的费用计入工程成本。

第五章　资产和负债管理

第二十条　资产是指农发机构为实施农业综合开发项目建设所占有或使用的、能以货币计量的经济资源。包括现金、银行存款、零余额账户用款额度、应收款项、财政应返还额度、参股经营投资、预付工程款、材料、在建工程、竣工工程。

第二十一条　农发机构应当建立和健全现金等货币资金的内部管理制度。对工程款项的支付应当实行转账结算,现金收支应当执行《现金管理暂行条例》,严格控制现金结算,严禁白条入账。

第二十二条　参股经营投资是指通过资产运营机构投入到参股经营项目的农业综合开发财政资金。地方农发机构应定期对参股经营项目的运营情况进行跟踪问效。

第二十三条　在建工程是尚未完工、需继续承建的农业综合开发实体项目工程。土地治理项目竣工验收之前发生的与实体项目建设有关的成本和费用应通过在建工程科目核算。

第二十四条　竣工工程是指已经完工、符合项目建设要求并验收合格,但尚未办理资产交付手续的农业综合开发项目工程。已经具备竣工验收条件的项目,应当及时组织验收。

竣工工程验收前,由于质量问题发生的工程修复和返工费用,按有关合同规定办理。竣工工程验收后,在缺陷责任期内发生的工程修复和返工费用,从预留的质量保证金中列支或按合同有关规定办理。

第二十五条 土地治理项目完成竣工决算并验收合格后,应当依照《基本建设财务规则》(财政部令第 81 号)有关资产交付管理的规定及时办理资产交付手续,并明确管护主体。资产交付使用后,应及时将所形成的资产从竣工工程中转出。

第二十六条 负债是指农发机构为实施农业综合开发项目而形成的、需要以资产来偿还的债务。包括应付工程款、应付质量保证金和其他应付款。

第二十七条 应付质量保证金是指按合同约定预留的,应付给项目施工单位的工程质量保证金。付给项目施工单位的质量保证金按不高于工程价款结算总额的 3% 预留,待缺陷责任期满后视运行情况及时清理结算。资信好的施工单位可以用银行保函替代工程质量保证金。

采用工程质量保证担保、工程质量保险等其他保证方式的,不得再预留质量保证金。

第六章　净资产和结余资金管理

第二十八条 净资产是农业综合开发资产扣除负债后的余额。包括竣工工程基金、完工项目结余、未完项目结存、本级参股经营资金、参股经营收益。

第二十九条 竣工工程基金是指已竣工但尚未办理资产交付手续的项目工程资金。竣工工程交付使用后,应及时将所形成的净资产从竣工工程基金中转出。

第三十条 完工项目结余是指完工工程在办理竣工决算后的资金结余。属于财政资金形成的完工项目结余,应当按照预算管理制度的有关规定收回同级财政部门统筹使用。

第三十一条 未完项目结存是指农业综合开发当年未完工项目收入与支出冲抵后的结存资金。县级农发机构应当加快项目建设和资金支出进度,减少未完项目结存资金规模。

第三十二条 参股经营收益是指财政资金投入到农业综合开发参股经营项目后形成的国有股权实际取得的收益。地方农发机构负责财政资金国有股权处置的审批,并督促资产运营机构按照国有股权出资比例及时足额收缴财政参股资金形成的国有股权收益。

第七章 财务报告和预算绩效管理

第三十三条 农发机构应当定期编制农业综合开发财务报告。财务报告包括资金收支情况表、资产负债表、净资产变动情况表和财务情况说明书等。

第三十四条 财务情况说明书的主要内容应当包括:财政资金和自筹资金的筹措到位情况;资金拨付和使用情况;财产物资的变动情况;参股经营投资的变动及保值增值情况;财政资金结转和结余情况;对本期或下期财务状况发生重大影响的事项;其他需要说明的事项。

第三十五条 各级农发机构应当加强预算绩效管理,依据农业综合开发年度预算、目标任务和有关行业标准等审核设定绩效目标和指标。

各级农发机构应当根据审核设定的绩效目标和指标,组织开展绩效执行监控,并运用科学合理的评价方法,对农业综合开发资金的筹集、使用以及核算的规范性和有效性等开展绩效评价。将绩效执行监控以及绩效评价结果作为分配资金和确定项目的重要参考依据。

第八章 财务监督

第三十六条 各级农发机构应当加强对农业综合开发资金筹集、管理和使用的监督检查,采取事前、事中、事后相结合,日常监督与专项监督相结合,直接组织或委托第三方的方式进行全过程监督管理。同时,积极配合审计部门、财政部门的审计和监督检查,对发现的问题及时整改。

第三十七条 农业综合开发推行资金和项目公示制,应以适当的方式将项目资金的筹集、使用等情况主动向社会公开,自觉接受社会监督。

第三十八条 各级农发机构及其工作人员在农业综合开发财务管理工作中,存在违反本办法规定,套取骗取、挤占挪用农业综合开发资金的行为,以及其他滥用职权、玩忽职守、徇私舞弊等违法违纪行为的,依照《中华人民共和国预算法》、《中华人民共和国公务员法》、《中华人民共和国行政监察法》《财政违法行为处罚处分条例》等国家有关规定追究相应责任；涉嫌犯罪的，依法移送司法机关处理。

第九章　附　　则

第三十九条　各省、自治区、直辖市、计划单列市农发机构可根据本办法规定，结合当地实际情况制定实施细则，报财政部备案，并抄送财政部驻地方财政监察专员办事处。

第四十条　中央有关部门农业综合开发项目财务管理参照本办法执行。

农业综合开发利用国际金融组织和外国政府贷款赠款项目的财务管理工作参照本办法及财政部有关规定执行。

国家对涉农资金统筹整合使用另有规定的，依照其规定。

第四十一条　本办法自发布之日起施行。财政部 2006 年 7 月发布的《农业综合开发财务管理办法》（财发〔2006〕39 号）、2011 年 6 月发布的《农业综合开发土地治理项目工程管护资金会计核算的有关规定》（财发〔2011〕15 号）、2011 年 6 月发布的《农业综合开发县级农发机构项目管理费使用的补充规定》（财发〔2011〕23 号）同时废止。

后 记

躬逢恢复高考的历史机遇,我有幸考上大学并接受了高等教育。如今,我离开生于斯长于斯的故土已 30 余载,内心深处却始终蕴藏着一份对故乡的眷恋和牵挂。我的研究选题往往都会不同程度地涉及农业和农村问题,这也许就是那魂牵梦萦的生命源头的印记使然吧。随着我国城镇化进程的快速推进,许多农村地区出现了令人揪心的衰败没落现象,每当回到家乡,看到人去楼空无人打理的荒凉景象时,终难免会掠过一丝莫名的伤感。农业农村显然已成了我国实现全面小康和全面现代化的最薄弱环节。党的十九大顺应亿万农民对美好生活的向往,提出了实施乡村振兴的宏伟战略。我也因此渐渐萌生了要将自己多年来对农业综合开发这项公共政策所做的调研和思考心得(其中部分内容已先后公开发表于《财政研究》《中国农村经济》《农业经济问题》等专业杂志)缀合成书的想法,这似乎也可暂且了却心中那份对故乡的悠悠牵挂。

我对农业综合开发这项公共政策的关注和兴趣就是源自我的硕士生导师马国贤教授在这项政策推出之初的敏锐观察和独特思考。马国贤教授是上海财经大学公共政策研究中心主任、财政学博士生导师,他对专业领域孜孜以求的热情和激情以及所取得的傲人成就,无不令我们这些弟子动容和叹服,他不时与我们分享他的创新思想和人生感悟,使我们终身受益。在此成书之际,谨向他致以崇高的敬意和诚挚的谢意!

本书是基于我的博士学位论文修改而成的,而我的博士学位论文是在我的导师郑少锋教授悉心指导下完成的。郑少锋教授是西北农林科技大学经济管理学院博士生导师,他大度、大气的宽厚人格,严谨、缜密的治学态度,渊博、精熟的学科专业知识无不令人景仰,能遇到这样的恩师是我一生之幸。借本书出版之机,谨向恩师致以崇高的敬意和衷心的感谢!

本书写作过程中,参阅了大量国内外相关文献研究资料,受到了诸多启发,并得到了浙江财经大学工商管理学院管理系主任赵昶博士的大力支持,在此一并致谢!

本书能够顺利出版,得益于浙江大学出版社的鼎力相助,在此特别致谢!

王金安

2019 年 12 月于杭州